青海回族简史

青海世居少数民族简史丛书

喇秉德 马小琴 著

青海人民出版社

图书在版编目(CIP)数据

青海回族简史 /喇秉德，马小琴著. — 西宁：青海人民出版社,2013.12(2022.3 重印)
ISBN 978-7-225-04701-0

Ⅰ.①青… Ⅱ.①喇… ②马… Ⅲ.①回族—民族历史—青海省 Ⅳ.①K281.3

中国版本图书馆 CIP 数据核字（2013）第 301574 号

青海回族简史

喇秉德　马小琴　著

出　版　人	樊原成
出版发行	青海人民出版社有限责任公司
	西宁市五四西路 71 号　邮政编码:810023　电话:(0971)6143426(总编室)
发行热线	(0971)6143516/6137730
网　　　址	http://www.qhrmcbs.com
印　　　刷	西宁东宝印务有限责任公司
经　　　销	新华书店
开　　　本	890mm×1240mm　1/32
印　　　张	10.125
字　　　数	230 千
版　　　次	2014 年 4 月第 1 版　2022 年 3 月第 2 次印刷
书　　　号	ISBN 978-7-225-04701-0
定　　　价	38.00 元

版权所有　侵权必究

目 录

绪 论 ……………………………………………………… (1)
第一章 源流 ……………………………………………… (4)
 第一节 回族先民的早期活动 ……………………… (5)
  一、助唐平乱的大食、回纥军士之落居 ………… (5)
  二、经商和宗教职业者之留居 …………………… (7)
 第二节 屯田和移民 ………………………………… (17)
  一、屯田垦戍回回人的定居 ……………………… (17)
  二、王朝移民实边而定居 ………………………… (21)
 第三节 起义被镇压避难和灾荒逃难而徙居 ……… (27)
 第四节 融入其他民族成分 ………………………… (33)
  一、蒙古回回 ……………………………………… (33)
  二、托茂人 ………………………………………… (38)
  三、汉族成分的融入 ……………………………… (40)
  四、卡力岗操藏语回族 …………………………… (42)
第二章 元明时期的青海回族 …………………………… (47)
 第一节 元明政府对青海回族的统治 ……………… (47)
  一、回族先民唐宋蕃客的侨民礼遇 ……………… (47)

二、元明回回人相对优渥的政治地位 …………… (48)
　第二节　土司 ……………………………………… (51)
　　一、职权与影响 …………………………………… (51)
　　二、世袭 …………………………………………… (55)
　第三节　元明时期青海回族的经济状况 …………… (57)
　　一、农业经济的形成和发展 ……………………… (57)
　　二、商业 …………………………………………… (64)
　　三、手工业和采矿业 ……………………………… (67)

第三章　清朝时期的青海回族 …………………………… (70)
　第一节　清朝时期回族的政治状况 ………………… (70)
　　一、被压迫的历史 ………………………………… (70)
　　二、乡约和保甲制度 ……………………………… (74)
　第二节　清朝时期青海回族的反清起义 …………… (77)
　　一、清朝前期的反抗斗争 ………………………… (77)
　　二、同治年间西北回民起义 ……………………… (91)
　　三、光绪二十一年河湟回民起义 ………………… (110)
　第三节　清朝时期青海回族的经济活动 …………… (120)
　　一、农业、手工业和采矿业 ……………………… (120)
　　二、商业 …………………………………………… (122)

第四章　民国时期的青海回族 …………………………… (143)
　第一节　马氏家族对青海的统治 …………………… (144)
　　一、立足青海 ……………………………………… (144)
　　二、青海建省 ……………………………………… (161)
　　三、马步芳主政青海 ……………………………… (168)
　第二节　民国时期青海回族的社会经济 …………… (205)
　　一、手工业 ………………………………………… (205)

二、皮毛加工业 ………………………………… (208)
　　三、运输业 ……………………………………… (211)
　　四、采矿业 ……………………………………… (216)
　　五、饮食业（清真饮食） ……………………… (219)
　　六、牛羊屠宰及牛羊肉售卖业 ………………… (222)
　　七、半农半牧和园艺业 ………………………… (223)
第三节　青海回族商业的兴起 …………………… (224)
　　一、回族官僚资本的形成 ……………………… (224)
　　二、民间商业 …………………………………… (230)

第五章　文化、艺术与体育 …………………… (238)
第一节　文化 ……………………………………… (238)
　　一、文学 ………………………………………… (238)
　　二、花儿 ………………………………………… (245)
　　三、宴席曲 ……………………………………… (246)
第二节　艺术 ……………………………………… (248)
　　一、书法艺术 …………………………………… (248)
　　二、回族绘画艺术和摄影 ……………………… (253)
　　三、回族刺绣艺术 ……………………………… (254)
　　四、回族建筑艺术 ……………………………… (255)
　　五、回族雕刻艺术 ……………………………… (260)
　　六、回族面花艺术 ……………………………… (261)
　　七、回族剪纸艺术 ……………………………… (262)
第三节　体育 ……………………………………… (264)
　　一、武术 ………………………………………… (264)
　　二、射箭 ………………………………………… (268)
　　三、赛马 ………………………………………… (269)

四、木球 …………………………………………… (270)
　　五、儿童文体 ……………………………………… (270)
　　六、其他 …………………………………………… (271)
第六章　宗教信仰 ……………………………………… (273)
　第一节　伊斯兰教在青海的传播和发展 …………… (273)
　第二节　教派门宦 …………………………………… (277)
　　一、格底目 ………………………………………… (278)
　　二、伊赫瓦尼 ……………………………………… (279)
　　三、赛莱菲耶 ……………………………………… (280)
　　四、西道堂 ………………………………………… (280)
　　五、四大门宦 ……………………………………… (281)
　第三节　清真寺和拱北 ……………………………… (283)
　　一、清真寺 ………………………………………… (283)
　　二、拱北 …………………………………………… (287)
　第四节　河湟流域的圣裔遗踪 ……………………… (289)
　　一、古土布·览巴尼 ……………………………… (289)
　　二、赫达耶通拉希 ………………………………… (290)
第七章　风俗习惯 ……………………………………… (291)
　第一节　节庆 ………………………………………… (292)
　第二节　婚俗 ………………………………………… (294)
　第三节　丧葬习俗 …………………………………… (299)
　第四节　服饰 ………………………………………… (304)
　　一、伊斯兰教对回族服饰文化的影响 …………… (304)
　　二、青海回族的服饰特点 ………………………… (306)
　第五节　饮食习俗 …………………………………… (307)
　第六节　禁忌与讲究 ………………………………… (310)

绪 论

　　回族是中国的少数民族之一，是回回民族的简称，为中国少数民族中人口较多（仅次于壮族和满族）、分布最广的民族。人口为9 816 805人[①]，主要分布在宁夏回族自治区和与其相邻近的甘肃省，分别有1 862 474人和1 184 930人，河南（953 531）、新疆（839 837）、青海（753 378）、云南（643 238）、河北（542 639）、山东（497 597）、安徽（337 521）、辽宁（264 407）、北京（235 837）等省（市、自治区）也有较多分布，主要与汉族杂居，有大小不等的聚居区。回族以13世纪迁入的中亚各族人、波斯（今伊朗）人和阿拉伯人为主，包括7世纪以来侨居长安、洛阳为中心的西北地区和中原地区，及东南沿海各大商埠所在地区的阿拉伯人、波斯人的后裔在内，在长时期历史发展中吸收汉、蒙古、维吾尔等民族成分而逐渐形成。伴随着回回先民的活动足迹而传入的伊

　　[①] 国家统计局人口和社会科技统计司、国家民委经济发展司编：《2000年人口普查中国人口资料》，民族出版社2003年版（下文各省回族人口数据均来自此书）。

斯兰教及其在中国的发展，对回族的形成起了重要的纽带作用。其先民在唐宋时被称为"蕃客"，南宋以来称"回回"[①]。回回一词最早出现在北宋沈括《梦溪笔谈》[②]和南宋彭大雅《黑鞑事略》[③]中。元代中、后期，各种不同来源的被称为"色目人"、"回回"人的以阿拉伯、波斯和中亚穆斯林成分为主逐渐形成为中华大地上一个新的人们共同体即回族。回族军民在各地的镇戍屯牧，工商业者的贸易往来，官吏学者的宦游，宗教人员的传布教理，反压迫斗争后的避难迁徙，形成全国范围内大分散、小集中的居住特点。通用汉语汉文，在边疆地区，常兼通当地其他少数民族的语

---

① "回回"一词正式出现于南宋典籍，专指信仰伊斯兰教的国家、民族及其成员。"回回"一词本义，则源自"回纥"、"回鹘"，当其在中亚地区完成伊斯兰化后，以新兴力量崛起，影响日益扩大，在称谓上也随之出现嬗变。用回族著名史学家杨志玖的话来说：民间用回回来代替回鹘、回纥的原因并不难理解。"鹘"、"纥"这两个字对于一般民众相当难认难写，因此当他们听人说这种人是回鹘或回纥时，他们一定辨不清第二个音所代表的字。由于发音相近，于是把第二个字也听成和第一个字相同的字，把回鹘或回纥统称为回回。回字既易写，也易认，念起来也顺口，因之回回一词便流行于民间。最初是他称，后来也成为自称。概而言之，回回是回鹘、回纥音转而来。名称由音转而来，无论史籍，还是现实中，是常见的历史现象。

② 沈括《梦溪笔谈》记凯歌五首，其第四首云："旗队浑如锦绣堆，银装背隗打回回。先教净扫安西路，待向河源饮马来。"金吉堂于1935年即指出"打回回"之回回是指一种民族而言，成为学术界通说。2005年杨军《"回回"名源辨》引证稍后于《梦溪笔谈》之《梦溪笔谈校证》、《诗话总龟》记载此诗第二句为"银装背偎打毬回"，毬者宋代军中戏最流行的打马球，认为沈括原诗"打毬回"比"打回回"显然更合适。参见《回族研究》2005年第1期。

③ 《黑鞑事略》成书于1237年，南宋彭大雅著。书中反复出现"回回"、"回回国"、"回回诸种"之说法，含义明确，即指信仰伊斯兰教的各族穆斯林。稍后由周密所著《癸辛杂识》中"回回"一词出现十多处，都是指伊斯兰国家或穆斯林。

绪 论

言。回回民族同各兄弟民族一样,既是一个勤劳、勇敢、富有智慧的优秀民族,又是一个特点显著、性格刚强、最具凝聚力和进取性的伟大民族。中国历史上,回族在政治、经济、文化等方面都涌现出不少杰出政治家、思想家、艺术家、建筑家、航海家、医学家、经学家及诗人等,他们为中国的发展和中华民族的进步作出了巨大的、不可磨灭的贡献。

青海回族先民自唐宋时期留居湟水谷地,历经元、明、清迄至中华民国,分别以经商羁旅、屯田垦戍、移民实边、避难徙居等得以繁衍;在长期的发展过程中,因主要与汉族等杂居,由生产生活的密切交往联系中而经常发生的联姻通婚,以及其他社会历史变迁等原因,且融合了为数不少的蒙古、藏族成分,使青海回族具有了更为典型的特点。数百年来,在以屯垦为主并善于经商的经济活动中,同兄弟民族筚路蓝缕,共同开发了河湟流域的同时,在封建社会中后期的商业贸易中发挥了独特的作用;在维护国家统一大业中,回族英烈人物做出了杰出贡献而勋业彪炳;在反抗封建统治阶级民族压迫的斗争中表现出了不屈不挠的民族性格;以伊斯兰教稳固信仰,并运用自己的聪明才智创造的民族文化,构成了青海多民族家园多元文化中别具一格的回族——伊斯兰文化。

中共十一届三中全会确定的改革开放国策,为青海回族在经济领域大显身手提供了千载难逢的大好契机,各行各业涌现出一批顽强拼搏、勇创业绩的先进模范人物,为青海的发展繁荣进步作出了突出贡献。

第一章 源 流

青海省是中国回族主要分布的省、区之一，也是回族先民早期活动并居留的地区之一。青海回族作为全国回族重要的组成部分，其形成、发展同全国回族基本一致，但由于青海回族主要聚居的河湟地区多民族社会环境和军事冲要所在地理环境，给世代生息繁衍在这一地区的所有民族打上深深的历史印记。中国回回民族在青藏高原的这一群体的发展历史，既反映出回族母体形成的基本的、普遍性的规律，又表现出独特的、典型性的发展轨迹。因而，青海回族的源流是比较复杂的，甚至可以说，在全国回族中也是少有的。

根据现有的文字和口碑资料，总的说来，远在唐宋，青海就有回回先民活动，至元代有大量回回人集体移居河湟流域，明、清两代推行移民政策，加之其他社会历史原因，使移居青海的回回人增多。经过长期同当地汉族等其他兄弟民族友好相处，逐渐发展繁衍，成为今天的青海回族。

从现在省内回族主要居住地区看，西宁回族多来自阿拉伯、波斯和国内陕西、甘肃以及江苏等地，入居时间也较省内其他地方为早。化隆、循化、贵德的回族大多系明、清以来移自河州等地。门源、大通、祁连的回族多数是来自甘肃、陕西、山西、北京等地。民和、乐都一带的回族有来自新疆的，也有来自甘肃永登等地的。省内各居住地之间也有因逃荒、逃难而迁来迁去的，民和、乐都、湟中等地的回族也有因生意或逃荒流落于西宁的。

第一节　回族先民的早期活动

一、助唐平乱的大食、回纥军士之落居

"中国西北的伊斯兰教徒，大都是由陆路传入的。东南及沿海各省的伊斯兰教徒，大都是由海路传入的。虽然陆路传入较迟于海路，但其势力的发展，则较海路迅速。其原因，除商业上的关系外，还有政治上及军事上的关系。"①

唐代，来到中国的阿拉伯使团主要活动于京城长安所在的西北地区，特别是使唐王朝由盛转衰的安史之乱（755~763年），国力极度衰弱的唐王朝为彻底平定安史之乱，曾借用大食军队。"肃宗在歧，至德二载（757年）九月，以广平郡王（肃宗李亨长子李俶）为天下兵马元帅，率朔方、安西、回纥、南蛮、大食（当时大食帝国即阿拉伯帝国阿巴斯王朝，亦称黑衣大食，版图包括波斯，其东部疆域与唐王朝国境相接——著者）等兵二十万以进讨……贼将张通儒……弃城走，遂克京城。"②"至德初，（大食）遣使朝贡；代宗（李俶，后改名豫）时为元帅，亦用其国兵以收两都。"③

---

① 马通：《中国伊斯兰教教派与门宦制度史略》，宁夏人民出版社1983年版，第85页。

② 《新唐书》，卷六《代宗本纪》。

③ 《旧唐书》，卷一九八《大食传》。

著名史学家吕振羽就此也指出："唐政府又用了几千名阿拉伯兵，他们以后都在中国落了籍，但仍信奉回教。"①后来民间流传甚广的《回回原来》通俗话本中唐王借回兵等内容即据此演绎而成。在平定安史之乱中，因回鹘（即回纥）助唐收复两京有功，落居长安沙苑；宋时回鹘人仍不断增加，与落籍大食兵后裔散处陕西诸路，长期与回回人杂居，融入回族；陕人以当初回鹘部牙帐辕门装饰彩花以迎唐使，因称花门，后来以花门作为对回回人的别称，如民国时慕寿祺在《甘宁青史略》中仍称西宁、金积堡等处回族为花门，可知融入回族的回鹘人之多。大食、回鹘助唐军士之落籍不归，有其复杂的社会历史原因，首先是经历七年之久的安史之乱，使唐王朝政治、经济、文化元气大伤，医治战乱创伤以图恢复对于已陷衰疲的帝国很是吃力，却也是当务之急。在此情形下，遣送所借数以万计的大食、回鹘两国军队就显得力不从心，就地安置成为不得已的选择，这对于本来就有开放气度而能够容纳东、西方各国人来华的唐王朝也不是不可以接受的措置。其次，从唐初开始，大食使者和商人络绎不绝东来中国并留居，当时称他们为"胡商"、"蕃客"、"贾胡"、"商胡"，大食、回鹘军士由朝廷安置而汇入已经居留中国并继续不断东来的本国同胞侨民行列中，也是顺理成章之事。大食军士与回鹘人之散处陕西诸路，加之各种原因下的流动变迁，使他们在北方，尤其在陕甘地区定居，成为回回先民。明末清初之际创立了中国伊斯兰教穆夫提门宦而成为一代教主的马守贞，其祖先即"系助唐平安史之乱的大食兵，落居陕西长安仑门巷（一作龙门巷）。宋

---

① 吕振羽：《简明中国通史》，第336页。转引自《中国伊斯兰教教派门宦制度史略》，西北民族学院民族研究所（内部），1981年。

第一章 源流

时因犯罪被逐放青海西宁（一说马守贞母西宁回族田氏之祖系逐放西宁的大食兵）"①。马守贞是作为著名门宦创始人其身世才得以记述下来，而以谋生等其他社会历史原因流落于甘肃其他地方（包括今青海）的不知名姓之大食兵后裔，当亦不是个别。

二、经商和宗教职业者之留居

（一）经商和贡使等的"住唐"

当伊斯兰教在阿拉伯兴起，四大哈里发积极推进，倭马亚王朝迅速扩张并建立横跨欧、亚、非的阿拉伯大帝国的一百余年间，对正处于全盛时期的东方另一大帝国中国唐王朝，且在穆罕默德那条著名训谕"学问虽远在中国亦应求之"的巨大感召和两国没有利害冲突情况下（公元751年虽发生唐与大食的怛逻斯战役，但那是由唐安西四镇节度使高仙芝贪功黩武所引起。即使这样，当不久后唐朝向其借兵仍得到许可——著者），帝国统治者及其臣民深自懂得远自中国的先进文化绝不可以用兵相求，因而主要采取派遣使者、使团到中国与唐王朝建立正式外交关系，并进献宝马奇珍方物，同时容许和鼓励民众自行到中国经商。经商者中有与唐王朝发生联系者，汉文古籍往往与使者、使团一起称为"贡使"。在唐同阿拉伯两帝国基本保持友好和两国疆域（陆地）接壤的较长一段时间，大食人因利乘便东来中国者日益增多，《回回民族问题》一书认为，"这说明唐末波斯、大食人在中国的已达数十万人。"②这"数十万人"姑且最少按30万计，在

---

① 马通：《中国伊斯兰教教派与门宦制度史略》，西北民族学院民族研究所（内部），1981年，第156页。
② 中共中央民族问题研究会编：《回回民族问题》，民族出版社1980年版。

当时也是一个不小的数字。当时，以穆斯林为主的胡商（亦称商胡）在唐朝南北各都会中极为常见，以至唐人诗文中咏及胡商、商胡者甚多。商胡活动足迹甚至还深入到了有蜀道、三峡险阻的川中，著名回族学者杨怀中就此归结说"足见商胡在唐代于各地活动之频仍，和他们在各地经济交流中所处的地位"[①]。史称大食等"诸国人至广州，是岁不归者，谓之住唐"[②]。唐廷还封给大食使者郎将、左金吾卫员外大将军、中郎将等，受封使者更可以居留不归。早在"贞观二年六月十六日敕。诸番使人所娶得汉妇女为妾者，并不得将还番"[③]。这里的"诸番"当然包括外籍人中随处可见而人数众多的阿拉伯人在内，仅长安即有购田宅安居不归者四千人。揆诸情理，较之蜀中便捷得多的属于陇右的河湟地区当不可能没有商胡活动。据上世纪50年代末编纂《青海省志·民族志·回族志》所搜集到的口碑资料称：现在西宁回族中哈、丁、穆、白等姓的先祖，是唐代翻越祁连山来到湟水沿岸一带，以经商或务农为业而安家落户的阿拉伯、波斯人。河湟地区在唐宋之际约300年之久没于吐蕃而实行强迫同化，这一带普遍发生吐蕃化现象，除曲折反映于诗人作品和偶然来此的中原人如李远有关记述和《马可·波罗游记》浮光掠影式片段性文字外，基本缺乏地方史志典籍记载，此状况一直延续到宋末。明至清乾隆前，虽正式成为王朝的州、卫（所）、府治，但数百年文教不昌，以致"固风俗之野，亦有司之陋"（杨

---

① 杨怀中：《唐代的蕃客》，载《伊斯兰教在中国》，宁夏人民出版社1982年版，第107页。
② 朱彧：《萍州可谈》，转引自邱树森《中国回族大词典》，江苏古籍出版社1992年版，第5页。
③ 《唐会要》，卷一〇〇。

第一章 源流

应琚语),即使总算撰成体例较详之《西宁府新志》,其于民族源流和宗教仍疏于记述。故民间传说即口碑资料对青海各世居民族,特别是"重武轻文"之回族,更加显得珍贵。前述关于西宁哈、丁、穆、白等姓先祖系唐代而来的传说,足以与唐代阿拉伯裔商胡来华之频、居住之盛、活动之广的史实互相印证。唐代留居陕西一带的还有"九姓胡"、"昭武九姓"穆斯林,他们分属中亚地区达安、东安、曹、石、米、何、火寻、戍地、史等九小国。8世纪中叶,这些国家先后为阿拉伯帝国征服,居民皆皈依伊斯兰教,许多人随西亚穆斯林来中国经商,多有久居不归者,遂各以其国名为姓,成为回族先民。今西宁回族中之安、曹、米、何诸姓,当与"九姓"有关。

据杨怀中先生《宋代的蕃客》(载《中国伊斯兰教研究》,青海人民出版社,1987)关于"青海路的开辟"一节的考述,宋朝建立,便结束了五代十国的封建割据,社会秩序安定了,封建专制主义的中央集权又一次得到了巩固,因而发展了封建的农业经济,在我国历史上出现了继唐之后的又一个繁荣的阶段。宋朝历代皇帝,都继续执行积极发展海外贸易的方针,并采取了一些有力的措施:增辟设置市舶司的港口、制定管理海外贸易的条例、开辟海船航行的海道,等等。宋朝政府对番商也制定和执行了一系列的优恤措施,这在国外产生了良好的影响,促进了中外贸易关系的发展。840年~1212年间,在现今我国新疆西北部和西部与中亚的吉尔吉斯坦、塔吉克斯坦、哈萨克斯坦东南部和乌兹别克斯坦东北部这一地区内,建立了喀喇汗朝。我国史书称其为"阿萨兰回鹘"(阿萨兰即伊斯兰教——著者)。在喀喇汗朝统治时期,这个地区人民信仰伊斯兰教。陈垣先生在《回回教入中国史略》一文中指出：《辽史》中出现的"阿萨兰回鹘"为"改从阿萨兰教之回鹘"①；伊斯兰化的喀喇汗王朝和我国中原地区的宋、辽有着频繁的贡使及商业往还。大食、波斯、喀喇汗朝的使臣、商人来往于东南海路及陆路河西走廊，到西夏占据河西走廊之后，隔绝了宋朝与西方的陆上往来。于是，宋朝加强了海上的交通。"天禧三年（1019年）遣使蒲麻勿陀婆离、副使蒲加心等来贡。先是，其入贡路由沙州，涉夏国，抵秦州。乾兴初（1022年）赵德明请道其国中，不许。至天圣元年（1023年）来贡，恐为西人钞略，乃诏自今取海路由广州至京师。"②另一方面打通了从秦州至河州、经青海而达西域的孔道，这条路线上出现了繁荣的景象。到宋境则常走丝绸之路的南道，由罗布泊东南入柴达木盆地，沿青海湖北岸，过西宁，东循湟水谷地到陇南，再经关中平原东去开封；或由柴达木盆地南沿，过四川松潘地区，东入四川盆地，沿长江到我国东南一带。虽然还有丝绸之路的北、中两道，但在当时尚为佛教等非伊斯兰势力范围，而南道却由于喀喇汗朝占领于阗后成为伊斯兰教的势力范围，阿拉伯、波斯及中亚各国的贡使、商人等，基本上都是穆斯林，走丝绸之路的南道，经青海，东行入宋的疆域，对他们来说是特别方便的。《马可·波罗游记》较详细地记载着他经过丝绸之路南道的所见。游记说他越帕米尔高原到新疆西南部后，在经过喀什、叶尔羌、和阗、且末、若羌等城时，都见到有信奉伊斯兰教的居民。这一记载，

---

① 陈垣：《回回教入中国史略》，载《中国伊斯兰史纲要参考资料》，文通书局1948年版，第58页。
② 《宋史》，卷四九〇《大食传》。

第一章 源流

正好说明了中亚各族穆斯林到新疆后，走丝绸之路南道的方便之处。接着就是宋、辽、金、夏的对峙，以至南宋偏安江南，也是干戈纷扰的时间居多。但由于我国疆土辽阔，所以可供回旋之地不少。相形之下，对阿拉伯人、波斯人、中亚人来说，我国西北的新疆、甘肃、青海、宁夏等广大地区及富庶的东南沿海，确实是人间乐土。由青海经陇南到关中，东去洛阳、开封，这是一条古老通道，沿途如长安附近和洛阳、开封一带，都有一些唐代居留下来的阿拉伯、波斯、中亚等地的穆斯林的后代，所以也给宋代经行此路的各国穆斯林以诸多的方便。在这样的历史条件下，不少东来的阿拉伯、波斯、中亚等地的穆斯林，就和唐代以来久居在沿路各地的，特别是东西交通枢纽的关中地区的阿拉伯、波斯等地的穆斯林后代，由于宗教信仰与生活习惯的相同，很自然地融合在一起了。宋代的青唐（西宁）成为中亚、西域各地商人进行贸易的集散地，因之，就有不少人在这里留住下来，当时的青唐城东城住着的主要是大食、波斯、喀喇汗朝、高昌等国商人"四统往来贾贩之人数百家"。

到了元朝初年，马可·波罗来到西宁时看到"西宁境内管辖的城市和堡寨，同样划归唐古忒省的疆界之内，属于大汗的版图。这个国家的居民大多数都是佛教徒。不过也有一些伊斯兰教徒和基督教徒"①。元初在这一带就有穆斯林民户，我们只能联系到宋代青海这条商路的开辟去认识了。从民俗学的角度观察，今青海、甘肃一带，回族妇女喜欢以凤仙花染指甲的习惯，他们

---

① 《马可·波罗游记》，福建科技出版社1981年版，第69页。

仍叫凤仙花的阿拉伯名——"海纳"（Hinna）。查阅周密的《癸辛杂识》，始知此俗由来久矣，"凤仙花红者用叶捣碎，入明矾少许在内。先洗净指甲，然后以此付甲上，用片帛缠定过夜。初染色淡，连染三五次，其色若胭脂，洗涤不去，可经旬，直至退甲，方渐去之。或云此亦守宫之法，非也。今回回妇人多喜此"。直至现在，甘宁青地区回族少女少妇仍盛行此风。近年来民间（回族聚居区）直接售卖由阿拉伯流入的包装成品，进而用于染棕色或黑色头发，不伤害发质皮肤，为各族妇女所喜欢。而无论汉族，还是蒙、藏族妇女，仍普遍按回族习惯称之为"海纳"，这正是熙河路中外贸易在民间的遗俗。元代东西交通大开，特别是陆路因数次西征和四大汗国的建立尤为畅通，元王朝依赖贸易财政进项的程度更甚于唐宋，故而商贸繁盛，超迈前代；商贸中以回回资本最雄，人数最众，经营最善，作用最著。元王朝曾以蒙古习俗实行禁止穆斯林断喉法宰羊，回回商人来华锐减，使朝廷贸易收入大受影响，不得已废除断喉法宰羊的禁令。仅此一端，即可说明元代回回贸易对王朝非同寻常的重要性。他们寄居西北各地从事贸易者屡见史册，著名学者马通据此认为其中落籍甘肃而成为回族来源重要部分，西宁作为甘肃重镇自不例外。

迄至明清，虽曾有郑和七下西洋之壮举，亦不乏励精图治之永乐、康熙、雍正诸帝，但两朝统治者们早已失去了唐、宋、元王朝颇称恢宏的开放气度，其对外贸易不再有过去的繁荣与规模。但民间个体性的商贸活动还是存在，尤其是国内各省之间，如西宁多有山陕商人（其中不乏回族，西宁民间习惯称之为"客娃"）坐商留居。民和县川口镇吉家堡村白姓回族，其祖先即系

第一章 源流

于清朝中期由甘肃永登经商至川口，喜欢这里"甘土沃饶"、"人情敦厚"，遂携眷定居，已有二百年历史①。

（二）伊斯兰教大贤在西宁等河湟地区的活动

唐宋时期居留湟水谷地的阿拉伯、波斯人基本是经商而来的，当时广州、泉州等地曾有"筛海"宗教职业者的坟墓，与青海邻近的甘肃临夏有唐代阿拉伯十大上人到来并殁于当地的传说，唐宋时已然出现了穆斯林蕃客聚居的蕃坊（类似于今回族聚居区的"哲麻提"教坊或教区）。当一地、一范围穆斯林居留时间长并形成一定规模后，因穆斯林履行宗教功课和生活各方面的需要，宗教职业者的出现就成为必然。唐宋时期的今西宁地区，一是虽有"伊斯兰教徒"居住但比不得长安、广州、泉州穆斯林人数规模之盛；二是如前所述这一地区在那一时期前后三百年是在吐蕃统治下，除从事贸易的"贾贩"外，纯粹的伊斯兰宗教职业者在占统治地位的浓重佛教氛围下是难以立足的。因此，当马可·波罗来到这里时，所看到的是：这个国家的居民大多数都是佛教徒，不过也有一些伊斯兰教徒和基督教徒。这里"不过也有一些伊斯兰教徒"显然就是李远《青唐录》中所说的"四统往来贾贩之人数百家"的后裔。到了元代，情形就大不相同了，以"回回"人对蒙元帝国在军政、经济、文化上几乎不可或缺的鼎助之功，元王朝实行对伊斯兰教优渥政策②和对以穆斯林为主体的色目人在政治上的崇隆

---

① 民和回族土族自治县地方志编纂委员会编：《民和县志》，陕西人民出版社1993年版，第572页。

② 《宋会要辑稿》，职官二四之一四，蒙古统治者文告重申圣旨关于保护宗教寺观教堂的告谕，其"达失蛮底密昔吉"，即明确指伊斯兰教经师和清真寺。

待遇①，鼓励和吸引阿拉伯、波斯和中亚穆斯林乘东西交通尤其是陆路交通大开的有利条件，大批东来，其成分比唐宋时来华中西亚人更加扩大。"西域亲军"和"探马赤军"成为帝国军队劲旅用作前锋，回回人不仅担任从中央到地方的高级军政长官，还有一批在攻城夺地中使用并掌握最具威力的炮击战术及其军械制造技术的军工人员，等等。在史称"元时回回遍天下"的社会历史条件下，伊斯兰教在中国大范围内得到传布，以及这种传布过程中相应出现的清真寺在各地的修建，以履行宗教功课为核心内容的宗教活动每日每时的进行，客观上为阿拉伯本土主持教务、宣讲教义的宗教职业者提供了新的广阔天地，宗教职业者的到来比唐宋时期要多得多，其活动范围当然也更广泛。元初至清初，即有三位圣裔到西宁等河湟地区进行传布教理活动，或殁于此地，或娶妻生子，或收授弟子。

1. 第二十世圣裔。有南山拱北②在西宁南山西主峰上，因传说曾有凤凰栖息于此，亦称凤凰山拱北。元初，"天方圣裔固图布·览巴尼尔卜都来海嘛"③，即穆罕默德二十世孙，在成吉思汗征服撒马尔罕等中亚地区后，由伊拉克来到中国，先去云南，继

---

① 元王朝实行的社会等级制一蒙古人，二色目人，三汉人，四南人中，色目人仅次于蒙古人。

② 拱北为阿拉伯语音译，一说原意为尖顶圆拱建筑，是盛行于阿拉伯的一种古老的城镇建筑形式。一说原意即指坟墓。伊斯兰教传入中国后，用以指伊斯兰教先贤和门宦首领、道祖、老人家的陵墓，盛行于清代甘、宁、青地区，在新疆又称麻扎（波斯语）。拱北成为各门宦宗教活动场所，一般由墓主继承人或其亲属、门宦教众守护管理。

③ 固图布，一作古土布，阿拉伯语音译，苏菲派以此特指隐匿世间之品级极高的贤哲。

第一章 源流

又率从者来到西宁从事讲经等活动,"复命归真"后,当时坐镇西宁的元西宁王速来蛮特地为其在西宁凤凰山(即南禅寺所在峰顶)修建"拱北",并立碑以志纪念。

2. 第二十五世圣裔。清康熙十二年(1673年),穆罕默德二十五世后裔豪祖勒提·赫达叶·阿法格·曼什乎勒(亦称赫达叶·通拉希,1606~1695年)来西宁、湟中一带传布虎夫耶教理,后形成中国伊斯兰教三大教派四大门宦之一的虎夫耶门宦,河湟地区著名经师马宗生、鲜美珍、刘伯阳、马殿功、祁信一、李太巴巴等争趋从学。赫达叶从其中选西宁李太巴巴、河州马宗生和原在西宁后迁居临洮的马守贞为穆勒什德①,其中李太巴巴又被赫达叶指定为马守贞的经师,辅佐其创立虎夫耶教理穆夫提门宦;马宗生创虎夫耶教理毕家场门宦;鲜美珍兼承嘎底林耶教理另创鲜门门宦;祁信一致力慎独静修,不授门徒创立宗派。赫达叶作为中亚苏菲派大贤,对中国西北伊斯兰教门宦制度的形成有极为重大的影响,他由中亚和中国新疆三来西宁,传授伊斯兰教苏菲主义乃格什板顶耶学理,培养诸多门徒成为一代教主。其第一次到河湟,娶西宁田氏为妻,生马守贞,使之得以传承其教理,后在新疆被黑山派所害②。

3. 第二十九世圣裔。与赫达叶相前后,穆罕默德二十九世后

---

① 穆勒什德,又译作穆尔希德,阿拉伯语,意为"引路人"。伊斯兰教苏菲派教职称谓。早先对苏菲教团创始人专称穆尔希德,后来也指其门弟子。甘宁青穆斯林亦称穆勒孜,意为"寻道者"、"学生"。

② 马通:《中国伊斯兰教派与门宦制度史略》,宁夏人民出版社1983年版,第270~271页。邱树森,《中国回族大词典》,"赫达叶通拉希"条,江苏古籍出版社1992年版,第935页。

裔华哲·阿布都·董拉希①先在阿拉伯精研伊斯兰教义学及阿拉伯哲学、医学、天文学，成为苏菲派大贤。清康熙十三年（1674年），由海路来到中国，游历两广、两江、两湖、云贵、川陕后，来到河湟，历时十余年，传布其所遵嘎底林耶教理，进而发展为中国伊斯兰教三大教派四大门宦之一的嘎底林耶门宦。收授河州经师祁静一为弟子，致力培养；祁氏尽得其传，成为嘎底林耶教理在中国主要的和最成功的传承人，创大拱北门宦。其第七辈道祖青海大通人杨保元以钦赐四品顶戴在其静修地——今青海大通后子河去世后，其墓葬修筑得到官府重视支持，备极宏丽，成为大拱北门宦中重要支系青海大通后子河拱北。青海回族经师鲜美珍先后从学赫达叶·通拉希和阿布都·董拉希，另创虎夫耶门宦支系鲜门门宦。阿布都·董拉希于清康熙二十五年（1686年）受川北镇总兵马子云之邀，赴阆中一带静修传布教理，三年后以百岁高龄归真，教众为其修盘龙山拱北，尊为道祖。

除此以外，以从事一般宗教活动的经师等宗教职业者来到河湟的更不在少数，只是他们很可能没有做出突出的业绩而默默无闻。化隆县石大仓乡的铁力盖、文家山、官藏等村的马姓回族自称是西域人，自古居住于此；甘都镇唐寺岗村的回族称祖先是伊斯兰教经师，在家中排行九，初来时孑然一人，为生计给藏族牧羊，讲解伊斯兰教义，并娶藏族女子为妻，定居蕃衍而成为当地回族②。20世纪初中期，即有一沙特阿拉伯人名德力力者，专为

---

① 马通：《中国伊斯兰教派与门宦制度史略》，宁夏人民出版社1983年版，第330页。邱树森，《中国回族大词典》，"华哲·阿布都·董拉希"条、"鲜美珍"条，江苏古籍出版社1992年版，第933、941页。
② 化隆回族自治县地方志编纂委员会编：《化隆县志》，陕西人民出版社1994年版，第657页。

第一章 源流

以西宁为主的河湟地区穆斯林朝觐者从事向导等服务为业，娶西宁回族马氏女为妻，定居于西宁大众街（有临街4层楼房产一幢于玉带桥清真寺西侧），60年代去世后葬于西宁北山大寺沟回民公墓。

清代迄至民国，河州地区著名教派门宦转移至今青海地区传承和发展。据马通先生《中国伊斯兰教派与门宦制度史略》记述，华寺门宦从第三代教主开始，就由河州转移到西宁北川，继而化隆，进行传承直至末代。伊合瓦尼教派也是在民国初期马果园被营救到西宁后，以此为转折，由青海发展到全国。马果园家族及其十大穆勒孜，和当年华寺第三辈太爷一样，在青海安身立命，后辈和跟从之河州籍信众，亦皆落籍于青海。当今青海著名回族收藏家马星一老先生即系马来迟四子后称四房的后裔。

第二节　屯田和移民

一、屯田垦戍回回人的定居

蒙古人灭亡了南宋王朝后，把大批回回军士，以及贡使、商贾等安置到甘、宁、青境内，从事戍边屯田，他们之中大多是中亚人、波斯人和阿拉伯人、蒙古人、维吾尔人等。同时，元世祖忽必烈建立元朝，定都大都（北京）后，唯恐四大汗国及西北诸王觊觎皇权，于是戍边屯田又成为他预防的手段。当时军屯地区虽遍布于西北各地，但其主要地区仍在河西走廊一带，而回回军则是屯兵垦田的主要力量。"回回军"是"西域亲军"中强有力的一支军队，在灭南宋后，将他们编入探马赤军中，执行着"上马则备战斗，下马则屯聚牧养"的任务。由于戍边屯田于甘肃的回回人多，所以元王朝选派回回人兀伯都剌、麦术丁、合散和哈珊等，先后为丞相，统管甘肃；并任命回回人负责屯兵屯田。"元世祖至元二十五年（1288年）以忽撒马丁为管领甘肃、陕西等处屯田等户达鲁花赤，督斡端、可失合儿工匠千五十户屯田。""至元二十八年（1291年），以甘肃旷土赐昔宝赤、合散等，俾耕之。"（《元史·世祖本纪》）元成宗"元贞二年（1296年）自六盘至黄河立屯田，置兵万人"（《甘肃通志》）。到英宗时，为了体恤屯田回回，于"至治二年（1322年）免去甘肃回回屯戍河西者银税"（《元史·英宗本纪》）。这时甘肃不仅有大量的回回屯田兵，而且随回回官吏而来的部属也为数不少。

元亡明立之后，以嘉峪关为极边，葱岭以西之两河流域，尽为帖木儿汗国所有，新疆仍在察合台后裔统治之下，而漠北为瓦剌所据，经常南下与明抗衡。明初为防北敌之南下，急需良马以充军，遂于东北开平等地设马市，在西北则于西宁等六州设茶马司，用官茶以易吐蕃之马，并遣使至西域令贡良马，但"遐方君主未有至者"。明成祖继位后，遣尹庆、郑和及傅安、陈诚、李贵、李达诸人分别对海外和边远诸国招徕怀柔。故永乐年间，"西域之使岁岁不绝"（《明史·西域传》）。到了明英宗时，西域贡使和商贾不仅遍布河西走廊，就是西宁、河州、兰州和巩昌等地也有不少寄居的回回人。经考察这些地方的清真寺基本上也是元、明时期修建的，其中明代建筑的要比元代的多，就是一个很好的例证。所以《明史·撒马尔汗传》称："元时回回遍天下，及是居甘肃者尚多。"明代陆深《溪山余话》中记载："甘肃地近西域，多回回杂处。"

在蒙古贵族连番西征和签发征用原阿拉伯帝国大量兵士组成"西域亲军"，东归以实施其灭夏、灭金、灭辽的军事计划的历史背景下，曾有两部分西域人整体进入河湟流域并定居下来，繁衍

第一章 源流

形成各达数万人众的聚居地。其中一部是从中亚撒马尔罕由阿合莽、尕勒莽所带领的原撒鲁尔部族,辗转东迁到积石州即今青海循化一带,融合当地藏族、回族及汉族发展成为撒拉族,清代称之为撒回或撒拉回。另一部则是薛都尔丁及其所率部众,元末被封为甘肃行省佥事,明洪武四年(1371年)归附后仍授原职,并命其率部众驻于碾伯(包括今乐都、民和两县)、巴州、米拉沟一带。冶土司是甘青地区十八家土司中唯一的回族土司,其世居之米拉沟同时也是中国回族冶姓发祥之地(不排除冶土司后裔在明清五百多年中有从军以武职寄籍他乡者)。冶姓不仅在米拉沟,而且在化隆扎巴镇、石大仓(文家山等)乡,大通良教乡,均为其聚居地,西宁也有分布。关于冶姓回族,首先应肯定主要是薛都尔丁及其部众繁衍发展而来,而在中国回族姓氏渊源中得知冶氏也有别的来源,如清雍正朝大同镇总兵,乾隆时任固原、湖广提督之冶大雄,为四川成都人,与冶土司家族无涉。有两点需要说明,一是《清史稿》、《甘肃新通志》和《西宁府新志》所言薛都尔丁为"西域缠回"、"西域缠头回人";西域在明清时逐渐已不再包括新疆,而多指中、西亚而言,所谓缠回在清及清以前泛指裹缠有阿拉伯头巾之中、西亚穆斯林,并非如近代之专指我国新疆维吾尔族人,因此,将史书中的"西域缠回"解释为维吾尔人是武断而简单的。二是冶土司之姓冶是开始于薛都尔丁的第四代即三世孙也祥,正式以"也"为"冶",是在明宪宗成化八年(1472年),已距太祖洪武年有百年之久,因而有的传说或资料称洪武年即有土司冶正国及其弟兄冶正明分别主持西宁东关清真大寺和西宁南山拱北之说,显然有悖于历史,且冶土司行使职权从未超出过米拉沟范围。换句话说,洪武年根本没有冶姓出现,在冶土司传承世系中没有冶正国其人,不存在冶土司执掌西

— 19 —

宁东关清真大寺教务之事，至于成化年后冶土司家族中人有落籍西宁而曾参与东关清真大寺事务当有可能，但那是很久以后的事。

关于民和米拉沟冶姓回族来源，民间传说则认为其先祖是也门人，唐代到今新疆，而后转居今青海大通良教沟，有名叫"米勒"、"尔里"者再迁至今民和西北山沟，打猎为生，渐为人知，"米勒"遂亦音转为"米拉"，米拉沟之名由此而来（进沟有湾，亦称米拉湾）。米勒、尔里有子女八人（七男一女），繁衍为八房，今仍存在。大房住大庄乡，二房住川口镇米拉湾村，三房住核桃庄乡三房村，四房住核桃庄乡，五房住五房村，六房住塘尔垣乡赵马家村，七房为女，招赘马姓为婿，住核桃庄乡排子山和小古都村，八房住核桃庄乡马排村。当地村民至今仍习惯以某房称所住各村，故"三房（亦作方）"、"五房"直接作为村名沿用至今，今米拉沟一带以八房为主的冶姓回族聚居村落，包括核桃庄、松树、李二堡、塘尔垣、西沟、新民、峡门等西北部7个乡。此传说与前述史书所记载虽有不同，但颇有可以互相印证处，可以互为补充。史料的可贵处主要在于将薛都尔丁一族以冶土司传承世系自明至清五百余年谱系记载详明，说薛都尔丁为西域缠头回人（缠回系清代以来使用称谓），与传说中冶姓回族祖先最早来自也门，在"西域缠头回人"大概念上是一致的。史料关于薛都尔丁三世孙也祥承袭陕西行都司西宁卫碾伯守御千户所镇抚之职，并以功升指挥佥事，正式定与"也"、"乜"读音相近的"冶"为姓，这是很确凿的。而对薛都尔丁本人身世记述过于粗略，只以"西域缠头回人"和"西域缠回"一语带过，没有说明"西域缠头回人"薛都尔丁是原来居住于米拉沟而被授予甘肃行省佥事仍驻米拉沟，还是与其所率部众从西域归附而被授予甘肃

第一章 源流

行省佥事命其率部众往驻米拉沟的?史料于此语焉不详。而传说对米拉沟得名之由的解释是颇有说服力,说其先祖来到今青海曾先住大通良教,再到民和,这对于解释良教为仅次于米拉沟的冶姓聚居地也不失为一个很好的说明(化隆扎巴、石大仓冶姓回族因与民和米拉沟一山之隔,逃荒避难流徙于此是很自然的;西宁冶姓中亦有四房之说,可能是米拉沟四房冶姓以土司亲族因仕宦或经商迁居于此而世居东关),而七子一女的八房分布格局与其同米勒、尔里相联系,还不如相信其为薛都尔丁之事更为合理。因此,关于米拉沟冶姓回族来源的史料和传说都不可否认,也不宜视作矛盾来看,不妨试作两个推想:一是薛都尔丁为米勒、尔里后裔,发展到一定规模具有一定实力,且有资格被元王朝授予甘肃行省佥事和小旗,可以掌握一支小小的武装,仍受命驻守米拉沟;一是薛都尔丁以"西域缠头回人"于元代归附后,受封甘肃行省佥事,率小旗兵丁奉命驻米拉沟,原先居住于这一带的米勒、尔里后裔们依附于这位行省佥事和他的后辈土司之下,他们中的很多人从此冒姓冶氏,这在甘青十八家土司中是很普遍的情形。

二、王朝移民实边而定居

明、清两代王朝将"移民实边"作为一项基本政策,数度移民青海。明王朝建立伊始,就听从经略西北并到过青海的征西将军邓愈、长兴侯耿炳文的建议,将"江右"(长江东部)、"淮泗"(安徽北部)一带居民大量移居西宁、乐都、贵德等地。移民中固多汉族,但那时,"回回以中原为家,江南尤多",因而也有回回人同被迁移。现在西宁一带见于汉族家谱和回、汉族群众广泛流传有从南京珠玑巷迁来的说法,且西宁方言中至今仍保留有不少江淮词语,可与前面所述移民史实相互印证。今贵德河阴有喇姓回族为本地大户，即系由河州迁来者。在今民和回族土族自治县的川口、古鄯一带赵姓回族，自称是来自山西洪洞县大槐树；马营镇、转导乡的汪姓回族，是在明洪武十五年（1382年）由甘肃东乡唐汪川迁来，经600多年繁衍，成为民和回族中仅次于冶氏的大家族，部分曾迁居外省外县，现在近百户500余人口，族中颇能重视文化教育，20世纪30至40年代中即有汪沛远渡重洋赴法国求学，50年代初有汪溶诸人考取西北一流学府兰州大学等院校攻读学业，学术造诣较深。《秦边纪略》载民和下川口旧有"马回子坡"地名，说明明代中后期这里曾出现并居住有当时颇为出名的一位回回人，因而有此地名。明代回族移民中除大部分务农外，也有因地制宜，选择并从事一些具有特色的手工行业作为谋生的手段——大通极乐乡深沟村的"刀子匠"，良教乡上治泉村的"口袋匠"、桥尔沟村的"砂罐匠"，技艺精良，颇负盛名。除西宁外，民和、化隆、门源、平安、湟中回族中也颇多由南京迁来之说；门源浩门镇古城遗址近旁发现明代回回坟茔，正是当时移民实边的历史证据；《贵德县志稿》记载，明时这一地区"人有汉蒙番回之殊，俗分耕牧从猎之业"。清朝统治者继续移民青海，雍正三年（1725年），建修大通卫（包括大通、门源、祁连）所属大通、白塔、永安三处城堡，就从山西、陕西、甘肃、北京等地迁来大批回民以实边，特别是雍正时从甘肃河西等地迁来的更多，故大通、门源一带至今还有凉州庄、甘州庄、河州庄等地名。据《续修导河县志·民族门》载："光绪二十二年丙申，东川庠生杜照融等一百余户迁于西宁后子河"，又载："东南西三乡汉民陆续迁于皋、狄、金及西宁、平番……者不可胜数。"既然后文明提汉民，则前引文中杜照融等一百余户显系回民，至少按全县回、汉各半人口比例计，亦当有半数回民

第一章 源流

移居后子河,至今这一带仍然是回族聚居程度较高的地区。

清初,甘肃回族已形成了大片聚居区。河西的肃州、甘州、凉州和兰州等地;陇右的巩昌、狄道、河州、西宁等地;陇南的徽成、盐官、莲花、龙山、张家川等地;陇东的环庆、平固以及灵州等地已是"汉回杂处",每地都有万户左右的回族聚居。《河湟诸役纪要》:"迄明末清初,西起瓜、沙;东至环庆;北抵银、夏;南及洮、岷,所谓甘回及东干回之踪迹,已无处无之。"到清中叶甘肃回族已有"甘省回多于汉"的记载(《左宗棠年谱》),也有"回七汉三"之说(《平回志》)。这样众多的回回人,除元、明以来生息在甘肃土地上的老户外,清代还从哈密、吐鲁番等地迁来的维吾尔人和回回人,这些被迁来的维吾尔族和回族,后来有些人又返回故里,但大多数人和当地回族融为一体,成为甘肃回族的一部分。

民国时期,国民党政府在大陆的统治时间较短,可以说,顾不上在全国范围内实行诸如移民等政策。但是在青海却伴随军政的拓展而发生并出现看似自然的然而众多人口的流动变化。辛亥革命后,原任清循化营参将、洮岷协副将的甘肃河州回族世家出身的马麒,于1912年8月被北京政府任命为西宁镇总兵,率本部三营随护上任,这三营军士基本以河州家乡子弟为基干。1913年,中央政府命马麒兼任蒙番宣慰使负责管理今青海日月山以西广大牧区,同年发生川军侵占原属青海办事大臣管辖的玉树地区,经马麒力争仍归甘肃(青海地区原属甘肃)管辖后,鉴于前车,即加强对玉树的管理,设玉树防务支队司令部(后改为青南警备司令部),在西宁至玉树间的湟源、哈拉库图、大河坝、长石头、竹节寺等地设立台站,后又经北京政府批准,设立县级玉树理事和都兰理事,办理民刑事务,开始了对蒙藏地区行政制度

- 23 -

的变革,并将青海东部地区通行的行政建置逐步在青南和中西部地区推行。民国初年,"从中央到地方,是军人当道的世界"[①]。1915年,马麒被改任甘边宁海镇守使,仍兼青海蒙番宣慰使,呈准甘肃督军和北洋政府陆军部,统一编练和扩充镇守使所属兵员,组建"西宁青海巡防马步全军"(简称宁海军),由初建8营发展到1923年时的32营;在青海建省后,依国民党军队编制,扩编为旅、师、军。与此同时,建省后在牧区先后设立十余县治开展相关政务,省府增设财政、教育、建设、民政四厅,基本上是原西宁府(镇)基础上的甘边宁海镇守使署,但无论从职能和人员编制,均无法适应在实际上已包括今日青海全省范围推行共和政治的需要,且仅靠原西宁府、镇提供大批急需的军政人员,在当时也是不现实的,这就为马麒家族子弟和河州家乡各阶层人员谋求发展提供了十分有利的条件。加上1926年9月冯玉祥派任国民军第十七师师长赵席聘为河州镇守使以来,以河州是回民聚居区为近代回族豪门世家集中之地,借办粮催款、征兵派役,横征暴敛,竭泽而渔,引起回汉人民普遍不满,尤其是国民军不能约束部下,屡屡违犯回族风俗习惯和伊斯兰教禁忌,更激起回族人民的愤恨[②]。因此,除发生马仲英事件外,不少河州回、汉族人家不得已离开"苛政猛于虎"和战火纷飞的家乡,来到由家乡人主政的当时尚较稳定的西宁。在当时情况下,为求立足,为谋发展,从中央到地方都营建自己的嫡系。马麒以回族军政长官而重用、依赖家乡子弟,也是情有可原。但他并非专意培养家族亲信,以他颇具谋略而礼贤下士,延揽了一批汉族杰出人才,甚加

---

① 崔永红等:《青海通史》,青海人民出版社1999年版,第471页。
② 崔永红等:《青海通史》,青海人民出版社1999年版,第491页。

第一章 源流

倚重，如黎丹、李乃棻、周希武等。除上述从军从政和民国十八年事件中大量来青人员及其眷属以外，在青海建省前后中央和地方当局提出拓置等开发建设政策，吸引了很多商人商户来到青海；还有青海省回教教育促进会蓬勃发展，雨后春笋般兴办学校教育，吸收引进河州等地文化人充任教员。中华人民共和国成立前夕，这几部分人中（主要是军政界人员）少数或离开大陆去台湾，或侨居于沙特等国，也有少数回河州定居，但是，大多数已在青海（主要是西宁地区）安家落户。在西宁东关地区回族人家中，河州（临夏）籍人户将近三分之一，其中马步芳家族亲族颇多，今西宁回族中属马氏宗族名从"步"字、"援"字辈者亦复不少；曾任省政府驻重庆办事处少将衔主任的马迪甫即系马步芳祖父马海晏长兄马七五之孙，以省政协委员退休；新中国成立后曾任副省长的马辅臣，即是马麒外甥，其儿女定居下北关，儿媳马玉蓉曾为省人大常委会委员和省政协常委；马辅臣弟兄七人，民国时期即置公馆于中庄，丁口繁盛，民间以其排行分别称以"三大人"、"四大人"、"五大人"、"六大人"。人称三少君的马廷勷（马占鳌孙，马安良三子）子马祖武及其后人亦落籍西宁，住下北关；曾经在马麒属下当过师爷的马肇业（人称尕马师爷）殁于西宁，子女多人皆安居西宁东关；曾给"矿务"马辅臣当过师爷，为其帮办贸易的丁质生亦在青海娶妻生子，居于东关；有韩明清者经商殷实置产业于东关。其他军政人员后代之落籍西宁者不可胜数，此皆为河州籍回族具有一定声望而有代表性者。即使马麒时代重要汉族幕僚除黎丹于建省不久就离青赴南京另谋发展外，周希武之女周娟姞在青海解放后致力民间曲艺文化事业，颇多建树；李乃棻四子李寿如工书法，深得书法界推重，成为青海著名书法家，以80余岁高龄逝于西宁杨家庄小学家中。

上述情形是一种特定历史条件下，虽非政府专门组织的移民，但其陆续迁居的总人户数，就一局部地区而言，基本呈现为河州至西宁间带有定向性质的以回族为主的人口流动，并不亚于历史上正式移民规模。

中华人民共和国成立后，在最初的建设中，曾有回民支队老战士吴宝山、韩道然、韩道壮、白宝新等在西宁、海北、化隆和铁路系统工作。1955年，应青海省人民政府支援建设人才的要求，由河北省人民政府号召、动员并组织了以回族青年为主包括少数满族和汉族青年380人，组成尹恒田、张芳澍、王之枫、杨焕书等同志为首的河北省少数民族工作队来到青海，被分配到西宁和州县党政机关和企事业单位参加工作，他们以坚强的意志和饱满的热情扎根高原，有十几位同志因公牺牲，或积劳成疾过早病故，其他人现在都已退休，在青海安度晚年；其中有原在省人民出版社工作的王之枫虽年逾古稀，却以他擅长的摄影技术积极讴歌青海改革开放的各项成就。在此期间，从上海、北京、天津、沈阳、济南等大都市成建制地搬迁来一部分手工业企业及其职工家属4 500余人，其中有小部分回族。1956年至1958年，先后分期分批从山东、河南、河北、安徽、北京、天津等地移民1 400余户，采取插社安置方式，在青海农业区共安置外省移民74 592人。上述六省（市）移民中均有占相当比重（约占半数左右）的回族，仅民和一地，即安置了来自河北、天津、河南等省（市）移民19 456人，其中单从河北保定地区迁来的回民即达6 541人[①]。化隆回族自治县在1956、1957年两次接收从河南、安徽、河北移

---

① 赵存录：《民和回民源流及其变迁》，载青海省民族学会编：《青海省民族学会学术论文选集》（内部）第4辑，1988年，第185~226页。

民共2 295户，10 997人，大部分为城镇小商贩，回族居多①。

20世纪50年代中期向青海大批移民的发生，有着深刻复杂的社会原因，主要是实施第一个五年计划，需要大批人员，适当引进人才和具有技能的劳动力是必要的。但是，当时决策机关主要负责人多来自内地，他们将中原地区固有的农本观念搀杂入进行社会主义建设的指导思想，表现在对农业和畜牧业的认识上出现了偏差，认为长草长树的草地和山林不被用来垦作就是"荒地"，同时以为青海人口密度大大低于全国平均密度，而没有看到可耕地极少，且多戈壁、荒漠和盐碱地，人口承载力极小的严酷现实，盲目地重复明清王朝移民垦荒政策。这一错误举措又受到当时正在蔓延的左倾冒进浮夸思想影响，没有实事求是地客观宣传青海，过分夸张有利一面，绝少讲到困难一面，且接收工作缺少必要的准备，安置不妥当，使移民中多数人感到失望，加上水土、气候不适应，又值1958年底开始进入三年困难时期，移民大批返回原籍，但仍有一小部分定居下来。

第三节　起义被镇压避难和灾荒逃难而徙居

清朝统治下的民族压迫，回族被打入"另册"，所受压迫最深。回回民族曾进行了不断的反抗，但均遭到统治者愈演愈烈的镇压屠杀，正是在这种类似恶性循环式的严酷政治背景之下，清初一度繁衍起来的回族人口，一方面因被成千上万地征剿屠杀而大大削减，如咸同年间西北回族起义失败，"就陕西来说，回回人

---

① 化隆回族自治县地方志编纂委员会编：《化隆县志》，陕西人民出版社1994年版，第480页。

口，十不存一。就甘肃来说，回回四分之三的人口是被杀了"①。另一方面，统治者采取了强迫迁徙措施，加上历次镇压屠杀引起的逃难流徙等，出现大量的人口流动，于是辗转来到青海的回民也较历代为多。清人所著《秦边纪略》说："回之叛亡而附西夷及汉人亡命者，咸萃渊薮"，"顺治戊子，回回叛乱，逃亡于此"，即指清初甘州米喇印、丁国栋领导的回族反清起义失败后，曾有一部分回族越过祁连山来到大通、门源和湟中多巴一带。接着，河州以"闯塌天"为首的东乡族和回族起义杀了狄道（今甘肃临洮）官员，折回来占据河州，但不久斗争失利，受到镇压。其间有一部分东乡人和河州回民逃至民和，寄居今塔城、马营，冶土司在米拉沟一带也安置了一些外来回民。乾隆四十六年（1781年），苏四十三起义被镇压，有少数撒拉人和东乡人潜入民和的满坪、转导、官亭、古鄯、西沟、联合等山区，后来他们多已融入回族，而有些虽不讲撒拉语和东乡语了，但至今尚有人仍称其为"东乡人"或"韩撒拉"。到咸丰九年至十一年间（1859~1861年），"从丹噶尔（今青海湟源县）到民和米拉沟，都树起了马文义旗号"（《青海历史概况》第199页）乘势聚众反清。这次起义中有少数回族迁入并定居民和，像核桃庄乡的贾姓就是在那时从青海平安县的沙沟树儿湾村迁来的。刚来时，他们人少力单，为了站住脚跟，甘愿作为冶土司二房的"贴户"，以赖于生存。又如塘尔垣乡龚家庄一带的马姓也是咸丰年间从西宁、大通避居到这儿来的，经140多年现已发展到200户，近千人左右。陕西回族起义领袖白彦虎带2万多人路经民和，部分病残人员约千人左右留居民和，其中多为陕西渭南、凤翔、临潼一带

---

① 白寿彝：《回回民族底新生》，东方书社1951年版，第74页。

第一章 源流

的回民。这些回民来民和后，散居于今马营、转导、中川、前河、甘沟、川口、塘尔垣、巴州、西沟等地。像马营的马姓、牛姓、陕姓，菜园的裴姓、安姓、海姓，转导后沟的妥姓，川口果园和大庄山上的白姓，塘尔垣的藏卜拉、川口的驼岭和巴州的下马家以及满坪、前河、大马家、虎狼城一带的部分马姓等都是白彦虎的流落义军，他们定居于此，并繁衍生息至今。陕西回民义军留居马营者最多，他们组成了自己的"哲麻提"，叫做"陕西坊"，并建起一座清真寺，直至解放时，还有"陕西坊"的名称存在。流落民和各地的这些回民，同治时期以至同治以后的许多年内，生活极端艰苦，居住多为土窑洞，至今，塘尔垣回族聚居区还有"窑洞庄"的村名。甘沟、前河一带许多地方的回民也都以窑洞为栖身之所，环土村的"回回窑洞"至今人人皆知是当年陕西的"马回回"住过的"家"，其吃饭穿衣的窘境由此也可想而知了。跟白彦虎来民和的还有少量的山西人和宁夏海城、固原人，他们散居于今西沟、川口、塘尔垣一带，像米拉三沟著名的王通之阿訇的高祖从固原来民和后，先住西沟的楼子坪，后分迁至大滩牙錾；塘尔垣黑山沟的马姓家族祖籍也是固原，至今人们尚称其为"固原人"；巴州万泉堡姓苟的回民也是来自宁夏海原的。前河乡有一部分马姓是来自山西省洪洞县的，同治年间刚到这里时，住阴山台（古地名称作"纳吐"），后因人口增多逐渐疏散开来，分居到今甘沟、满坪、中川各地。同治五年（1866年），因兵灾年荒，甘肃永登回族200多户集体逃难至民和；至同治十一年（1872年），永登回族300多户再次迁入民和，同时，还将元代来我国的三位西域传教士的尸骨也一并搬迁而来，安葬于米拉沟。至今，人们习惯地称他们为"平番（永登旧称）人"。这些人中多为马姓，也有姓谢、白、李、王、包、黄、陈、沙和郝

— 29 —

的,他们来民和后多散居在川口周围一带,白天进川口城,在街道上摆摊设点,贩卖小食品、肉类、杂货和他们带来的古董零碎以谋生,当日落西山,一阵锣声响过之后,官府赶其出城,他们又分散到四乡过夜。后来,时间一长,渐渐地定居于巴州沟、米拉湾、吉家堡,乃至联合的焦土、西沟的凉坪等地,留居川口镇、王家户、密家户、南堡子、石头磊者尤多。有来自兰州北山水卓河的,号称"水卓河十三庄",即安家崖头、秃子中庄、穆米井口、石匣子、海家沟、强风沟、红圈口、红泉、北路、沙沟、斜沟、阳洼、营盘,同治十年前后,因反动的清政府挑拨民族关系,在故土无法安居乐业遂由张大帅、安二帅带领13庄回民100多户,500多人,离开水卓河来到民和龙支沟(今隆治沟)住了3年之后,由左宗棠把他们迁移到荒无人烟的今民和大庄山上(古称"西纳沟"),开荒种地,"插锨为业"。这里有一山岭,人们至今还称其为"回回岭",这批回族主要是张、安、海、马四姓。据《平番河州公牍》卷二所载:民和"川口向只回民六分,汉民四分。兵燹以后,平番、皋兰、河州、西宁前经叛逆逃匿者原籍不准归庄,近复拥挤川口,有一院数家者,有一院十余家者,综计增至一千余户,而米拉沟各处尚不在内",同时,"川口一带有固原海城逃荒回民"[①]。1933年南京出版的《突崛》之"青海回民概况"一文也说:"西宁回民三千户左右,一万余人,土著占十分之二,余则由各地迁至。"同治十二年(1873年),回族反清失败后,左宗棠曾将贵德、西宁等地回族强行安置在化隆、尖扎等地,仅扎巴一地一次安置500多人。光绪二十一年(1895年)河

[①] 赵存录:《民和回民源流及其变迁》,载青海省民族学会编:《青海省民族学会学术论文选集》(内部)第4辑,1988年,第197~212页。

第一章 源流

湟事变后,从西宁东关迁来回族100余人散居化隆境内。平番(今永登)回民在当时民和起义的冶元圆(米拉沟人,时称"元圆二爷")的大力支持和帮助下,一次迁入民和者约300户,1 000多人。清末民初,由于战乱频仍,饥馑连年,陕、甘及青海境内的回族继续零星或小批地向化隆境内迁徙。

《化隆县志》记载:"明代万历年间,陕西大饥,一部分回族逃荒到化隆地区定居。巴燕镇、石大仓等地区的回族群众中有一部分以陕西为祖籍,说是在化隆已有三四百年的历史了。黑城乡车城村的绽姓回族,也是在明末从西安迁来。当时他们一行46人,到这里后发现地旷人稀,且有一座被废弃的古老城堡可以建屋搭棚,便定居下来生息繁衍至今。清康熙年间,甘、青地区又遭灾荒,乐都、民和的大量回族源源不断地向化隆迁徙。其中,居住在今民和米拉沟的冶姓家族,约七八百人集体向化隆迁徙,散居在石大仓乡的铁力盖等地,与当地原西域后裔马姓联姻,长期定居下来。其后又有许多米拉沟人以亲戚关系零星不断地向化隆迁徙。现在,化隆石大仓乡以及扎巴镇冶姓人仍以米拉沟为祖籍。清乾隆年间,西北又遭饥荒。从甘肃、临夏、民和等地涌来大批饥民。杨应琚曾于乾隆四年(1739年)招集流民,以工代赈修筑了扎巴、巴燕、甘都三座土城,并在巴燕戎城郊的加合尔、金家庄、韩家窑等地设置了回族聚居点。据传,今巴燕北街回族刘氏先祖,原属南京籍,在修筑巴燕戎城时承修了东西二座城楼,受到官府嘉奖,西宁府发给黄纸牌照,并将秤行经纪权交给刘氏,世代承袭,直至民国中期始止。"

《民和县志》据马氏家谱记载:其高祖原系陕西大荔县人,早在康熙年间,由马广仁、马广义兄弟率领来到甘肃,弟弟马广义住陈官营地,兄长马广仁落脚苦鲁湾村。同治年间迁徙到河州的这部分苦鲁湾人，后来许多人又从官亭、莲花等渡过黄河到处流浪，最后大多定居于民和地区，其中一位名叫马德兴的人率领的一支苦鲁湾人于1879年定居马场垣中庄，到目前为止，仅马场垣回族乡的上庄、中庄和下庄已发展到500户左右，再加上散居在川口、马营、转导、塔城、前河、甘沟、大马家、别乐等地的这支陕西人户，总计民和境内已达千户以上，至今人们尚称其为"苦鲁湾人"。同治年间，还有一些零星迁入民和的回族，其中由临夏、兰州迁来的人数较多。他们多散居于今马营、满坪、大庄、川口、巴州以及塔城的苏家湾、黑泉等地，绝大多数是回族，也有少量的东乡族和保安族，只是那时候不承认他们是民族，而统称其为"回教"或"小教家"、"回回"，也有叫他们为"保安人"、"东乡人"等。此后的20年间，即清末民国初期，今甘肃省的平番、河州、兰州等地和今青海省的西宁、大通、化隆、平安、循化等地的回族，或成批，或数家，或数人又陆续返回或迁入民和，其数目也是相当可观的。兰州陈官营和河州八坊、大河家一带的回民先后迁居民和川口、马场垣、马营、大马家等地者也有二三百户之多。化隆生地湾一带的回民三四十户100多人越青沙山集体迁入民和，散居于今柴沟乡的塌洞、刘家湾和马营何家湾一带，至今，人们尚称这些人为"山后人"（以小积石山为界，人们称民和为"山前"，称化隆为"山后"）。今甘肃省临夏回族自治州东乡族自治县的那日寺、龙泉、春台、新村陈家等地的东乡人，在此前后零星逃难来民和落脚于核桃庄、塘尔垣、马营、塔城、官亭、巴州、川口等地。此外，也还有西宁、大通、互助、平安等地的少数回民以及今循化撒拉族自治县的木场、黑大门方一带的少数撒拉族人迁入民和，散居于今峡门乡的刘家岭、新民乡的毛拉山、塘尔垣乡的龚家庄、黑山沟、陈家沟和马营菜园、川口等地。

民国时期，甘肃武威、河州等地回族逃荒、逃避兵役等来到门源。"马步芳为了筹集军饷，曾将甘都的水车、西滩及扎巴部分土地据为己有，召集临夏等地灾民安为庄户（佃户）为其垦种，一次就安置了近百户人家。"①

第四节　融入其他民族成分

回回民族在中国的生存发展，就人口繁衍而言，除了自身人口的生产和再生产，由于杂居情形较为普遍，融入其他民族成分是自古至今经常发生的。在历来是多民族活动、居住的青海地区，回族在各种社会历史条件下，融入其他民族成分的情形更加具有典型性。

一、蒙古回回②

元代，中国西北先后发生两次具有特殊重大意义的事件，先是镇守甘宁青接连地带的世祖忽必烈之孙安西王阿难答本人改宗伊斯兰教，拉失德《史集》记载"他还使依附于他的15万蒙古军队的大部分归信了伊斯兰教"。阿难答之后，在新疆建立东察合台汗国并成为首任可汗的成吉思汗七代孙秃黑鲁帖木儿24岁即归信伊斯兰教，并以汗王身份说服其部王公大臣归信，继而下令其

---

① 化隆回族自治县地方志编纂委员会编：《化隆县志》，陕西人民出版社1994年版，第657~658页。

② 蒙古回回，蒙古族对内蒙古阿拉善旗部分信仰伊斯兰教蒙古人的称谓。但在此泛指西北地区所有信仰伊斯兰教蒙古人及其所从属的各王公札萨克支系。

臣民改宗，约16万帐蒙古部众随之改宗伊斯兰教，使伊斯兰教在新疆全境得以传布。这两大非同寻常的事件为后来西北主要是新甘宁青地区民族变迁产生了重大影响，对属于唐兀和邻近新疆的青海产生了直接的影响。

"元朝建立后，先后派蒙古宗室西平王系、安西王系、西宁王系等部驻屯青海。这三个王系的蒙古人陆续改信伊斯兰教，成为穆斯林，其部众共60万人（包括奥鲁军，即随军家属屯牧部队）。长年驻守青海的约30万众，多为'回回军'和信仰伊斯兰教的蒙古军；还有一部分红袄军（山东反金农民起义军，后归顺蒙古，编入探马赤军中），逐步融合到蒙古军和回回军中，并通过信仰伊斯兰教和奥鲁军通婚而成为青海回族先民的一部分。元代，仅西宁王一系就传承四代：出伯—速莱蛮—亚格罕沙赫—阿鲁哥失里，并从西宁王一系涌现出一批伊斯兰著名学者，为传播伊斯兰教发挥了很大作用。这一时期，中西交流之道畅通，出入自由，在丝绸之路和麝香之路上，中亚突厥人、阿拉伯人、波斯人，或经商，或探亲，或迁徙，或调防，不绝于途。在麝香之路、丝绸南线的青海道上，有往来商队，也有留居之人。在留居者中，既有聚族迁徙，也有经商或被请来主持伊斯兰教务、教法而落户青海。元突厥裔诗人马祖常游河湟时，将其所见记入《河湟书事》两首诗中，其中一首说：'波斯老贾度流沙，夜听驼铃识路赊。采玉河边青石子，收来东国易桑麻。'可见当时青海道上行旅和落户者多为伊斯兰教徒。"①

"明初，明廷在青海西部和北部设置了安定、阿端、曲先、

---

① 孙滔：《青海回族溯源》，载《足音——〈青海回族〉精选作品集（一）》，民族出版社2005年版，第29页。

第一章 源流

罕东四卫，安置归附的元西宁王系的各部蒙古，其首领和部众多为穆斯林，四卫残破后，各部渐次移牧于青海湖周围及以东地区，其中一些部落逐步由畜牧向农耕、经商转化，随着生产方式的变迁和同回族的密切交往而融合到回族中。如游牧于安定、阿端卫一带善于征战、养马和经商的蒙古族穆斯林'红毛儿'，他们几经辗转，被明廷安置于西宁、湟中、湟源等地，亦牧、亦农、亦商，从明中期到清朝后期，青海与西藏的民间商业贸易往来，基本上掌握在'红毛儿'商队手中，在他们居住的范围内，至今留下了许多与穆斯林有关的地名，如湟源的胡丹度，就是蒙古语'信仰伊斯兰教的蒙古族住地'的意思。后来，'红毛儿'逐步融合到回族中，至今西宁、湟中、湟源一些回族群众还说他们的先人是'红毛儿回'，他们的邻里仍亲切地称他们是'红毛家'。明正德年间，蒙古穆斯林东蒙古太师瓦剌部首领蒙古汗王也先之孙亦卜剌，与蒙古汗王达延汗争战失败，率部入青；随后其亲族、也先侄孙、小王子部太师卜儿孩亦率部入青，两部约三万众，他们联军一处，游牧于青海湖和四卫之间。其部众被称为哈剌灰（即瓦剌回回之意），可见其部全为回回。他们在青海聚族游牧30余年，部落有很大发展，后因东蒙古土默特部首领俺答汗率蒙古大军入青，强占青海湖环湖地区，哈剌灰部遂相继迁入海北祁连山和青海东部，其大部陆续融合到回族中。俺答汗的部众中也有一些蒙古族穆斯林和史称'白帽回'的维吾尔族，如东蒙古永邵卜部（又称永谢部，其先人是元代驻守甘肃永昌府安西王的部众，明代由也先带入东蒙，后由亦卜剌统领，亦卜剌败入青海，永邵卜部归达延汗），即被史书称为'鹰韶保回子'，说明该部大多数为穆斯林，他们也随着历史的发展而融合到回族中。明末，西蒙古卫拉特和硕特部在其首领顾实汗率领下进驻青海广大牧区，其十支部队中有一支为能征善战的托茂部，主要成员为蒙古族穆斯林和维吾尔族，是进军青海、消灭喀尔喀领主却图汗、攻占西藏消灭藏巴汗的主力部队，后驻牧于环湖地区，以托茂（驼毛）自称。曾多次参加青海回族的反清起义，常与蒙古族王公发生矛盾，于光绪年间脱离蒙古部落，两千余托茂人遂在其首领茶根率领下同回族起义军合兵一处，转战青海各地，其中一部分在茶根率领下进入新疆，留在青海的托茂人遂融合到回族中，至今仍操蒙（古）语，着蒙（古）服，善于游牧，保留有一些蒙古族习俗。"①

所有这些信仰伊斯兰教的蒙古各王系及其归信部属，在经历了元朝的灭亡和明朝的建立等朝代更替所引起的社会变迁后，其在青海者基本融入了回族中。如罕东卫"及亦卜剌、阿尔秃斯来侵，残掠其众，罕东之人，徙就西宁沿边"②，"西宁近边"之今湟中县汉东回族乡，为回族聚居地，就缘于此（汉东即罕东）。

清顺治五年（1648年），"逆回丁国栋等拥众大通河岸，冀以威胁湟中回民，兵备副使冯如京、副总兵张世耀击败之"③。有关史料还提到招抚回民之事，丁国栋曾由甘州引兵到今青海门源，试图招引大通、西宁回族加入起义，被官军击败，遂有官府安抚西宁卫属回民的举措，此一事件透露出当时西宁北川大通一带回民众多的事实。下面所发生的事件进一步证实上、下白塔数

---

① 孙滔：《青海回族溯源》（按：此处关于"托茂人"的叙述与下文"托茂人"有所不同，特予保留，以备一说），载《足音——〈青海回族〉精选作品集（一）》，民族出版社2005年版，第29页。

② [清] 梁份：《秦边纪略》，卷一，青海人民出版社1987年版，第75页。

③ [清] 杨应琚：《西宁府新志》，卷三十一《纲领下》，青海人民出版社1988年版，第814页。

第一章 源流

十庄"皆为蒙古回子占据"情形。雍正初平定罗卜藏丹津之乱,"大将军年羹尧遣兵收复西宁北川。西宁北上北塔、下北塔地数百里,皆为蒙古回子占据,丁众粮裕,素怀异志,羹尧令千总马忠孝招抚下北塔三十六庄回目。忠孝又率兵千人往剿上北塔,擒头目阿布多、吴园、厄尔克等,斩之。余回就抚。"①这里北塔即白塔,今大通城关一带;所提到的人名阿布多即阿布都,为穆斯林经名,厄尔克似为蒙古人名,可见那时这一带蒙古回回之多,与前所引述孙滔先生文章可以印证。《清实录》载,康熙三十六年三月,喇嘛商南多尔济等疏言:"前奉上谕,青海众台吉何时入朝,何人前来,尔等作速奏闻。今青海四姓厄鲁特诸台吉,愿觐圣上。阿喇卜坦等及西宁属下回子头目,业已起行矣。"清代内外蒙古、新疆和青海以蒙古王公为主赴京觐见皇帝,朝廷因此修建避暑山庄于承德。此处所谓西宁属下回子头目,显然即蒙古回回而以蒙古属部按例觐见者。在青海许多蒙古盟旗属民中还有其他穆斯林成分,根据民国时期黎小苏在《青海之民族状况》中"二,蒙古族"的记述,其二十九旗之西右翼中旗"本旗有民百余户,汉番及缠回亦伙";北左翼旗"本旗有民三百余户,汉民五百余户,土耳其人、缠回、番族均有"②;另有资料补充记述:北右末旗"有民300余户,回番亦有";西右后旗"川商人缠回,更寄寓不绝,数年前已达千人";西右中旗"汉民川籍最多,近来流寓更众,疆回共80余人";北右末旗"亦有缠回数家,汉回番子皆业耕田经商工作,均不详其户口";北左末旗亦有"番子缠回……又境内苏、开、深如等处,有土耳其人百四十余户,寄居安

---

① 《清世宗实录》,卷十三。同载《甘宁青史略》,正编卷十八。
② 原载《新亚细亚》1933年6卷、1934年7卷。

业，与土著同"。以上数旗属民中的回、缠回、土耳其人显然不是指蒙古回回，为什么会有缠回、土耳其人呢？一是上述数旗多邻近新疆，有往来方便的条件；二是据有关文献记载：顾实汗由新疆入据青海的时候，纳有二妻，长妻为蒙古族，生六子；次妻为回回妃霍同莎，生四子。其回人妻所生四子是否都信仰伊斯兰教，史料没有交代，但以母亲为回人，儿子们与母族割不断的亲缘，遂有缠回等穆斯林成分依附，属情理之中。这"数年前已达千人"和"百四十余户"的缠回和土耳其人后来怎么样了呢？如前引史料称他们"寄居安业，与土著同"，自然是融入到了回族中。

二、托茂人

在这里需要指出的是，今青海海北海晏、祁连有一部分托茂人，他们信仰伊斯兰教，但其服饰和某些习俗和蒙古人基本一样。有人说他们是

祁连托茂人

信仰伊斯兰教的蒙古人，有人说他们是回族，在清代反清起义失败后，流落至海晏投奔了蒙古王爷，长期发展中，在服饰和某些习俗上受了蒙古人的影响，但仍保持了自己原来的信仰。史书上记载这部分人的来源，据《甘州府志》载："我朝顺治八年

第一章 源流

(1651年),叛回米喇印、丁国栋余党数百人善鸟枪者逃出,降于番夷滚卜台吉。滚卜亲率诸回驻牧于巴丝墩以为羽翼,将前明所筑西水关,尽为毁坏无遗矣。今由雍正初年驱逐番部开地。""滚卜部落一千人,回回三百余住巴丝墩川,刀尔吉部落五百人住白石崖口外,我朝雍正三年(1725年)始驱逐诸部,以大草地为内地云。"从这段记载来看,托茂人原先就是回族,他们参加米喇印、丁国栋反清起义,起义失败后投奔了蒙古王爷,娶蒙古女子为妻,逐渐繁衍发展成为被称为"托茂人"的穆斯林。

托茂公(一作托毛公),青海蒙古和硕特南右翼后旗俗称①。原先驻牧地在青海湖东岸,后移驻青海湖北岸,约二百余户。旗长为顾实汗长子达延汗之子鄂齐尔汗第五子索诺木达什之后裔,清封辅国公,民国初封镇国公。达延为顾实汗回回妃所生。《甘州府志》所云"滚卜台吉",与兄怀阿尔赖、弟刀尔吉为青海蒙古首领顾实汗回回妃所生第四子达兰太的三个儿子,"兄弟皆狡犷,而相得无间。初,河西诸回回叛(按:即顺治初甘州丁国栋、米剌印反清事),及败,刀尔吉诱致三百余人,皆善火器。怀阿尔赖曰:'是善火器者不可分为奴,使教部落有大用,此天与我也。'(于是)滚卜部落一千人,回回三百,住巴丝敦川"②。《秦边纪略》还记载"麦力干黄台吉,其祖卜儿孩,继亦卜剌据青海,有众万人。……因开白塔儿地于北川口,中国之亡命、回回叛败者,尽招致而馆谷之。(麦力干于康熙二十三年亡故)"③。"今

---

① 和硕特各旗俱有俗称,如西前旗称青海王,前首旗称河南郡王,前左首旗称默勒王,南左后旗称阿喀公,北前旗称布哈公,等等。
② [清] 梁份:《秦边纪略》,卷六,青海人民出版社1987年版,第402页。
③ [清] 梁份:《秦边纪略》,卷六,青海人民出版社1987年版,第402-403页。

之达赖黄台吉，卜儿孩之子；麦力干、达尔加黄台吉，皆卜儿孩之孙也"[1]，而卜儿孩则出自亦卜剌一系。上书记载透露出托茂公、滚卜、麦力干都是有回人血统或是蒙古回回后裔，无怪乎他们要收留和"诱致"、"招致"回回叛败者，而善鸟枪者的回回叛败者也乐于投奔依附，并甘愿以托茂家称者，其原因也正在于此。

三、汉族成分的融入

由于回族在全国范围内主要与汉族普遍杂居，千百年来几乎每日每时在生产生活上必然发生日益频繁、日益密切的交往联系，一方面回族在固守信仰和饮食禁忌的同时，接受汉文化影响包括采用汉语言和汉族服饰；另一方面，与回族杂居及与回族交往联系密切的汉族，则容易因婚姻和宗教信仰的皈依或改宗而自然融入回族，这种情形从过去到现在一直发生并存在着。青海回族毫无例外，所谓"回民大大，汉民娘娘"正指的是这一情形。在一个回族家庭中，倘从三代考查，其祖父母、父母、夫妻一方中与汉族有姻缘、亲缘关系者，在回族居住地区决非个别，而在杂散居地区这种回汉通婚情形所占比例甚至高于回族聚居区，从事社会学研究的人员曾在回族分布最少的西宁市城中区做过调研，有关数据均显示出这一情形。在青海，对于因婚姻和宗教信仰皈依或改宗而成为穆斯林，在族属上自然融入回族者，称之为"随了"。在青海回族中，尤其是西宁等城镇地区，汉族"随"回的家庭具有一定普遍性。20世纪80年代中，因为少数民族在招生招工上政策规定优惠条件而发生冒报少数民族成分等，国家公安部、国家民政部和国家民委等部门联合下达文件，规定与少数民族成员结婚的汉族一方，不允许更改自己的原民族成分；其子女

---

[1] [清]梁份：《秦边纪略》，卷一，青海人民出版社1987年版，第74页。

第一章 源流

在年满18周岁前可以自由选择父母一方的民族成分。尽管如此,一般回族家庭连同他们的亲友,对已经自愿选择了伊斯兰教信仰并遵从回族风俗习惯的汉族女婿或汉族媳妇,都给予十分真诚、热情的接纳,像一个本民族成员一样参加家庭的和民族性有关事务、有关活动。另外,在某种特殊的历史条件、历史环境下,群体性地加入到回族中的情况也曾发生过,据《近代史资料》记载:清同治年间,西宁回民起义接受朝廷招抚,其领袖马归源、马本源分别被授任署西宁知府和署西宁镇标游击代行西宁镇总兵的军政权力后,出现"西宁八属汉民,尽随其教,马智元(即马归源字)弟兄格外庇护,得以安业"。西宁八属当指西宁府治周围东、西、南、北四川两厢地区而言,八属汉民数量众多;数年后回民起义失败,马归源弟兄被杀,"尽随其教"的八属汉民加入回族后受濡染历时未久,他们中一部分甚至一大部分在当时情势下仍恢复为汉族也是情理之中;但即经"随教",一部分那怕一小部分汉族执着地坚持下来,当也是可能的。西宁、乐都一带巨姓由东汉西平汉族麹姓延续而来,族中有与回族女结亲者,其儿女遂依母亲皈信伊斯兰教而成为回族,仍保留巨姓,并积极参与有关民族事务。再如现住马营、川口一带的杨氏家族,也是在咸丰年间从甘肃秦王川迁到民和来的,其高祖爷爷是汉族,奶奶是东乡族,婚后爷爷随妇进教为穆斯林,而后又融合演变成为回族,先住马营,解放后有一部分又迁至川口的南堡子史纳地方落户,经130多年的繁衍,现已发展到20多户,70多人了。化隆有朱姓回族,据《化隆县志》言,"原为江苏扬州汉族,其祖先在清咸、同年间参加反清活动,奉命来青海联络事宜,终因捻军、回军先后失败,无法返回,被当地回族保护起来,受其影响而改随回族"。是说虽言之凿凿,但扬州起义者来西北联络回民之事

— 41 —

在记述详尽的咸、同年西北回民起义全部史料中无有一字提及；纵有联络，当先可能与西北前沿且已在关中燃起燎原大火之势，使清廷专委剿办的钦差大臣胜保被查拿、多隆阿毙命而声势正盛的陕西回民十八大营联系，不大可能绕过陕西、河州两大部回民起义而深入西北腹地的巴燕戎格联络，且扬州至化隆一路关卡设防重重，负有联络使命的江南"造反者"一行人，其形貌、语言迥异，不为官府察觉是无论如何做不到的。因此，这一部分朱姓其先民来自于扬州可以相信，其原本是汉族也是事实，如果将此放在明代移民自淮泗，清同治年以马文义、马归源弟兄首义巴燕戎，当此之时，如同后来西宁八属汉民之"尽随其教"，巴燕镇上原先是汉族的这部分朱姓人家在当时形势下也随教而成为回族，似乎更顺理成章。民和马场垣乡孔姓回族、转导乡瓦匠、下堡子村张姓回族，也是原为汉族后来改随伊斯兰教而成为回族的，转导乡张姓回族至今与本乡宅子村张姓汉族仍保持亲戚关系，往来不断。循化汉族大户董、吴、赵、马等族中，也有不少因姻亲等成为回族。

四、卡力岗操藏语回族

化隆卡力岗地区阿什努、德恒隆两个乡有一万多操藏语的回族，其先祖原属土著藏族，因改信伊斯兰教而成为回族。根据调查和传说，普遍认为：清雍正十二年（1734年），中国伊斯兰教虎夫耶门宦最大派系华寺门宦太爷马来迟，在阿拉伯接受虎夫耶教理归国后，以其享有的崇高声望，往来于河州与西宁之间的循化、化隆、同仁、贵德一带回族、撒拉族和保安族穆斯林教众中从事传布教理等宗教活动。乾隆二十一年（1756年），马来迟由循化至化隆境内黄河渡口，适逢当地藏族群众迎请活佛祈雨，不让马来迟乘船渡河，马来迟无奈，只好骑马渡河，祈雨僧俗见其

第一章 源流

于波涛中面不改色,如履平地,非常惊异,便提出十条难题,要求马来迟回答,并要他祈雨;马来迟遂一一解答,念经祈祷,果然天下大雨,赢得信服,马来迟借机宣讲介绍伊斯兰教教义。经过几年,这部分藏族群众逐渐皈依伊斯兰教,并自认为回族。① 华寺门宦关于马来迟太爷道统传说材料中于此有更为神奇的故事,极富虚幻色彩。但马来迟于藏族僧俗民众祈雨时只身渡河之事传说普遍,其祈雨成功一节,也许是神话化,也许天有凑巧,客观上成全了马来迟。总之,马来迟作为甘青地区创传当时势力极盛(一度达20多万而名冠全国)的华寺门宦的一代教主,其在华寺门宦形成前和致力传布此教理的数十年间往来于循化、化隆一带,且化隆在当初直到现在仍是华寺盛行地区,乃至成为后来进行教主传承的华寺势力重心所在,在此历史环境下,由于特殊的社会原因,一部分藏族改宗伊斯兰教是可能的。既然当年蒙古帝国的四大汗国大部皈依了伊斯兰教,就在中国西北也先后有如前述之秃黑鲁帖木儿和阿难答之事,那么,在伊斯兰教较为集中传布的河湟地区出现卡力岗藏族改宗伊斯兰教融入回族的情形,并非不可思议。民国时期对青海各民族的考察资料中关于青海回族的叙述,均有对此事的记述,如《新亚细亚》1933年5卷3期所刊载的丘向鲁《青海各民族移入的溯源及其分布之现状》说:"化隆则有一部分为西番——即藏族——转奉回教,因而为回民的。"还有将此与托茂人混提说:"讬(托)毛回回为蒙人及藏人之信奉回教者,原非回族,因风习之接近,相沿日久,已失其

---

① 马通:《中国伊斯兰教派与门宦制度史略》,宁夏人民出版社1983年版,第226~227页。化隆回族自治县地方志编纂委员会编:《化隆县志》,陕西人民出版社1994年版,第658页。

蒙藏民族之特征，而为回族同化矣。"叙述尽管不准确，但所言藏人转奉回教之事，就是指卡力岗回族。1952年中国史学会主编的《中国近代史资料丛刊·回民起义》第四册第309页也记述此事说：马来迟"那老人家既有学问，又有德行，常劝西番人奉回教……"

另外，因长期与回族杂居，以信仰和风俗习惯的一致，在化隆的一部分撒拉族融入回族。原在化隆的外五工撒拉族，除因起义被镇压致使人口缩减，而现居甘都四合省、唐寺岗等村外，其余融入当地回族中，卡力岗、甘都、群科回族地区，有"阿格乃"、"孔木散"的原撒拉族社会组织，应视作这一社会变迁的遗留痕迹。

世世代代居处于多民族地区的青海回族，在长期的历史发展中，如上所述，融入了多种其他民族成分而得以壮大。关于这一方面，前文提及之丘向鲁在他那篇文章中于"（一）回族"一开头就这样评论："回族是一个最不易和他民族同化的民族。其所以不易同化之理由，约有数端：第一，回族的女子，绝对不与他民族结婚，有结婚者，即属叛教，要受极严厉的处分。第二，回教民族，以吃猪肉为戒，故认非回教民族之饮食起居不干净。是以他人所备之食物，均不敢进口，虽一盏茶一瓜子之微，也回避不惶。个人交际，极感不便，生活之同化，自属难能。第三，回教民族几乎全部聚族而居，或住城关，或住乡村，与非回教间接触极少。更与一般人民之生活特异，自不易与他民族同化。然回族之中实早已混有其他人民之血液……况且汉人愿奉回教将女子嫁给他们的，也是常有的事。蒙族、藏族、土族之信回教者，亦与汉族有同样情形，在青海也有许多的例（子）。"这是一位关注青海各民族的内地汉族人士对回族的观感，从现象上说，是合乎情理的。但回族之"最不易和他民族同化"，最深层的原因是宗

第一章 源流

教信仰的坚固，回族女子与他民族结婚，一般也未必要受极严厉的处分，毕竟回族生活在中国多民族大家庭中。

在回族中融入其他民族成分的情形是较为常见的，但在特殊情况下，也有极少数回族被其他民族所同化，如民和峡口乡马姓土族和川口镇、马场垣乡有的马姓汉族，原本为回族而融入到土族和汉族中，现住中川土族乡河边马家和峡口土族乡峡口村的马家近百户土民，原先也是跟白彦虎而来的陕西回族，只是后来为环境所迫改变伊斯兰教而信仰起佛教来了，其族属也由回族变为土族，至今他们清明上祖坟时，不用猪肉祭祀，这些土民知道他们的老祖先是不吃猪肉的。此外，联合乡马家湾的马姓、马场垣回族乡马聚垣的马姓家族和川口地区一部分姓马的汉人，原均系回民，在清末事变中被迫而成为汉民。①至如个别回族成员因某种原因长期生活于汉族和其他民族聚居地区或家庭中，信仰逐渐丧失，习俗因而改变，也时有发生。著名书法家牛子文先生，年届九十，为互助人，曾说他的一位堂伯母本为回族，于清光绪年由甘肃河州逃难流落于互助，被牛氏娶为媳妇，得以安身，因该地系纯汉族居住地，久而久之，遂成汉族。

现在青海回族姓氏主要有以下100余种：

1. 回族传统姓氏（包括取用汉族姓氏）：马、刘、高、赵、苏、喇、白、穆、韩、王、陈、张、李、杨、孟、丁、包、云、许、闫、仲、宋、强、闵、周、胡、郭、徐、贺、崔、黄、谢、童、锁、詹、蔡、翟、朱、孔、哈、鲍、严、田、贾、辛、井、

---

① 参见民和回族土族自治县地方志编纂委员会编：《民和县志》，陕西人民出版社1993年版，第573页；赵存禄：《民和回民源流及其变迁》，载《青海省民族学会学术论文选集》（内部），第4辑，1988年，第197~212页。

星、杜、魏、谭、钟、殷、黎、左、舍、康、盖、孙、任、吕、寇、曹、句、回、裴、牛、苟、郝、戴、洪、达。

2. 青海特有姓氏（包括虽非特有但在青海该姓人家较多）：冶、绽、尕、阿、雍、米、买、祁、沙、沈、吴、董、汪、妥、金、林、郑、铁、海、敏、何、萧、索、勉、巴、法、陕、鲜、冯、苗、拜、闪、虎、鸟、甘、车、聂、赫、安、古、者、唐、科、席、光、巨、司马、帖①。

---

① 上述姓氏未便从公安局派出所户口详查，主要是回忆所得，及二三县志之载，恐有遗漏，但相信95%以上是收进了；关于各姓氏来源，青海回族研究会会刊《青海回族》总第13、14、15期曾连载魏得新《中国回族姓氏溯源》，愿了解者，自可查阅。

第二章　元明时期的青海回族

第一节　元明政府对青海回族的统治

一、回族先民唐宋蕃客的侨民礼遇

7世纪中叶，中国封建社会进入了国威强盛的唐朝，与此同时，在亚洲的西端另一个强大的国家——阿拉伯帝国迅速崛起。伴随着阿拉伯帝国在政治、军事上的扩张，其商业活动也扩展到了世界各地，其中包括繁荣昌盛的唐王朝。唐王朝积极鼓励发展商业和对外贸易，使得贯穿西域的陆上"丝绸之路"和穿越南海的海上"丝绸之路"出现超迈前代的鼎盛时期，形成了长安、洛阳、开封和扬州、泉州、广州等商品贸易集散地。随着对外经济贸易的日益发展，唐王朝在西域广阔区域内设置完整的军政管理机构，"委节度观察使常加存问，除舶脚、外市、进奉外，任其来往流通，自为交易，不得重加税率"①。不仅保障了"丝绸之路"的畅通无阻，而且为往来商贾和使者提供了便利。唐朝对外

---

① 《唐大诏令集》，卷十。

开放政策吸引了大批阿拉伯穆斯林贡使、商人来华经商，出现了留居中国的情形。"胡客留居长安久者或四十余年，皆有妻子，买田宅，举质取利，安居不欲归。"①中国史书上所称的这些"胡客"、"蕃客"，就是我国最早的回族先民。

宋朝来华经商的穆斯林商人贡使较唐朝大为增加，"约有几万至十几万留居中国"②。对外贸易发展迅速。这一时期青海东部地区建立了以青唐城为中心的唃厮啰政权，青唐城成为中亚、西域各地商人与内地进行贸易的重镇之一。来自阿拉伯、波斯等地的穆斯林商人，其中不少侨居青海不归的，自然也成为青海回族的先民。

唐宋时期来华的穆斯林蕃客的主要目的是经商，大部分穆斯林蕃客侨居在沿海港口城市和唐宋都城及贸易较发达的商埠。他们在对外经济贸易中的中介作用和发挥的影响，不断促使唐宋政府以宽松优待的态度予以接纳，受到侨民礼遇，有的还跻身赵宋王朝高层统治集团，如后文提到的马依泽和蒲氏家族。

二、元明回回人相对优渥的政治地位

13世纪成吉思汗统一蒙古各部后，开始了对外军事征服，通过三次西征，黑海以东葱岭以西的信仰伊斯兰教的国家和民族臣服蒙古。随着每次战争的胜利，大批阿拉伯人、波斯人和中亚各民族都被蒙古军队征用到中国，从而形成了大规模的穆斯林移民浪潮。"今天，许多真主的信徒已经朝那边迈步，抵达极遥远的东方国家，定居下来，在那里成家，以致多不胜数。"③这些东来

---

① 《资治通鉴》，卷二三二。
② 余振贵：《中国历代政权与伊斯兰教》，宁夏人民出版社1997年版，第51页。
③ 志费尼：《世界征服者史》，内蒙古人民出版社1980年版，第12页。

第二章 元明时期的青海回族

的穆斯林包括军士、工匠、妇孺百姓、科技人才和上层人士及部属等,元代官方史书中称作"回回"。蒙古军的西征和南下,使中西交通畅通无阻,为民族大迁徙、大融合创造了有利的条件。

元朝大一统的实现,疆域辽阔,需要大量的驻军。蒙古军、回回军、西域亲军和探马赤军成为主要防守力量。这一时期来华的穆斯林军士、商人、工匠等已一改唐宋时期侨属的状态,行动不受任何限制,可以在各地自由居住。通过与当地各民族通婚生子,繁衍后代,逐渐成为中国回族的主流成分。"元人所谓之回回,实不仅宗教的意义,且有十足之民族之意。元代之诏令文告,无不以'色目人'与蒙古人汉人对举,即回回与蒙古人汉人并举,或以回回畏兀、乃蛮、唐兀与契丹、汉人对举,此见元人心目中,回回实与蒙古、畏兀、乃蛮、唐兀、契丹、汉人等,各为一个民族。其所以各为一个民族的原因,不仅在其种族上之不同,而尤在其文化上之不同也。换言之,即因其有共同之信仰及共同之生活方式,而能自成一集团也。在此一点,元时之回教人虽然并不异于唐宋,但二者之间则又有一极重要之区别,即唐宋时期之外来回教人并不自认为中国人,而元时之外来回教人定居中国后不久,即自认为中国人是也。"[①]

随着元朝大一统的实现,元朝统治者为了加强对被征服民族的统治,在吸收唐宋实行的民族分化政策的基础上,将全国居民按种族、地域分为四等。第一等蒙古人,第二等色目人,第三等汉人,第四等南人。回回人属于第二等色目人。在政治方面,作为蒙古西征、南下时期重要力量的回回人,在元朝统治机构中扮

---

① 白寿彝:《中国伊斯兰教史存稿》,宁夏人民出版社1982年版,第209页。

演着重要的角色。元世祖至元二年（1265年）规定："以蒙古人充各路达鲁花赤，汉人充总管，回回人充同知，永为定制。"①回回商人和回回宗教人员都享有免除差役的待遇。至治三年（1323年）十二月，"免斡脱逋钱（斡脱，色目人经营的商业组织）"②。宗教方面，元朝设置专门机构"回回哈的司"、"回回掌教哈的所"管理伊斯兰教事务。此外，在律令制度、科举仕宦等方面也给予相应的优渥。

明代，是伊斯兰教在中国稳定传播并发展的历史时期，在朱元璋推翻元朝统治的过程中，诸多回回将领与汉族将领并驾齐驱地建功立业，不仅对明朝的建立奠定国基，而且在守卫边陲、巩固政权方面屡建功勋。如沐英、冯胜、蓝玉之于明初经略西北，万历一代名将达云，曾巡守甘肃、西宁诸镇，名震西陲，战功显赫，被时人誉为"边将之冠"。明朝实行移民实边政策，"随着社会安定和经济恢复，西北陕甘宁青成为回回最主要的聚居地区"③。宗教方面，明朝统治者对伊斯兰教和回回等穆斯林采取宽容优待的政策。据王岱舆《正教真诠》卷首"群书集考"载："洪武元年（1368年）敕建礼拜寺于金陵，御书百字赞褒美清真，以示优异。"其以帝王之尊公开推崇伊斯兰教，几乎决定了整个明王朝280年对回族伊斯兰教的基本政策，使伊斯兰教在明代与社会发展基本适应，起码伊斯兰教与明王朝基本没有发生过任何正面冲突事件。非但如此，甚至出现明武宗公开贬斥儒佛道而独

---

① 《元史》，卷六《世祖本纪三》。
② 余振贵：《中国历代政权与伊斯兰教》，宁夏人民出版社1997年版，第91页。
③ 余振贵：《中国历代政权与伊斯兰教》，宁夏人民出版社1997年版，第136页。

第二章 元明时期的青海回族

尊回回教之举,托言属相忌讳而一度下令禁止养猪,是耐人寻味的①。百字赞至今在许多清真寺和回族中广为流传。与此同时,回族聚居区都建立了清真寺,明代青海西宁、大通、民和等地都建立了清真寺。

为了加强中央集权制,洪武十四年(1381年),明朝正式建立里甲制度,完善地方行政组织。其中规定:"以一百一十户为里。一里之中推丁粮多者十人为之长;余百户为十甲,甲凡十人。岁役里长一人,甲首十人,管摄一里之事。城中曰坊,近城曰厢,乡都(村)曰里。"②作为明王朝统治范围之内的回族民众自然统入坊、厢、里甲的管辖之中。但由于回族因特殊的宗教生活,一般围寺而居,清真寺内设立掌教人员,成立管理组织,从而形成教坊组织。教坊仅是基层宗教组织,只管理聚居区内回族的宗教活动,与封建政府的行政、法律不相违背。"在教坊制度下,回回社会的宗教与政治逐渐分离。封建中央集权制使得教坊不具有任何独立的或自治的性质,它不能影响和干预封建政府对穆斯林行使政治和法律权力。"③

第二节 土 司

一、职权与影响

明朝初年,明王朝对地广人稀的西北边陲实行土司制度,"土流参治",即在西北诸卫设置流官(汉官)的同时,还对"归附有功"的当地少数民族土官,以土治土,"授以世职","赐以

---

① 喇秉德:《赭墨集》,民族出版社2005年版,第141页。
② 《明太祖实录》,卷一三五。
③ 刘莉:《古代回坊的形成与发展》,载《青海民族研究》,2004年第3期。

安插之地",令其"各领所部耕牧"①,其目的即"以听征调、守卫、朝贡、保塞之令"②。清初沿用明制,仍然实行土司制度。土官的设置,随之形成了许多土司家族。冶土司是明清时期河湟土司中唯一的回族土司。自洪武四年(1371年)冶土司始祖薛都尔丁以元甘肃行省佥事的身份归附明王朝起,世袭罔替,到民国废除土司制度,末代土司冶金敖伴随清王朝的灭亡正式退出历史舞台,在今青海民和回族土族自治县米拉沟地区维系了近540年的统治,对当地的政治、经济等方面产生了较大的影响。

《明史·西域传》记载:"遣西宁四卫土官与汉官参治,令之世守"③,这就是明王朝为北抵强大蒙古势力侵扰,南固番族部落而实行的"土流参治"制度。当时的薛都尔丁以土官的身份在明初的西宁卫辖碾伯守御千户所充"小旗"一职。据《明史》卷九〇《兵志·卫所》记载,明代卫所"所部兵五千人为指挥,千人为千户,百人为百户,五十人为总旗,十人为小旗"。薛都尔丁是一名统领10人的下级军官。

根据明朝"自卫指挥以下其官多世袭,其军士亦父子相继"④的定制,薛都尔丁之子也里只在军中补役,承袭"小旗"一职。洪熙元年(1425年)也里只因功授予"所镇抚"。《明史·职官志》记载:明代卫所"有世官,有流官。世官九等:指挥使、指挥同知、指挥佥事、卫镇抚、正千户、副千户、百户、试百户、所镇抚,皆有袭职,有替职。"所镇抚一职为世官九等之一,为从七

---

① [清]龚景瀚:《循化志》,卷四《族寨工屯》,青海人民出版社1981年版,第147页;[清]杨应琚:《西宁府新志》,卷二十四《官师土司附》,青海人民出版社1988年版,第609~619页。

② 《明史》,卷七二《职官志一》。

③ 《明史》,卷三三〇《西域传二》。

④ 《明史》,卷七六《职官志五》。

第二章 元明时期的青海回族

品,掌刑狱,如"镇抚无狱事,则管军,百户缺,则代之"①。

冶土司家族第五世土司冶详袭职后,正式更"也"为"冶"。作为明代地方武职世官,冶土司有"各统其官军及其部落,以听征调、守卫、朝贡、保塞之令"②的职责,因此多次参加了明王朝的军事征战活动。冶详"以功历升指挥佥事"③。指挥佥事为从四品世官,与指挥使、指挥同知各领一所,"分理屯田、验军、营操、巡捕、漕运、备御、出哨、入卫、戍守、军器诸杂物"④。冶详时建立了指挥府衙门,

指挥府砖

负责兵刑钱谷诸事宜。当时的土司衙门遗址尚存,衙门府设在今民和回族土族自治县核桃庄乡五方村,占地约3亩,指挥府围墙用夯土筑成(仅存部分残垣),门楣上方镶有一块方砖,上书阴文正楷"指挥府"三字,院落由其后裔分而居之。冶土司管辖有为数不多的土兵,实际上就是家兵。据史料记载,第十二世土司

---

① 《明史》,卷七六《职官志五》。
② 《明史》,卷七二《职官志一》。
③ [清]杨应琚:《西宁府新志》,卷二十四《官师土司附》,青海人民出版社1988年版,第613页。
④ 《明史》,卷七六《职官志五》。

冶俊祥"所管入兵册马土兵二十五名。"①"指挥佥事冶进忠，管土千总一员，土兵二十九名，并未食俸"②。"米拉沟指挥佥事辖七十户，土千总、把总各一，马步兵二十五。"这些土兵来自土司辖区内的百姓，与土司的人身依附关系比较密切③。土司征调出战，土兵随卫所军队出征。如征战有功，还可因功受赏，明嘉靖三十九年（1560年）冶鸾、冶为铖父子战死沙场，朝廷为表忠烈，"赠其子百户世袭，家丁升小旗十名"④。冶土司衙门中也设有法庭，民间有诉讼事宜，则经土司受理审判，当时的土司"各有衙门，各设刑具，虎踞一方"⑤。

清顺治二年（1645年），冶鼎归附清王朝。康熙十四年（1675年）以"有捍卫之劳，无悖叛之事"⑥仍授冶鼎西宁卫世袭指挥佥事，并认为"李氏、祁氏、冶氏皆膺显爵而建忠勋"⑦，"三姓族最繁衍，代有名人，为他土司所不及"⑧。说明冶土司在清代青海东部土司中也占有重要的政治地位。清代中后期，由于清王朝推行反动的民族歧视和民族压迫政策，西北地区回族起义风起云涌。咸丰十年（1860年），在冶成林、马良义领导下，米拉沟回族也加入到这股反清洪流之中。同治十二年（1873年）

---

① [清]杨应琚：《西宁府新志》，卷十八《武备·兵制》，青海人民出版社1988年版，第460页。
② 《甘省便览》，民族文化宫图书馆藏本，第140页。
③ 《清史稿》，卷一三四《兵志五》。
④ [清]杨应琚：《西宁府新志》，卷二十八《献征·忠节》，青海人民出版社1988年版，第717页。
⑤ [康熙]《河州志》，卷二。
⑥ 《清史稿》，卷五一七《土司传》。
⑦ 《清史稿》，卷五一七《土司传》。
⑧ [清]李天祥：《碾伯所志》"人物"条，"土司"条。

第二章 元明时期的青海回族

二月,清提督刘明灯、总兵敖天印率所部由米拉沟来会,冶成林、马良义扼守米拉沟各要隘以防马归源义军从此突围。光绪二十一年(1895年)河湟地区的回族、撒拉族又一次举起了反清的义旗,米拉沟冶主麻、安朝玉也率领当地回族群众揭竿而起,并攻破巴暖营堡。清政府派董福祥倾力镇压了这次起义。光绪末年,西北土司随中央王朝的衰败而削弱,到宣统年间最后一世土司冶金敖时冶土司家族已完全走向了衰落。民国二十一年(1932年),国民政府改土归流,存在了六百年的土司制度结束。

二、世袭

冶土司祖先为西域缠回,据《清史稿·土司传》记载"冶氏世居碾伯县东南一百二十里米拉沟"。当时的米拉沟包括今民和回族土族自治县核桃庄、李二堡、塘尔垣、巴州、东沟、西沟、松树、新民、硖门等乡。冶土司的世袭传承如下:

明朝(1368~1644年)

第一世薛都尔丁,洪武四年(1371年)封小旗。

第二世也里只,薛都尔丁之子,洪熙元年(1425年)封所镇抚。

第三世也陕舍,也里只子,宣德四年(1429年)袭所镇抚。

第四世也荣,也陕舍子,天顺元年(1457年)袭所镇抚。

第五世冶详,也荣子,成化八年(1472年)封指挥佥事。

第六世冶珍,冶详子,正德十二年(1517年)袭指挥佥事。以功升甘肃左协副将。

第七世冶鸾,冶珍子,嘉靖二十年(1541年)袭指挥佥事。以功升镇羌守备。

第八世冶为钺,冶鸾子,嘉靖三十九年(1560年)授百户。

冶府君墓表　　　　　　　　　　　冶将军墓表

第九世冶为鉴，冶鸾子，冶为铖弟，隆庆五年（1571年）袭指挥佥事。

第十世冶国器，冶为鉴子，万历四十八年（1620年）袭指挥佥事。"迭著战功，升授北京昌平副将。"①

清朝（1644~1911年）

第十一世冶鼎，冶国器子，康熙十四年（1675年）袭指挥佥事。

冶鼎子光斗，光斗子体正，俱因病未袭。

第十二世冶俊祥，冶鼎孙，乾隆十年（1745年）袭指挥佥事。

第十三世冶承唐，冶俊祥侄，乾隆二十二年（1757年）袭指

---

① [清] 升允等：《甘肃新通志》，卷四十二。

第二章 元明时期的青海回族

挥佥事。

第十四世冶进忠，冶承唐子，乾隆四十七年（1782年）袭指挥佥事。

第十五世冶镇邦（字子安），冶进忠子，道光三年（1823年）袭指挥佥事。

第十六世冶殿臣（字翰如），冶镇邦子，同治十年（1871年）袭指挥佥事。

第十七世冶廷凤，冶殿臣子，光绪五年（1879年）袭指挥佥事。

第十八世冶金敖，宣统元年（1909年）袭指挥佥事。

第三节　元明时期青海回族的经济状况

一、农业经济的形成和发展

元代，蒙古西征签发至少数十万计的西域亲军，因蒙古军队首先占领西北，而屯垦于今甘宁青地区，青海回族先民开始与土地相结合，出现了农业经济。

1227年春，成吉思汗大军占领洮河、西宁等河湟地区，并把水草丰美、草原辽阔的青海作为进军南宋的根据地，派蒙古军和"回回"在这里屯聚牧养。元朝建立后，先后派蒙古宗室西平王系、安西王系、西宁王系等部屯驻青海。长年驻守青海的约有30万众，多为"回回军"和信仰伊斯兰教的蒙古军，①这无疑验证了"元时回回遍天下，及是居甘肃者尚多"②。按元朝的制度，

---

① 孙滔：《青海回族溯源》，载《青海回族》（内部），总第3期。
② 《明史》，卷三三二《西域传四》。

这30万镇戍军"上马则备战斗，下马则屯聚牧养"①。元朝自元世祖、成宗以后，随着全国政治形势的渐趋稳定，军事攻伐的减少，各地蒙古军、西域亲军等"随地入社，与编民等"②。青海回族先民开始了在青海河湟谷地屯田和牧养为主的农业生产活动。

元代回回人的农业经济，主要通过三种途径形成：一是通过军队和政府安排，参加军屯和民屯；二是官宦和军士，得到政府的职田或军户的赡军田；三是自置田产从事农业或普通回回户成为自耕农或佃农者。③元代无论是军屯还是民屯，都是"画地使耕，无力者则给以牛具农器"④。从《元史》许多零星的记载中，我们依旧能证实青海回族先民在河湟地区的屯田颇具规模，且有专任官员负责屯田。"立河西屯田，给耕具，遣官领之。"⑤又《元史·世祖本纪十二》记载："至元二十五年（1288年）以忽撒马丁为管理甘肃、陕西等处屯田等户达鲁花赤，督斡端、可失合儿工匠千五十户屯田。"至清乾隆年间，地方官员在考察今甘青两省交界的捏工川一带土地状况时，发现当地有"可垦之田约数千顷，闻唐宋元明俱经屯种，内有大河三道，引水渠迹宛在"⑥，据此，有学者研究指出"从另一侧面证明元代在青海地区确有兴屯之举"⑦。元代青海回族先民经营的农作物品种有"小麦、大麦、青稞、荞麦、糜、谷、豌豆等，蔬菜类有芥菜、香菜（芫

---

① 《元史》，卷九八《兵志一》。
② 《元史》，卷九三《食货志一》。
③ 邱树森主编：《中国回族史》（上册），宁夏人民出版社1996年版，第217页。
④ 《元史》，卷一七《世祖本纪十四》。
⑤ 《元史》，卷十《世祖本纪七》。
⑥ [清] 龚景瀚：《循化志》，卷二《山川》，青海人民出版社1981年版，第63页。
⑦ 崔永红等：《青海通史》，青海人民出版社1999年版，第289页。

第二章 元明时期的青海回族

荽)、大白菜、蔓菁、萝卜、葱、蒜、韭等"①。

到了明代,务农活动有了进一步的发展,农牧业经济逐渐成为回族社会经济的坚实基础和主体。明王朝建立初期,实行"休养生息"政策,采取了一系列措施来推动和发展农业生产。而对少数民族特别是归附明王朝的蒙古、色目诸人的农牧业生产活动,也给予了优惠政策,朱元璋认为"朔方百姓及蒙古、色目诸人,向因兵革连年,供给久困弊政,自归附之后,各安生理,趋时耕作,所有羊马孳畜,从便牧养,有司常加存恤"②。

朱元璋以后的历代统治者都保持了对归附回回的优惠政策,孝宗弘治二年(1489年)规定"原有全家优免之例……今后除初回勇士请照例全免,其替役一二辈者,止优免户下三丁,著为令。从之"③。可见明政府对待归附的蒙古穆斯林和回回都是采取免除徭役的优惠政策,至孝宗时虽有所变改,但仍实行优惠政策。有研究者认为"明廷优惠入附回回人的办法除了免除赋役外,更重要的是给入附的回回划拨农田草场,发放籽种牛具,安排房屋居室,以此鼓励他们从事农牧业生产"④。这些无疑对回回参与屯垦,发展青海地区的农牧业经济都是非常有利的。

明朝初期实行屯田政策,屯田分为军屯和民屯。在青海境内实行军屯的卫所为西宁卫和归德(即今贵德)千户所。青海河湟地区的军事屯田开始于明洪武十年(1377年),据记载,"陕西

---

① 崔永红:《青海经济史(古代卷)》,青海人民出版社1998年版,第97页。

② 《明太祖实录》,卷三五。

③ 《明孝宗实录》,卷二八。

④ 邱树森主编:《中国回族史》(上册),宁夏人民出版社1996年版,第217页。

都指挥使司言：庄浪卫旧军四千，后增新军四千，地狭人众，难以屯驻。乞将新军一千人调往碾北守御，一千人西宁修城，暇则俱令屯种，止以旧军守御庄浪，诏从之。"[1]据明朝张雨《边政考》"西宁卫图"管辖的范围看，西宁卫的屯田主要分布在今湟源峡以东湟水谷地。归德千户所的屯田则分为10个屯寨，分布于今贵德、尖扎、同仁、循化之间的黄河及隆务河河谷地区。

军屯除军士屯田外，军士的家眷也往往入屯垦种，这无疑加快了军户向民户的转化过程，宣德三年（1428年），西宁卫因军士各有差遣，不暇屯种，为不影响屯田生产，"征进屯军家属自愿力田者七百七十余人，乞令如旧耕种，依例收其籽粒"[2]。那么从今天回族人口主要分布于河湟谷地和黄河沿岸地区来看，的确"军屯是明代回族农业发展的重要原因之一"[3]。明代青海的回族在从事民屯过程中，与此伴随出现了商屯。民屯是民户耕种官田，接受屯官管理的一种生产方式，明朝洪武十三年（1380年），"拔河州民至西宁贵德开垦守城。帝命于河州拔民四十八户来贵德开垦守城，自耕自食，不纳丁粮"[4]。朝廷为了储备边粮，采取了招商运粮支盐例，也就是"中纳盐粮"，于是"西宁诸部落，无不以马易茶"。从茶马贸易在河湟地区繁荣的史实看，一些商人以回族商人为主为了节省运费，便投资于边地卫所，就地组织农业生产，以收获粮食上纳官仓，换取盐引，于是便有了商屯；据《明世宗实录》卷九五记载当时甘肃边地就有开展商屯

---

[1]《明太祖实录》，卷一一五。
[2]《明宣宗实录》，卷四二。
[3] 邱树森主编：《中国回族史》（上册），宁夏人民出版社1996年版，第217页。
[4] 慕寿祺：《甘宁青史略》，正编卷十四；兰州古籍出版社1990年版，第5页。

第二章 元明时期的青海回族

的记载,西宁卫也多次被指定为盐商中纳盐粮之地①。

明代青海地区无论是军屯、民屯还是商屯,都取得了很大的成效。这些成效的取得,固然以汉族的出力最多,但从史料来看回族军民也作出了重大贡献,使河湟地区耕地面积得到进一步扩大。据崔永红先生考证明万历年间,西宁卫在册耕地面积有所增加,仅屯地额比永乐时增加约1 976顷,增长约98%;正统三年(1438年)屯、科田总额2 756.46顷,到明末时则达到6 690.79顷,增长了142.73%②。

据民和县20世纪50年代的历史调查,米拉沟原是一片荒地,经过当地回族祖祖辈辈筚路蓝缕劳动开发出来,变为肥沃的土地。③从冶土司始祖薛都尔丁率部驻防开始在米拉沟从事军屯,到清末冶土司家族耕殖米拉沟,"均为农家者流"④,说明今日米拉沟的农业,是历世冶土司苦心经营,督带其属民(尽皆回族)辛勤劳动发展起来的。"按土司之先,以归附有功,赐以安插之地。明初开创旷土本多,召募番回开垦,遂据为己有,汉人无田者亦从之佃种,所称土户不尽其部落也。"⑤当然,除回族军人参与的军屯外,其家眷也往往在屯田之外自垦自种,补助家计,使更多

---

① 《明宣宗实录》,卷三二。

② 崔永红:《青海经济史(古代卷)》,青海人民出版社1998年版,第169页。

③ 《民和县回族社会历史材料汇编》,民和档案馆藏本,1959年4月油印本,第130页。

④ 《皇清例赠武德都尉星堂冶府君墓表》,载余振贵、雷晓静:《中国回族金石录》,宁夏人民出版社2001年版,第545页。

⑤ [清]龚景瀚:《循化志》,卷四《族寨工屯》,青海人民出版社1981年版,第147页。

的荒地得到开垦利用。明朝以来大量的史料显示，甘肃河州地区回族人口的不断增长，狭小的耕地已经不能满足其经济生活之需要，于是他们自发来到青海东部河湟谷地自垦，如弘治年间，西宁一带就有"各处流民久住成业"①的记载，故而"移民垦荒是明代回族农业发展的另一个重要原因"②。

与此同时，农田水利也得到兴修。到明末，在西宁地区已形成了以伯颜川、车卜鲁川、那孩川和沙塘川为主的四大干渠，拥有近30条分渠的农田灌溉系统，覆盖农田达15万（顷）之多。回族聚居较多的民和地区就有虎狼沟渠、巴州渠、暖州上渠和暖州下渠，湟中地区则有伯颜川渠、那孩川渠，当地农民往往能因地制宜、因势利导地兴修水利，开渠引水。

因回族之善于经营，在农业生产中与汉族农民相互交流，使农产品种类更加丰富优良，从顺治《西宁志》的记载来看，明末河湟地区的农作物就有"稷、小麦、胡麻、菜子、青稞麦、蚕豆等"，蔬菜就有"瓠、茄、芥、芹、蘑菇、茄莲、沙葱、沙韭等"，几乎都包括了我们今天种植的所有农产品。《河州志》记载当时的河州地区的回族已经开始种植"回回豆"即豌豆，据顺治《西宁志》记载当时的农作物中就有豌豆。

从历史资料来看，河湟地区的回族和其他民族还发展了园艺业，在河湟谷地，因地制宜地发展园艺业，遂以此擅长于当地。尤其回族种植瓜果最为普遍，顺治《西宁志》中记载"把丹杏，核仁甘美，元人用为贡"。我们知道"把丹杏"是从中西亚地区

---

① 《明孝宗实录》，卷一五一。
② 邱树森主编：《中国回族史》（上册），宁夏人民出版社1996年版，第466页。

第二章 元明时期的青海回族

传入中国的,可见当时回族果园中是有种植的;还有"肃州出回回甜瓜"①的记载,回族聚居的民和地区当时就种植"王瓜、番瓜、西瓜"②。另外最值得一提的是"梨,河西皆有,惟肃州、西宁独佳",那么称为"河湟美果四佳梨"的"川口冬果"、"贵德长把梨"、"乐都软儿"、"化隆酥梅"已经普遍种植。总的来说,无论是肃州还是西宁等河湟地区,当时的回族都经营园艺业,种植瓜果比较普遍并具有很高技艺。

元朝时期,尽管回族的先民在河湟与土地结缘,农业经济的比重逐渐增大,但青海的地理环境更有利于牧养,再加之元朝统治者以自身出于游牧民族,颇重视牧业,故青海回族先民的经济生活中"畜牧业在总体上仍然居于主导地位"③。元世祖忽必烈,采取了一系列有利于畜牧业发展的措施。王朝兴办牧场,"中统四年设群牧所,隶太府监、寻升尚牧监,又升太仆院,改卫蔚院,院废后立太仆寺,属宣徽院,后隶中书省",所辖牧地"东越耽罗,北逾火里秃麻,西至甘肃,南暨云南等地,凡一十四处","周围万里,无非牧地"④。西宁王速来蛮受封的领地包括"今青海海东、海北、海西和甘肃与青海海东相邻地区为其封地,在青海地域内的蒙古军、探马赤军、回回军户、宣政院辖区各卫、积石州元帅府、曲先答林元帅府、各军站、驿站,均受其节制、调遣"⑤。在西宁王系的统辖下,青海东部和柴达木盆地西部其间宜牧不宜农之

---

① [清] 许容等:《甘肃通志》,卷二十《物产》。
② [清] 李天祥:《碾伯所志》。
③ 崔永红等:《青海通史》,青海人民出版社1999年版,第292页。
④ 《元史》,卷一〇〇《兵志三》。
⑤ 孙滔:《元代西宁王考》,《青海回族》(内部),总第3期。

地正在官牧场范围之内。在牧区按"人口验多寡,分三等九甲为差"①。将人户分等,使赋役负担大体合理;禁宰幼畜、母畜,以利牲畜繁衍;推广畜牧业生产技术,颁布设"孳畜"专章的农书《农桑辑要》;法律保护畜牧业产权,对盗驼马牛驴骡等牲畜者,处以杖责②;建立畜产品市场,制订畜产品价格,还组织政府与牧民间的官民贸易,以提高畜产品的商品率等等③。

明代回族经济农牧兼顾的传统已普遍形成,处在河湟农业区的回族也能适应河湟独特的地理环境在务农之余牧养牛羊,进行农牧兼顾。他们大都采取野外放牧和圈栏喂养相结合的方式。他们饲养的家畜有"马、骡、驴、牦牛、犏牛、羊"④。那些靠近牧区的回族,畜牧业在其经济生活中占的比重更大。明代青海信仰伊斯兰教的蒙古部落不断的东迁河湟地区,在适宜牧养的河湟地区从事畜牧业经济,到清中期逐渐融入到回族中。

总之,青海回族的农牧业经济在元代的基础上已开始全面兴起,逐渐成为回族社会经济的坚实基础和主体,为河湟回族的商业发展,乃至为整个青海回族的最终形成和发展奠定了经济基础。

二、商业

元代青海回族社会经济中农业开始成为重要,甚至主要的产业,但回族先民一开始即从事的经商活动仍然在继续着,这方面虽然缺乏文字记载,但《元史》(卷一)中有关的一条朝廷禁令还是透露出重要信息:"(世祖十八年)五月癸卯,禁西北边回

---

① 《通制条格》,卷十七《赋役·科差》。
② 《元史》,卷一〇四《刑法志三》。
③ 崔永红:《青海经济史(古代卷)》,青海人民出版社1998年版,第115页。
④ [清]苏铣:《西宁志》。

第二章 元明时期的青海回族

回诸人越境为商。"说明那时越境为商情形非同一般,乃至引起朝廷重视而作此禁令,"西北边回回诸人"当然首先是居甘肃尚多的回回人。尽管元朝有抑商倾向,但其国家财政进项中贸易所占份额甚大且有赖于此的经济利益;以及自宋代即以经商为业居住于西宁的"四统往来贾贩之人数百家"回族先民的众多后裔们,加上元代大批东来从事贸易的回回人的经商活动是绝不至于中断的。明代因茶马贸易而活跃起来的河湟回族商人,及其在清初西宁、多巴、白塔儿中西贸易市场扮演的引人注目的角色,乃至垄断了中俄大黄生意的西宁回族商人,不是偶然的,而是有历史延续性的。

西宁王系作为元朝蒙古贵族,是否在拥有权位和财富后委托回回商人从事"斡脱"(类似于今放债贷款)活动无史籍可考证,但我们依据全国的情况看有其可能性,"其贾贩,则自鞑主以至伪诸王、伪太子、伪公主等皆付回回以银,或贷之于民而衍其息,一锭之本展转十年后,其息一千二十四锭;或市百货而懋迁;或托夜偷而责偿于民"[①]。元世祖忽必烈即位后,斡脱高利贷是官府、皇室、诸王后妃个人消费和财富的重要来源,尽管后来结束了以往斡脱商对诸领主的多元从属,置于中央政府管辖之下,又曾一度废罢过斡脱所,但终元之世,斡脱商始终是很活跃的。另外,1955年在柴达木盆地格尔木农场第一作业站平土造田时,发现元代纸币一包,计400余张,这些纸币是用桑皮制成,面值有"壹贯"、"弐贯"、"伍佰文"三种,有中统、至元、至正时期的多种印版。[②]从西宁王速来蛮受封的领地来看,青海海

---

① [南宋]彭大雅:《黑鞑事略》。
② 青海省文物管理处,青海省考古研究所编著:《青海文物》,文物出版社1994年版,第14页。

西曲先答林元帅府、各军站、驿站，均受其节制、调遣，故而这些珍贵文物，进一步说明西宁王系已拥有巨额财富并委托回回商人从事"斡脱"活动，当时青海地区的商业贸易繁荣，而且商业贸易中货币广为流通。正如崔永红先生所指出并给予充分肯定的那样："青海东部有许多色目人，其中不乏善经商者，尤以回回人为突出，他们为当时青海商业的繁荣和发展做出了积极贡献。"[1]

我们知道，明代在西北建立茶马司是与其军事防御相配套的一种带有政治经济意义的重大举措。嘉靖时期巡茶御史刘良卿说："陕西设立茶马司以收茶易马，虽以供边军征战之用，实及番夷归向之心。"故而明代茶马之法较完善，任何个人是不得染指茶马贸易的，民间贸易要被取缔，"私茶出境者斩，关隘不察觉者处以极刑"[2]。实际上，严刑峻法并没有禁止民间的贸易，到永乐初年已是"茶禁已销弛，多私出境。"此时，明王朝对民间茶马互市采取默许的态度。此后茶禁时紧时弛，无一定制。弘治三年（1490年），明廷接受御史李鸾的建议，允许西宁、河州、洮州三茶马司招集商人运茶，只是规定每位商人运茶不得超过3 000斤，其中官府收缴其中的40%，剩余的部分则由商人自行出售[3]，这实际上承认了民间贸易的合法化，茶马互市的"民市"也就名正言顺地公开进行。另外，明政府挑选建立茶马司的河州、西宁、洮州，正是元明以来逐渐形成的回族聚居区，史料称"旧城堡为洮州旧地，较新城为繁复，其俗重商善贾，汉回杂处，番夷往来，

---

[1] 崔永红：《青海经济史（古代卷）》，青海人民出版社1998年版，第129页。
[2] 《明世宗实录》，卷一八八。
[3] 《明史》，卷八〇《食货志四》。

第二章 元明时期的青海回族

五方人民贸易者络绎不绝，土著以回人为多，无人不商，亦无人不农"①。河湟由于回族近百年来的经营，已成为农牧贸易的中心，"河湟地区经济地理位置上的特殊地位，原来就具有十分适合于商业发展的条件，建立'茶马司'之后更便于他们进行商品贸易的活动"②。

这时河湟的回族已从原先那种丝绸、瓷器、珠宝为主要商品与中原内地进行交易的方式，转变到依托本地经济地理条件，以经营农牧产品为主，和生活在自己周围的汉藏两大民族进行交易的方式上来，这种转变是他们与生活环境相适应的必然结果。到了明朝中后期，随着明王朝的日益腐朽衰落，"法废弊滋"，官府失去了对茶商的控制能力，"西宁、河州、洮州等处每岁以茶易马，各监督兵备道多视为鄙夷，概委通判、经历等官，听其徇私交易，所市番马多不堪用"③。"自湖茶行后，各商利于夹带，短贩得以盛行……番族利私贩之贱，因而不肯纳马。"④茶叶贸易的主动权的大部分利益被"回人为多"的各族商人所据有。

三、手工业和采矿业

明代关于青海回族的手工业资料不多见，但从全国普遍的情况来看，青海回族农牧业经济的稳固发展，促使回族手工业有了较大的发展。尤其在与河湟自然地理"相结合"的历史过程中，已经有了与地方相结合的屠宰、皮革手工业产品。屠宰和皮革是回族手工业中的传统行业，也是其主要经营的部门，明人朱国祯

---

① 《洮州厅志》。
② 费孝通：《临夏行》，载《瞭望》，1987年第23期。
③ 《明神宗实录》，卷一二〇。
④ 《明神宗实录》，卷三〇八。

《涌幢小品》和沈德符《万历野获编》中都记载回回世以宰牛为业的记载，牛羊肉不仅供给本族群众食用，还供应外族人，当然与牛羊相关的皮革加工同样是回回生计的重要成分。明末西宁城东的"回回皆拥资为商贾，以及马贩、屠宰之类"①，可见以屠宰为业的回民是比较多的，也更成为回族的传统行业。

另从零散的史料看，明代河湟的回回和其他各族一道积极投资于当地的采矿业中，如大通的煤矿"自明代，本地汉回集股开采"②。到了明末，产煤量逐渐增大，并把煤销售到西宁地区，"西宁北川口外白塔地方，出产石煤，系附近汉、土、番、回民人挖取贩卖，以为生计。每驮纳税钱三十文，西宁府委员收解充饷，约计每年收银一千九百余两"③。明代从河湟回族已经开始从事采煤这一历史事实来看，那么比采煤利润高得多的采金业方面当已参与其中，民国初年编纂的《大通县志》记述：回族"民之生性，能耐劳苦，喜作零星贸易，兼充经纪牙侩。邑中金厂，为所充斥；煤矿亦占多数"④。

另外明代青海的青盐已经享有较高声誉，在朝贡贸易中占有一席之地，常常作为贡品进贡朝廷，如天顺四年（1460年）"陕西西宁番僧剌麻罗呐室哩等贡舍利、青盐，赐彩币等物"⑤。而且茶马司的官商和商人取用青盐，可以免纳税钞。⑥那么河湟回

---

① [清]梁份：《秦边纪略》，卷一，青海人民出版社1987年版，第64页。
② 刘郁芬：《甘肃通志稿》，卷二十八《民族八·实业》。
③ 《清世宗实录》，卷一一五。
④ 《青海地方旧志五种》，《大通县志》（上）第二部《种族回民》，青海人民出版社1989年版，第513页。
⑤ 《明英宗实录》，卷三二一。
⑥ 《明英宗实录》，卷四四。

第二章 元明时期的青海回族

族的先民在与生活环境相适应的贸易转变过程中,自然少不了在利润较高的盐业贸易中大显身手。

从以上叙述可知,明代青海回族本地的手工业初见端倪,主要是屠宰、皮革、采矿业,对回族以后的社会经济产生了深远的影响。

第三章　清朝时期的青海回族

第一节　清朝时期回族的政治状况

一、被压迫的历史

青海回族经过明代在经济、政治、文化等领域相对稳定的发展，到了清代，人口大增。甘肃（包括今甘肃、宁夏、青海）自乾隆以来，回民"户口之蕃，亦臻极盛"[1]。雍正七年（1729年）三月十七日，川陕总督岳钟琪在认为回民积习已深需施以化导的密奏中就提到："今西安省会及东西附近属邑回众最多，而甘属自平凉西北至于宁夏，比屋皆是，他如西宁、河州、甘凉所在多有。"[2]居住区域更为扩大，自循化、化隆、民和、乐都、西宁以至大通、贵德、湟源都是回族聚居的地方。清代回族人口增加，居住区域扩大的原因主要是经济的发展。当时回族经济以农业经

---

[1] 余振贵：《中国历代政权与伊斯兰教》，宁夏人民出版社1997年版，第165页。

[2] 中国第一历史档案馆编：《雍正朝汉文硃批奏折汇编》，第十四册，江苏古籍出版社1989年版，第843页。

第三章 清朝时期的青海回族

济为主,青海河湟流域是农业经济比较悠久发达的地区,农业经营方式和耕作水平都比较高。清政府继续以移民方式向人少地多的区域实行移民实边政策,到青海的移民不断增多。史载回民"于大通原籍无多。清雍正年间,或由河州,或由甘凉,或由西宁府属各邑渐次迁入,日增月盛"①。

但到了清代中后期,朝廷对蒙古、西藏均力事联好优遇,对其宗教领袖加以封号特权,惟独对伊斯兰教心存歧视。这与明王朝优遇伊斯兰教的政策大相径庭。特别是在法律上歧视回民,对回民的防范和压制较汉民为严,对回民施刑,也较汉民为重,致使地方官绅变本加厉地欺压回民。乾隆二十七年(1762年)所定盗窃律:"回民行窃,结伙三人以上,执鞭绳器械,不分首从,不计赃数、次数,改发云贵两广极边烟瘴充军。"至于汉回共同行窃者,"凡汉回共同行窃,结伙三人以上者,回民依回民律拟军,而汉民则拟徒",全失公允。统治阶级的民族压迫,尤其是对信仰伊斯兰教的回族、撒拉族的高压政策,激起回族、撒拉族人民多次不屈不挠的反清起义。著名历史学家陈垣认为:"清人待回教徒至虐,故回教徒叛清之事亦特多。"甚至连左宗棠都说:"甘肃之事,兵不能维民,反以扰民;甘肃之官,不能治民,反激民变!"②

乾隆四十六年(1781年)苏四十三领导撒拉族、回族起义反清。清朝统治者在镇压起义的过程中,一方面始终在穆斯林新旧教派之间制造新的矛盾,通过挑拨离间达到其"以回制回"的目的。另一方面清朝统治者下旨对参加起义的撒拉族、回族"痛加

---

① 大通回族土族自治县地方志编纂委员会编:《大通县志》,卷四,陕西人民出版社1993年版。

② 《左文襄公批札》,卷二。

搜剿"。撒拉族、回族起义失败后，清朝统治者制定"办理兰州军务善后事宜"等具体章程，内容涉及政治、经济、民族、宗教等方面，对撒拉族、回族进行了严格的限制和规定：对撒拉族、回族实行"分而治之"的政策，以削弱其力量，规定撒拉尔回人"自为婚配，内地回人不得杂入其中"，内地回人也"勿与撒拉尔回众往来联络"；选用"精明强干旗员"加强对撒拉族、回族的管理，"以资弹压"；限制撒拉族与其他穆斯林之间的经济、思想与文化往来，规定"撒拉尔回人不准复充循化、河州衙役及营伍兵丁，亦不准其任意至内地行走，不准在各处逗留，并责成保安、起台堡、老鸦关驻守弁兵，严切盘查，稽其出入"①。对伊斯兰教活动更是横加干预，采取高压手段进行控制。

就在清政府大力实施"善后措施"的同时，乾隆四十九年（1784年）甘肃通渭县石峰堡田五、张文庆又举起了反清义旗。这次起义从1784年6月起，8月20日失败，前后不到三个月时间。但比苏四十三起义规模大，人数多，涉及甘肃中部的10多个府、厅、州、县的1 200余个村镇。②清朝政府依然以"以回制回"的手段来分化瓦解、打击、镇压回族，并进一步强化对伊斯兰教的管理和限制。

咸丰、同治年间，清政府有意偏袒，制造回汉矛盾，"凡争讼斗殴，无论曲直皆抑压回民"。从而激起了陕甘回民不屈不挠的反清大起义。这次起义从1862年5月在陕西中东部爆发，到1873年11月肃州陷落，历时12年之久，沉重地打击了清王朝在西

---

① 《钦定兰州纪略》，卷十六。
② 余振贵：《中国历代政权与伊斯兰教》，宁夏人民出版社1997年版，第222页。

第三章 清朝时期的青海回族

北的统治力量。陕甘回民起义被镇压之后,为了加强对回民的防范,左宗棠提出了一系列"善后要政",从政治、经济、军事、宗教诸方面加强对陕甘回民的束缚。其中最重要的一个内容就是"徙戎",即强迫大批陕甘回民离开故土,迁徙到新的偏僻荒凉地区。其内容包括:一、新的回民聚居点要选在"人迹断绝"的偏远地区,远离城市、要冲,并不当大道;二、被迁回民不能"并聚一处",而必须分散远离,不得"私迁"、"合居"或"私返原籍";三、在回民村庄实行联甲制度,设置十家长、百家长,取代阿訇"钤束"回民,借以"散回目之势,而以其权归之官";四、严禁回民私藏枪炮军火,特别是不准回民有往来各地的自由,去附近城市探亲、买物者,须得百家长允准和领取"号签",去省内远府州县,须得地方官允准并领取"路票",违者严办;五、在回民中"复其古教",禁绝新教,对老教要求建清真寺"例所不禁",但规定"高不得过二丈四尺,宽不得逾十丈","墙厚不得过二尺五寸",以防用作军事目的。①左宗棠强迫陕甘回民大迁徙后,把金积堡一带的陕西回民2万余移到化平(今宁夏泾源一带);把固原的陕西回民数千人移到平凉的大岔沟一带;把河州的陕西回民3万余人移至平凉、静宁、会宁和定西一带;把在西宁的陕西回民3万余人移到秦安、清水一带。西北回民成千上万地被屠杀的同时,引起大范围的逃难流徙,左宗棠为镇压回民而采取的这种旨在"涣其群,孤其势"的强制迁徙政策,造成回民更大程度的分散,原先相对集中的回民力量被大大削弱。

---

① 王天奖:《也谈左宗棠对陕甘回军的镇压》,《湖南师范大学学报》,1985年第6期。转引自余振贵:《中国历代政权与伊斯兰教》,宁夏人民出版社1997年版,第241页。

自唐宋以来在关中富饶地区发展至清代不下80万的陕西回族以"十不存一"（白寿彝语）的态势急剧减少，使伊斯兰教在陕西的影响极度下降，西北回族经济文化的发展受到严重的挫折。

二、乡约和保甲制度

（一）乡约

乾隆四十六年（1781年）撒拉族、回族反清起义失败后，为了加强封建统治和对撒拉族、回族的防范，清朝政府制定了涉及经济、政治、军事、民族、宗教等各方面条款的"办理兰州军务善后事宜"等章程，特别是对新教乃至整个伊斯兰教制定了种种禁令，采取高压手段进行控制，其内容包括："回民不得复称总掌教、掌教、阿訇、师父等名目（指对外）；择老成人充乡约，稽查约束，互相劝诫；循化掌教称为总练，阿訇改为乡约；新教礼拜寺概令拆毁，如查有私行传习者，照邪教律从重处理；旧教礼拜寺嗣后亦不得增建，不许留外来回民学经、教经及居住，日后如有复倡异教者，即行首告指拿；每年令乡约头人具无新教及前项情节甘结一次，地方官加结，年终汇齐送部"[1]，从而使回族撒拉族的宗教活动受到了严重限制。乾隆四十九年（1784年）六月，又规定："回民无分新教、旧教，止以从逆者治罪。按察议，新教旧教，均系良民，不便歧视，从前议禁当略为变通，嗣后严禁回民邪教及阿浑名目，亦不许添建礼拜寺及留外来回民居住，其念经原非例禁，但不得聚集礼拜寺，仍令乡约稽查，如有匪徒在寺谋为诡秘，即禀究，年底仍取具甘结，地方官加结汇赍"[2]。

---

[1]《钦定兰州纪略》，卷十六，转引自余振贵：《中国历代政权与伊斯兰教》，宁夏人民出版社1997年版，第221页。

[2]［清］龚景瀚：《循化志》，卷八《回变》，青海人民出版社1981年版，第319页。

第三章 清朝时期的青海回族

"(乾隆)五十四年,西宁苏代源之案(苏代源案有关史籍无记载,从此处所提及来看,苏代源显系西宁回民,其案依当时而言,很可能是苏氏在西宁传讲官府所禁止的哲赫林耶教理甚或以此援应石峰堡田五起义,其未能成事而为官府察知予以究治而称此事为案——著者),总督札饬各属回民:不许留外来人教经、学经,不许此村之人前往彼村念经……乡约头人具结,地方官加结,按季申送。"①这里,将"善后事宜"中要求年终汇齐送部改为按季申送,要求更加苛细。时署河州知州涂跃龙就"应令大小寺乡约将所辖烟户归于保甲,造册办理"提出七条章程,为两司部议所否决,但仍重申"以上各条,凡有回民之处,一体遵照查办"②。无论大寺小寺均设乡约,实际存在小寺乡约向大寺乡约汇集情形;又以甘肃数以千计清真寺的乡约于年底都齐集州府具结之繁难,在事件过后稍有从权,即实际存在大寺乡约和小寺乡约(在西北回民聚居区约定俗成的是教坊内小寺一般服从大寺管辖)和大寺乡约有正、副之设的普遍情形下,官府在回民大聚居范围内选择在他们看来是可靠的某一宗教首领人物管领千百乡约成为必要,于是就出现了总乡约职事,简称总约。咸丰年间,华寺门宦教主马归源捐纳候补同知,是具有官员和一方宗教首领两重身份的人,是官府认为最理想的总约人选,因而被任命为总约,不仅管理本门宦事务,而且兼管这一带包括其他教派门宦的所有伊斯兰宗教事务。《清穆宗实录》(卷二七,

---

① 转引自喇秉德、马小琴:《青海回族史料集》,青海人民出版社2002年版,第119页。

② 转引自喇秉德、马小琴:《青海回族史料集》,青海人民出版社2002年版,第119页。

第29~30页）就有部议指言："撒回与西宁回民分别两教，渐生嫌隙，应申明旧章，不得分寺诵经，亦不得妄分新旧教及添建礼拜寺，仍责成总约回民随时稽查。"[①]接着，在同治元年七月辛卯（1862年农历八月五日）上谕中直接提出："首犯马尕三罪在不赦，经总约马归源禀请俟准抚撤兵后密图诱获，志在必得，著即责成该总约迅将马尕三擒献，毋任乘间兔脱遗患将来。"[②]

乡约是封建社会中奉官府命令在乡里中管事之人，在各地均有此职事。清乾隆年开始将此推行于西北回族、撒拉族地区，不同于汉族地区的是，回民乡约主要是充当官府耳目，替官府监视回民，一年一报，汇总报部；回民乡约之设是代替各清真寺阿訇，以便严格管束回民；回民乡约分为三级，即小寺乡约、大寺乡约、总乡约，以便官府达到层层管理的目的。

（二）保甲制度

苏四十三、田五起义失败后，清朝政府对伊斯兰教和回族、撒拉族穆斯林的宗教生活进行种种约束和限制。在实行乡约制度的同时，又规定保甲制度进一步钤制穆斯林正常的宗教活动。乾隆五十四年（1789年），西宁苏代源案后，陕甘总督勒保奏："臣到甘以来，节次晓谕旧教回民将仍习新教之人按名查缉，并明立条款，回民礼拜日期止准于本村寺内念经，不许另赴别寺，亦不得多索忏钱；如有婚丧事件，止准延请本寺乡约头人，别寺之人不得揽夺；仍令照依编造保甲之法，将某某回户应归某寺念

[①] 转引自喇秉德、马小琴《青海回族史料集》，青海人民出版社2002年版，第119页。

[②] 转引自喇秉德、马小琴《青海回族史料集》，青海人民出版社2002年版，第119页。

经之处造册备案；其平时教习经文，亦止准延请本寺回民教读，不许勾引隔村别寺人及添建礼拜寺、私筑城堡等事；至专设回民义学教以诗书，尤为化导良法，通饬实力奉行。"①"应令大小寺乡约，将所辖烟户，归于保甲造册办理。"②其具体办法是："无论汉、回，总以十户为一牌，十牌为一甲，十甲为一保。今令照寺分造不归入汉民保甲，如迁徙增添，该寺乡约随时开除具报。违者，照脱漏户口律治罪"。并规定回民聚居的地方，"原依民户编造，自成牌甲"，而汉回杂居的地方，"若将回民另编，转至零星不便稽查。是以与汉民挨次编列，均听回乡约稽查"；"其某回户应归某寺，作何分别之处，应令州县督该约查明造册备案"。为保证保甲制的推行，清政府还明文规定"凡有回民之处，一体遵照查办"③。

第二节　清朝时期青海回族的反清起义

一、清朝前期的反抗斗争

（一）清廷对回族和伊斯兰教的政策

关于清朝对回族和伊斯兰教的政策，史学界虽有不同的见解，但普遍认为清前期的民族政策对我国统一的多民族国家的巩固和发展有一定的促进作用。自乾隆中期以后，则发生了由宽容利用到残酷镇压的转变。

---

①《清高宗实录》，卷一三四三。转引自余振贵：《中国历代政权与伊斯兰教》，宁夏人民出版社1997年版，第231页。

②［清］龚景瀚：《循化志》，卷八《回变》，青海人民出版社1981年版，第321页。

③［清］龚景瀚：《循化志》，卷八《回变》，青海人民出版社1981年版，第321、323页。

伊斯兰教，由于被认为是被歧视的民族——回、维吾尔等族的宗教信仰，所以在整个清代，它的地位都无法同儒、佛、道相比，就是在对它比较宽松的清代前期，也是被作为"率皆鄙薄之徒"信仰的、"原一无所取"的、"其先代留遗"的"家风土俗"，只不过没有被宣布为非法，允许其存在而已。早在顺治、康熙、雍正时期，一些清朝官府汉族官员对回民就极力排斥，藉端滋扰。顺治五年，即有陕甘籍官员兵科左给事中郝璧向朝廷提出：回民"从来叵测"，"虔刘之下，不难禁绝其类"；他们把伊斯兰教说成是一种所谓"不敬天地，不祀神祇，另定宗主，自为岁年，党羽众盛，济恶害民"的"左道"。康熙时朝臣诬指"斋月"时凌晨封斋和晚间礼拜诵经活动是"夜聚明散"，定性为"回回谋叛"。雍正时山东巡抚陈世倌向朝廷上疏献策，强制回民"概令出教，毁其礼拜寺"，并"尽行禁革"；署理安徽按察使鲁国华也奏请拆毁礼拜寺，禁止用回历，禁止戴白帽。以朝廷大员竟然提出"禁革"其宗教，"禁绝"其族类，丧心病狂到了极点！而清朝皇帝为维护封建国家之大局，求得长治久安，不敢轻举妄动，贸然从事，以免引起社会的动乱。但官方的这种舆论，给回民形成了很大的社会压力。这从当时回族学者金天柱所写的《清真释疑》的"自序"中可看出：遂有谓不遵正朔，私造宪书，以三百六十日为一年而群相庆贺者；有谓异言异服，拣择饮食；甚者谓斋仍茹荤，白日何故不饮食；又谓礼拜不知所拜何神，而夜聚明散，男女杂沓；更谓齐髡以毁父母之遗体，而庞貌为之异样者。种种疑案，皆莫能释。另一方面，随着回族封建经济的发展和在某些地区形成门宦，新兴的回族地主、商人和矿主便与具有封建特权的当地的汉族地主阶级发生了矛盾。清廷的地方官员起初是利用这种矛盾制造回汉纠纷，暗中挑拨，意在两伤，坐收

第三章　清朝时期的青海回族

渔人之利；后来则嫁祸于回，说汉民受回民之害，煽动团练屠杀回民，强占回民的产业，侵犯回族地主、商人的利益；待至回族等族起来反抗，清廷又对起义者残酷屠杀，将回民村落一个一个地荡平，从而使汉族地主得以霸占回族地主阶级的田土，对回族实行民族压迫。

清廷对伊斯兰教采取的政策以及为奉行这种政策所采取的卑劣手段，造成了十分严重的恶果。主要是：

1. 极大地助长了大汉族主义，造成了回、汉人民之间的隔膜。清代之前，汉族与回族之间的关系基本上是良好的，两族人民经常共同参加反对封建压迫的斗争；清朝建立后，回、汉两族人民有着共同的民族遭遇，更是互相同情。清廷为了巩固其统治，极力利用两族之间不同的神权思想和宗教信仰及风俗习惯，纵容在一部分地主和学者中间存在的大汉族主义，挑起两族之间的不和。

2. 造成了中国伊斯兰教各个教派之间的对立和不和。清廷为了分化回回等族劳动人民的力量，不仅把宗教，而且把教派之间的分歧突出，支持一派，禁止一派，把一派说成是守正的，而把另一派说成是"异端"、"邪教"，这样就使得一些亲官府的民族宗教上层，利用其他教派被查禁的处境，扩大本教派的影响与势力。

3. 造成了伊斯兰教中复杂的国际问题。和卓问题，本来是新疆地区伊斯兰教中的一个与政治斗争有所联系的特殊信仰问题，但由于清廷的错误政策，使和卓后裔流亡国外，为沙俄利用这一问题提供了可乘之机。又，清廷对陕甘参加起义的回族民众步步追剿，直至新疆，还追至国外，流落异邦。

4. 严重影响了回、维吾尔等族的发展。明末清初，信仰伊斯兰教的回、维吾尔等民族的经济、文化各方面都有相当大的发展，经过元明两代的积累，至明末清初，回族作为一个民族，已经有了一定的经济基础；在一些文化水平比较高的地区，某些伊斯兰教学者开始把儒家思想同伊斯兰教神学整合，创造具有中国特点的伊斯兰学术，这是经济上已有一定基础的回族先驱人物在意识形态中所做的一件重要工作，是伊斯兰文化同中国传统文化第一次大规模的交流。很可惜，由于清廷对伊斯兰教的政策，不仅严重打击了回族的民族经济，而且使回族学者创造具有中国特点的伊斯兰教学术的工作中途夭折。因为倍遭镇压和监视的伊斯兰学者没有安心进行学术探讨的环境；这样的学术工作也不会得到统治阶级以及汉族学者的同情和支持。所以这次由回族学者主动兴起的伊斯兰文化同中国传统文化结合的运动，便在马德新被害后逐渐趋向衰落，穆斯林退居寺内，谨守拜功，阿訇之所倡，教民之所由，厥为寺的教育而已，这种情况一直持续到光绪三十三年。①

"不可否认，清朝的民族统治政策，在清代前期，对我国统一多民族国家的进一步巩固和发展起到了一定的促进作用。但自乾隆中期以后，随着清廷的日益腐朽，社会危机的逐步加深，其民族统治政策也越来越显示出它的反动性，特别对信仰伊斯兰教各族人民的严酷统治尤为明显。"②

(二) 丁国栋、米剌印反清起义及其与青海回族关系

1. 原因

---

① 以上叙述参见李兴华：《清政府对伊斯兰教〈回教〉的政策》，载《清代中国伊斯兰教论集》，宁夏人民出版社1981年，第114页。

② 马汝珩：《试谈清咸同年间回民反清运动性质与领袖人物评价问题》，载《民族研究》，1984年第1期。

第三章 清朝时期的青海回族

清代初年,清王朝在西北地区的统治极不稳定。当时李自成、张献忠农民起义军的余部尚在陕甘地区继续进行抗清斗争;由于清廷推行"重满轻汉"政策,对清朝赖以维持秩序的一些明朝降将不信任,因而引起了他们的不满与动摇;更因这一时期清廷在降军中强制推行剃发令,又要征调西北新降兵力到湖广、四川边境去为其卖命,终于激起了丁国栋、米剌印的起义。

丁国栋、米剌印是当时暂降清朝的驻甘州(今张掖)部队中的回族军官,他们听说剃发要从军官开始,感到"豚尾长拖",有损其民族尊严,对清朝的民族高压政策深为不满。顺治五年(1648年)三月,米剌印等在甘州以召开军事会议为名,乘机诱杀了当时在甘州的甘肃巡抚张文衡等清朝官员,立即宣布起义。他们为了进一步扩大回汉人民共同抗清的力量,拥立原明朝延长王朱识锛提出了"反清复明"的政治口号,在号召群众方面起了极大的作用,不仅广大回民积极参加起义,而且汉族以及河湟一带的藏族等少数民族也纷纷起而响应。①

2. 经过

这次起义的发展大致可分为两个阶段。前一阶段主要是在黄河以东的兰、洮、河、岷地区进行。起义发动后,由丁国栋留守甘州,米剌印率起义队伍南下,很快占领了凉州(今武威),控制了河西走廊,随即渡河向东,先破兰州,继陷狄道(今临洮)、渭源、河州(今临夏)、洮州(今临潭)、岷州(今岷县),直逼巩昌(今陇西),军威大振,起义队伍很快发展到十万多人,号称百万。清廷大为震惊,急调陕西总督孟乔芳统兵前来镇压,孟

---

① 参见余尧:《清代甘肃回民的三次起义》,载《甘肃师范大学学报》,1979年第1期,第96页。

以重兵扼守秦州（今天水），并派马宁（回族）、赵光瑞等率部前往救巩昌，与起义军大战于广武坡，起义军失败，清军遂解巩昌之围。接着清军分三路进攻起义军，马宁由上路攻安定（今定西）、狄道间之马坞内官营，该处为起义军指挥部的驻地；张勇由中路取狄道；赵光瑞由下路取岷、洮、河三州。起义军由于战线太长，后方又被清军切断，故在三路清军合击下，虽经奋战，终因力量悬殊而失败。此后，起义军的势力由河东撤往河西。后一阶段的战斗主要在甘州、肃州（今酒泉）一带展开，顺治六年（1649年）五月，清军渡河西进，起义军再度失利，米剌印在凉州牺牲，延长王朱识𨦫被俘。八月，清军继续西进，围困了甘州，丁国栋据城固守，最后因弹尽粮绝，遂联合哈密王土伦泰（维吾尔族）退守肃州；十一月，清军马宁部攻破肃州，双方巷战十余日，起义军最后失败。丁国栋、土伦泰英勇牺牲，清军"尽诛其党，传首三边"，[①]对河西回民进行空前的大屠杀。[②]

3. 起义失败原因

这次回民起义的失败，主要有下列两个原因：

第一，这次起义虽获得一部分甘肃回民及新疆回民和汉族、维吾尔族的响应和支援，但不论丁国栋或米剌印，都只注意单纯的军事行动，没有发动和组织更多的回民群众起来参加，这就使得起义的群众基础十分薄弱。在军事上，米剌印是偏于进取的，但可惜在攻下了许多城市之后，没有很好地及时地把它巩固起来，相反的，和根据地远远隔断，这就自陷于孤军无援的恶劣境

---

① [清] 魏源：《圣武纪》，卷七。
② 参见余尧：《清代甘肃回民的三次起义》，载《甘肃师范大学学报》，1979年第1期，第96页。

第三章 清朝时期的青海回族

地,给清军以可乘之机。丁国栋进据肃州之后,虽也获得关内外的回民和维吾尔族的响应,但他只知保守肃州,既不反攻,又不进取,在没有外援的情况下死守孤城,自然是个下策。

第二,丁国栋和米剌印所领导的回民起义,原不是孤立无援的。当时,清朝还没有统一中国;明朝的福王、唐王虽已失败,但以桂王为首的西南大陆和东南沿海的"反清复明"运动仍相继而起;清军虽然已经占领陕西、甘肃等地区,但在这些地区的统治并未巩固,抗清武装仍在这些地区内展开活动。可以说,这次回民起义实际是当时全国反清运动中的一个支流,可惜丁国栋和米剌印没有和这些反清武装联合,结成反清的统一战线,以致不能互相应援和接济,这正是这次起义失败的重要原因。

此外,清朝统治阶级武装力量的相当强大也是起义失败的原因。①

丁国栋、米剌印起义席卷河西,攻陷兰、洮、河、岷等州。其间曾"欲招致西宁回民,假窃名字,以恢虚势。回民冶掌教等不应,则拥众大通河岸,冀以威胁。总督孟乔芳选将调兵,密授方略兵备副使冯如京等,如京与副总兵张世耀及冶参戎(回族,故明昌平副将冶国器之子冶鼎,顺治二年归附,仍授参将,世袭指挥佥事——著者)据险设伏,大败之。是时,河西城乡无不受逆回荼毒者,唯西宁安堵无恙,则乔芳之力也。又命补艾任西宁副总兵,整理戎伍。初,西宁回民虽拒绝米剌印等,而当事者于凡回民之所聚究不能无疑。补艾至宁,廉访得实还报,而旁犹有为谗说以冀动摇者,艾正色斥之。湟中回民赖以安全。"②另据

---

① 参见林干:《清代回民起义》,新知识出版社1957年版,第12~13页。
② 慕寿祺:《甘宁青史略》,正编卷十七,兰州古籍出版社1990年版,第16页。

《明清史料》（丙编第九册）载：顺治十年，甘肃巡抚周文烨揭帖言"从前甘肃凉庄四郡，逆回虽群起为叛，及大兵一临，尽成齑粉。惟西宁一处回民安分，因得安享太平，此即顺存逆亡之明验矣。不意突有枭獍之徒，以妖人煽惑，聚结后子河，横肆劫杀。（既经官兵围攻）贼胆既裂，缚献妖人，随即尅堡灭贼，事已平定。"[①]引文所指，系顺治十年西宁孙家寨回民借妖人惑众反叛之事，与史学界一直有肯定评价的丁、米起义没有干连。当时的甘肃巡抚对西宁回民的"安分"给予了肯定，西宁回民因此避免了镇压也是事实。丁国栋、米剌印起义失败后，有善鸟枪者至少300人翻越祁连山，投奔青海蒙古滚卜台吉受到庇护，成为托茂回回。

（三）苏四十三起义

1. 原因

史学界一致认为，乾隆年间阶级斗争是很复杂的，一方面清朝统治者政治腐败，阶级对立尖锐化；另一方面，回族内部阶级分化越来越显著，教派日渐形成，而清统治者采取"抑此扶彼"的政策，加强对回族人民的统治，使反清运动由秘密活动转向公开斗争。

甘、宁、青地区是回族聚居区，从清初以来，腐朽的封建统治阶级使这里"百里断烟，地不生禾"。[②]加之清初以来连续用兵西北，更加重了人民负担，清朝的文官武将巧取豪夺，为所欲为。乾隆四十六年（1781年）甘肃布政使王亶望侵冒赈灾银两一案就是一例，案中牵连布政使以下的各道、府、州、县官员113

[①] 谢国桢：《清初农民起义资料辑录》，新知识出版社1956年版，第283~284页。

[②] 国立中央研究院历史语言研究所：《明清史料》，丙编第八册，北京图书馆出版社1936年版，第757页。

第三章 清朝时期的青海回族

人，追缴赃银2 811 000余两，查抄王亶望家产，仅绸缎一项就有5万余件，"得金银逾百万"。①这时甘、宁、青地区已是"水旱不收，盗贼蜂起"。在青海循化地区，为了加强对撒拉族、回族的统治，在那里清查土地，确定赋额，规定水地每下籽一石征粮一斗五升，旱地每下籽一担纳粮一斗。兵、刑、钱、谷各项均加重敛。《循化志》记载说，清朝强迫回回、撒拉人纳粮"较各族为重"……从乾隆二十年至四十六年的27年中，甘、宁、青一带的较大灾害就有22次，是全国的重灾区，连《清史稿·高宗本纪》于三十六年也承认"甘肃比年偏灾"。②受命镇压苏四十三起义的钦差大臣阿桂在其主编的《兰州纪略》卷十四中就直言不讳地承认：王亶望等"甘省封疆大吏，不思洁己奉法率属惠民，乃公然侵蚀冒销蠹国病民，乃从来所未有。浸至积戾召殃，遂有苏四十三之变"。乾隆皇帝本人也颇为清醒地将此贪污案与苏四十三起义联系起来，在四十六年六月初十日阿桂、李侍尧奏折上朱批指出"伊等竟何上下一气冒赈作弊，至于如此，有不受天罚之理乎！"将起义看作是因官员集体贪污而使朝廷受到"天罚"，而这次回民起义的河州等地区又是甘肃的重灾区。

2. 经过

乾隆二十六年，马明心到撒拉地方传教（是为新教哲赫林耶），因为这一派具有更简便的优点，所以大有后来居上之势。二十七年，马明心和马国宝（老教华寺教主）偶然相遇，于是由辩论而争吵，由争吵而涉讼。经官府判决，将两人一律驱逐出

---

① 《清史稿》，卷三三九《王亶望传》。
② 参见杨怀中：《论十八世纪哲赫忍耶穆斯林的起义》，载《宁夏大学学报》，1981年第1期。

境，永不准再来滋生事端。此后两人虽不再来，可是事端的种子已经种下了。

到乾隆三十四年，老教韩哈济便以"不遵教规"为由，将新教贺麻路乎等控告到循化厅。同知张春芳审理时，声言要为两边和解，却将贺等枷责一顿，并将三寺暂行封闭。于是贺麻路乎到兰州按察司上告，诉韩哈济等是邪教；韩哈济的兄弟韩五也同样告到按察司，说贺麻路乎是邪教。经按察使胡某命兰州府、河州及循化厅三方会审的结果，各依诬告反坐律治罪；贺麻路乎因为是首事的，处罪尤重，发到乌鲁木齐给兵丁为奴，韩五也充军三千里以外。

贺麻路乎充军之后，苏四十三便做了新教的首领。乾隆三十八年九月，有韩个牙等二十家转从了新教。老教的人便到循化厅去控告新教的人，途中相遇，不由分说便争打起来，结果是新教的人死了一个。告到厅里，同知张春芳依边民普通殴斗的处置惯例，判命老教人赔偿死者的命价。双方的争执原不是为了一个人的性命问题，这样做法，只有使一波未平，更起一波。同年十一月，前案还未结清，新教韩二个便率人直入河东庄，杀死老教四人。于是两案并在一起，同样以赔偿命价完结。

此后几年之间，这样的小争斗层出不穷。到四十五年九月，两教（派）的人又在河东庄争斗起来，结果新教一人重伤，几天后死去。同知洪彬判令赔半个命价。新教方面渐有乘机用武力解决老教的意思，便不具领命价。四十六年正月初八日，苏氏率众攻入河东庄，杀死老教二人，捉住哈尔户长韩三十八，逼令归顺不从，立刻便被乱刀杀死；其余老教之人见此，因害怕而马上全都服从了。后来韩三十八的妻子到兰州总督府喊冤，于是总督勒尔瑾派兰州知府杨士玑与河州协副将新柱二人前去调查处理。

第三章 清朝时期的青海回族

杨、新二人先后前来,新柱从河州动身,走得更快些。三月十八日,新柱入循化,新教人伪装成老教的人来迎接。这位新副将也不辨真假,便声言"我一定为你们老教作主,杀绝新教"。可是他随身只带了40名兵。新柱住在白庄,苏四十三等在相去不远的张哈工准备一切。当夜率领1 000多人奔赴白庄,把新柱等杀死。第二天清晨,又赶到起台堡把知府杨士玑和守备徐彦登、外委陈伏得、土司韩成琳等都杀死了。二十一日,苏四十三率2 000余人,由起台堡沿大道直扑河州城,杀死知州周植、都司李琦与千总朱廷奇、外委杨天得、徐烈,并将监犯全行放脱。同时,得到了充足的火药。

此时,勒尔瑾一面率500清兵扼守狄道,一面调固原、凉州、甘州、西宁、肃州五提、镇兵2 000人,会同西安提督马彪(回族)所带2 000人前往剿捕;同时,在官川逮捕了马明心及其子婿,把他们拘禁在兰州的监狱里。苏四十三甩开勒尔瑾,带着两三千人,夜渡洮河,直扑甘肃省城兰州,苏四十三等"预恐甘、凉、西宁兵援,分遣人烧断河桥,遏河西赴援兵,然后尽锐攻城,枪炮俱发。①传说苏四十三和其女赛利买二人,一个负责攻打南关,一个负责攻打西关,另有少数起义队伍乔装进入西关放火内应。当时兰州西关、南关居住着许多回族,当苏四十三的起义队伍到来时,他们起而接应,纷纷加入战斗行列。在西关的战斗中,都司王宗龙、把总张廷栋、惠君遴,外委宋廷才、张文斌、马士望、魏永悦及清兵40名被杀。②庄浪土司鲁璠以土兵300来援,全军覆没,鲁璠本人亦腿带枪伤。

---

① 《道光皋兰县续志》,卷六。
② 《道光皋兰县续志》,卷六。

起义军破关斩将的行动，使甘肃官吏士绅惊恐万状。乾隆连下圣旨，速调陕西、四川、新疆、河南、山西各路援军待命出击，并令户部拨银180万两充作兰州军饷，还飞旨儆告住在兰州的布政使王廷赞督率坚守，命当朝名将武英殿大学士、军机大臣、诚谋英勇公阿桂为钦差大臣并尚书和珅赴剿，命领侍卫内大臣海兰察、护军统领额森特驰往；又赦因贪污入狱的前云贵总督李侍尧以三品顶戴赴兰州总（负责管理）军饷。兰州城内王亶望、王廷赞这一贪污集团的官员纷纷出笼，戴罪立功，或登城守御，或采纳粮食，或捕捉起义军家属。

二十七日，起义队伍再次猛攻西门，并要求释放马明心，这时兰州只有标兵800名，眼看抵挡不住。王廷赞欲用缓兵之计，迫令马明心登城劝谕苏四十三等弭兵。马明心不听官吏的命令，"俯向城下番语数语，色甚厉，俄挽头上巾掷城下"，①表示了对清朝统治者的愤恨和愿为大众之斗争事业献身的决心。这时，固原镇总兵图钦保率兵赶来。经过一场激战，苏四十三率领一支起义队伍转入龙尾、华林二山据守；另一支由赛利买率领过黄河至金城关。金城关的起义队伍与清军展开了肉搏战。女英雄赛利买手持双刀，砍杀无数清兵后自刎，起义战士全部壮烈牺牲。

正当兰州城下战斗激烈进行的时候，勒尔谨与西宁镇总兵贡楚克达尔带领官兵分头截杀起义队伍的归路，收复了河州城，擒获苏四十三弟、侄，并屠杀起义骨干的家属子女多人，还在循化地方捕获起义队伍的家属300余口……

苏四十三等主动放弃龙尾山，缩短战线，把兵力集中在华林山。华林山居高临下，形势甚为险峻。他们修筑了作战工事，部

---

① 《道光皋兰县续志》，卷六。

第三章 清朝时期的青海回族

署了战场。

自四月八日开始,清军调集各路军马共二万之众,大举进攻华林山,受到起义队伍的迎头打击。海兰察、舒亮、萨炳阿、鄂辉等大员都受枪箭伤,固原镇总兵图钦保、凉州都司王宗龙被击毙。一时使得官员观望不前,士兵不敢临阵,勒尔瑾困坐危城一筹莫展。当官兵对华林山久攻不下时,乾隆皇帝又施出了"以贼攻贼"的毒计,曾多次向阿桂等授此机宜:"至逆回本因争立新教致相仇杀,今阅该督折内所称杀官、抗拒、占据州城之贼,如系新教首逆,即应明切晓谕旧教之人,赦其互相争教之罪,作为前躯,令其杀贼自效。如此以贼攻贼,伊等本系宿仇,自必踊跃争先,既壮声势又省兵力,而贼势益分,剿灭自易。著勒尔瑾与仁和相机妥办……至新教、旧教既自相仇杀,必非合伙,或赦一剿一,以分其力,未尝不可;而且互相仇杀之罪,俟事后再定。"①

清廷又施出以夷制夷的办法,调来善于攀登山崖的1 000名四川藏兵和善于追袭的700名宁夏阿拉善蒙古骑兵,又有"洮州四品土司杨宗业派令头目带领番兵一千余名至兰州军营,屡次从征打仗,甚属奋勇出力",②配合官兵再度把华林山重重包围起来,全力猛攻。

六月十五日清军终于攻入华林山,双方展开肉搏格斗。苏四十三身先士卒,手持大刀,亲自指挥反击,壮烈牺牲。起义队伍剩余200余人,由苏四十三之徒弟小木撒等率领退入华林山中的华林寺内死守。战斗继续到七月六日,起义战士全部英勇战死,无一人投降。

---

① 《清高宗实录》,卷一一二七。
② 《清高宗实录》,卷一一三三。

3. 清统治者的"善后"政策

"清朝统治者把这次起义镇压下去以后,对新教参加起义的人,采取了斩尽杀绝的办法。为了防止再次起义,还制定了各种禁令。"①清官府在循化和洮河以南地区又进行了长期的清查。举凡信新教的回族和撒拉族人民,不是被杀就是被流放新疆;家财都被没收分发给信旧教的助战士兵。清查时期,对回民进行了百般骚扰,使回民遭受了极大的痛苦和财产的损失。清官府为了防止回民的反抗,此后曾将兵力重新布置,以更严厉的手段来对待回民。乾隆曾下令把陕西提督自西安移固原,移固原总兵于河州,以控回民。清官府想用限制宗教信仰自由、禁止集会以及用保甲制度等方法来控制回民,压抑回民的反清运动。这不但没有收到预期的效果,而且更加深了回民对于满清统治者的痛恨,民族矛盾也更进一步尖锐起来。史料记载:"初,兰州贼灭后,李侍尧查治新教余党,吏胥肆扰。"②这样就更加激起了回民的愤恨,而爆发了乾隆四十九年(1784年)伏羌(今甘谷)回民田五所领导的反清运动,西宁府大通回族马四娃(称大通阿訇)自始至终参加此次起义,并成为领导者之一,最后与3 000起义者被俘,"身膺寸磔,合家俱缘坐正法"。③五十四年,大通景阳苏家堡回民苏代源复兴新教,聚众拒捕,被官兵全行歼获,乾隆为此严厉追查其家属应行缘坐之事;查出形迹可疑之西宁回民马有成等24名,连同家属发往云南等地时,乾隆以云南有回民,改发往黑龙江给索伦为奴。

---

① 白寿彝:《回回民族底新生》,东方书社1951年版,第48页。
② [清] 升允等:《甘肃新通志》,卷四十七。
③ 《清高宗实录》,卷一二一一。

第三章 清朝时期的青海回族

二、同治年间西北回民起义

咸丰末年及同治初年,回民在西北先后爆发了历史上规模最大、时间最长的反清运动。在陕西以白彦虎为首,在甘肃金积、灵武和固原(今属宁夏回族自治区)一带以马化龙为首,在河州以马占鳌为首,在西宁以马归源为首,在肃州以马文禄为首,都先后相继起义。这次运动是空前的,因为它遍及了陕西、甘肃、宁夏和青海,最后还发展到了新疆。

(一)起义原因

清朝统治阶级对回回民族所实施的政策,就是利用教派不同,挑拨回民内讧,削弱回民内部力量,利用回民地主、教主压榨回回民族劳动人民。更恶毒的是,挑拨汉民和回民的关系,假借优待汉人,诱使汉人中的坏分子欺压回人,回人积怨既久,起而仇杀汉人,清朝统治者便借口保护汉人,动兵杀戮回人,以致回汉人民之间怨怨相报,循环无止境。同时,统治阶级还故意压制伊斯兰教。此外,在镇压国内各民族时大多派遣回回官兵随同征战;在回民被迫起义时,又征调蒙古、藏等族的官兵参加对起义的镇压,以制造回族与其他各族之间的仇恨和矛盾,因而也就冲淡了回回民族与清朝统治者之间的仇恨和矛盾,转移了回回民族对清朝统治者压迫的视线,麻痹了回族人民的反抗情绪。

"在陕西、甘肃、青海一带回民聚居最多的地区,早在乾隆年间,甘肃官吏之搜刮民脂民膏,就已达到了毫无忌惮的地步。一直到咸丰末年,因对太平天国的战争,西北协饷加重,正税不够供给,于是苛捐杂税相继开征。咸丰七年(1857年),甘肃已经开始举办绅捐、民捐、房捐、租捐、田亩捐。到了同治初年,兰州一带便发生饿殍载道、人相食的现象。更因军费开支浩大,清朝廷不顾人民生计,竭力搜刮人民财富,在陇南设置军面局,每征赋粮一升,附加军面四五斤以至六七斤,威逼人民缴纳。人民贫穷力竭,无法供应,往往达到极端严重的地步,以至春夏季缺乏米谷时,人民饿死的不可胜计。人民皆相向大哭,希望早死为快。这种凄惨的情景,充分说明当时西北人民——西北回民的生活恶化到了绝境。"①

(二)陕甘回民起义

同治元年(1862年),正当太平天国与清朝封建统治者在南方开展生死搏斗之际,陕西爆发了震动全国的回民大起义。这次起义的发生不是偶然的,它是清廷残酷的封建剥削和民族压迫政策的必然结果。

陕西省是全国赋徭繁重的地区之一。自太平天国革命爆发后,原为清廷饷源所在地的江南地区被太平军占领,以致清廷财源日竭,收入顿减。清统治者为了镇压太平天国和其他人民起义,便加紧对北方各省,特别是陕西人民的榨取。清廷每年要向陕西人民征收地丁正额赋税本色粮十九万四千五百多石、白银一百八十六万多两。正税不够供给,苛捐杂税相继繁兴,府吏巧立名目,任意摊派勒索,附加税成定例者就达六十多种,达到了田赋正额的百分之一百六十。农民虽剜肉倾家也不能完纳。

陕西地当通往西北甘肃、青海、新疆之要道,是回汉杂居之地。回民主要居住在西、同、凤三府,乾、邠、鄜三州共20多个州县。据咸丰末年统计,有100万左右,从事农牧业和商业。广大的回族劳动人民,不仅和汉族劳动人民一样,遭受清官府和封建地主阶级残酷的政治压迫和经济剥削,而且还要遭受统治阶级的民族歧视和民族压迫政策的迫害。清朝封建统治者残酷的剥削

---

① 林干:《清代回民起义》,新知识出版社1957年版,第17~18页。

第三章 清朝时期的青海回族

和民族压迫政策，激起了陕西回汉人民的反抗。回民起义爆发前，陕西各地到处发生回汉人民抗粮、抗捐的斗争，一场强大的革命风暴即将酝酿成熟。[1]咸丰末，太平天国遵王赖文光"命果王张宗禹、沃王张禹爵、怀王邱达才等前往陕、甘联络回民以为掎角之势"。[2]同治元年（1862年），与太平军相呼应的四川起义军蓝大顺部由川北进入陕南，陕甘为之震动，各地回民纷起响应，大规模的西北回民反清斗争从此爆发。这次起义，首先从陕西渭南、华州（华县）、大荔一带发起，迅速蔓延整个关中地区。在陕西回民起义的直接推动下，甘肃陇右地区的宁州（宁县）、平凉、固原、宁夏府属灵州（灵武县）的金积堡、兰州府属的河州（临夏）、狄道（临洮）、西宁府属地区、河西地区的肃州（酒泉）等地的回民先后起来响应。起义历时12年之久，席卷了现在陕、甘、青、宁、新整个西北地区，规模之大，影响之深，时间之久，在我国少数民族革命史上是空前的。起义沉重地打击了清朝封建统治，是中国近代史上一次以回族劳动人民为主体并联合一部分汉族人民共同反抗清朝封建统治者和地主阶级的农民革命。

甘肃省平凉、固原、碾伯、肃州及宁夏府等州县也是地主团练先大肆屠杀回民，激起回民起义的。《陕甘劫余录》记载：同治元年十二月，团练先将城内礼拜寺焚毁，并把四五十家回民全部杀光，结果激起回民起义。《甘肃新通志》记载：先是陇右回变，河西汉回猜疑日甚。三年二月，古浪县之大堡民团夜屠回且尽，于是，古浪、永昌、山丹、甘州继之，其幸脱者，东走宁夏

---

[1] 以上叙述参见邵宏谟、韩敏：《同治初年陕西回民起义》，载《陕西师范大学学报》，1980年第3期。

[2] 《梵天庐丛录》，卷十三。

金积堡，南走西宁之大通。本年（同治四年）正月，凉州东关回叛，城回马忠应之。至是，肃州南山猎回先叛，陷嘉峪关。安肃道恒龄、总兵陈某密谋召四乡团勇屠回，已定期矣。肃州回民得知这个消息以后，于二月起义，联合马文禄，占领肃州城。①

郭沫若指出："从1862年起，陕西、甘肃（宁夏、青海）两省的回民也先后发动了大规模的反清斗争。两省回族人民久受清政府的压迫、歧视和汉族地主的欺凌。"②

"甘肃反清军发展的结果，形成了四个反清斗争的中心。一个是以金积堡为中心，以马化龙为领导的，包括宁夏和陇东地区的反清根据地；一个是以河州为中心，马占鳌为领导的根据地；一个是以西宁为中心，先是以马文义，后以马归源、马本源③领导的根据地。在河州地区和西宁地区，东乡族和撒拉族人民也参加到斗争中来。另外，在肃州一带地方是以马文禄为领导的根据地。在新疆方面，还有回族与维吾尔族人民的联合抗清斗争，回回妥明、索焕章与维吾尔族布格聂丁等人都是当地的反清领袖。"④

同治六年（1867年）六月，清廷命在东南沿海地区镇压了太

---

① 以上叙述参见韩敏、邵宏谟：《论清代陕甘回民起义的性质》，载《人文杂志》，1980年第3期，第66~69页。

② 郭沫若：《中国史稿》第四册，人民出版社1962年版，第79~80页。

③ 马归源在官府文书和有关史料多作马桂源，兰州大学汪受宽教授曾于20世纪80年代考证，马归源弟兄共四人，四人依"复本归真"排名，分别为马复源、马本源、马归源、马真源，马复源亡故后，因二弟马本源为武举，故由马归源继承华寺门宦教主，马归源排行三，马桂源实为马归源之讹。当时于镇抚军务之中，无暇细辨，今从正名马归源。马文义，又称马尕三，"尕三"系教名"哈三"之讹，本书仍沿旧称"尕三"。

④ 《回族简史》编写组：《回族简史》，宁夏人民出版社1982年版，第45~48页。

第三章 清朝时期的青海回族

平天国革命运动的左宗棠为钦差大臣、陕甘总督,率大军赶至西北对付起义回民。次年,左部开进陕西,陕西回民起义领袖白彦虎、崔三、禹得彦等被迫率余部退入陇东,转至宁夏。当清军围攻金积堡时,回民军各首领商讨应对之策。马化龙长子马耀邦主张分一部分精壮兵力,由河套绕经包绥,与退踞该处的西捻结合,进攻北京,以钳制左宗棠进攻西北。马化龙不同意这个意见,他说:"我不当皇帝,何必进攻北京?"陕西回民军首领白彦虎主张金(积堡)、灵(武)、吴(忠)的陕甘回民全部西撤,与河州、西宁的回民军联合,严守六盘山脉,以固甘肃地盘。这是两条可供义军选择的战略方针,但马化龙顾虑重重,笃信天命"定然",情愿牺牲自己及全家,也要保护金、灵、吴一带的广大回民群众不被屠杀。同治八年八月,白彦虎看到困守金积堡没有出路,于是到盐茶(今宁夏海原县)约陕西回民军首领崔三、马生彦等西走长流水、打拉城,出会宁、安定,南到河州(今甘肃临夏),配合河州回民军与清军作战。"1872年正月,马占鳌发动反攻,把清军打得大败。提督傅先宗、徐文秀,总兵郑守南、李其祥,副将卢才华、刘福昌,参将吴明胜、陈东海都被打死了。这是一个全胜的大仗。但马占鳌对于最后的胜利是没有信心的,他趁着大胜的机会要求投降,这是出于左宗棠意外的,投降的条件也就可以好一些,河州算是战后没有经过屠杀和强迫迁徙,战争就这样完结了。"①

(三)西宁回民起义及其被镇压

当时西宁府统辖的范围有西宁、碾伯(今乐都、民和)、大通三个县,贵德,循化,巴燕戎格(今化隆县)、丹噶尔(今湟源

---

① 白寿彝:《回回民族底新生》,东方书社1951年版,第71~72页。

县）四个厅。远在同治元年九月二十三日（1862年11月14日），碾伯的米拉沟回民和循化八工的撒拉族因反抗当地的民团压迫，曾一致拥护马文义（即马尕三）起义，陕甘总督乐斌即派西宁总兵多慧、甘肃提督成瑞统率标兵3 000余人进行镇压。结果愈逼愈烈，愈杀愈多，致使清廷不能不疑惑乐斌的处理方法，特派协办大学士兵部尚书麟魁、户部尚书沈兆霖前往查看。但根据乐斌的报告说："此次循化、巴燕戎格撒回同时滋事，实因西碾士民总谓回民必须尽行剿灭，碾伯县民团无端将巴燕戎格打牲回民杀毙三人，并与番僧勾结，称欲尽洗米拉沟回民。该回众闻风怨恨，遂纠集循化八工撒拉，与西宁、碾伯两县民团互相争斗，各毙多命。"①清廷也曾任命沈兆霖为陕甘总督查明曲直情由，秉公办理，但沈兆霖为了争宠清廷主子，不但把乐斌奏准撤职，而且把多慧、成瑞也都奏定"斩监候"的罪行。这是统治阶级内部的矛盾，本不足怪。所以可怪者，是作为开疆大臣的沈兆霖返回途中，在冰沟地方（碾伯）忽被山洪冲去，一并死伤了百多人。②

米拉沟回民起义后，力量发展得很快，不久起义军便占领了碾伯享堂（今属民和县）的大道，截断了西宁与兰州间的交通。驻西宁办事大臣玉通束手无策，只得利用化隆回绅马归源、马本源与马文义的私人关系，转请马文义暂准恢复西兰交通，但双方敌对的行为却没有完全解决。次年三月，回民从碾伯向西宁进攻，占领了西宁西川镇海、喇科二营，再度围困西宁城。五月，西宁一带回民与撒拉族人会同进攻丹噶尔厅（今湟源县）。同治

---

① 《清穆宗实录》，卷一七。
② 以上叙述参见马霄石：《西北回族革命简史》，东方书社1951年版，第47~52页。

第三章 清朝时期的青海回族

四年（1865年）二月，西宁回民曾一度攻下大通，联合大通回民围攻西宁府城，希望由此断绝河西清兵的增援，并与甘州、凉州、肃州甚至新疆维吾尔族反清力量联合。西宁办事大臣玉通无法镇压，仍一再采取"招抚"的办法，反清力量更加活跃。最后清廷不得不派陕甘总督杨岳斌督军西宁，"以维西路大局"。但事实上由于西北全境震动，"官兵逐处剿办既患分布不敷，而现有之兵力又苦无粮接济。各将领空言抚慰，焦灼万分，饥饿之余，朝不保夕。"①三月，循化街子上四工撒拉族300余人又与循化厅城内回民联络，开城门接纳从宁夏退来的马化龙余部，西宁更为孤立。

由于兵力薄弱，清廷继续采取"以回治回"的手段。同治五年（1866年），甘肃布政使林之望指使回族缙绅到各地说服起事群众，再派马乜氏（马归源之叔、已故参将马永泰遗孀）到西宁劝说撒拉回众，同时委任捐候补同知马归源署西宁知府，其兄马本源署镇标游击，代西宁镇篆务（总兵兵权），并将汉族地主组织的武装民团解散，以对起事回民上层人物让步的办法，企图缓和局势。②但如前所述，清廷的总政策从根本上没有改变，其所助长纵容的汉族民团普遍对回民的欺压所激化的社会基本矛盾，仅仅靠对一个局部地区的一二首领人物的招抚，无论如何是缓和不了的。何况，西宁抚局是清廷无奈下采取的权宜而被动的举措，一旦有余力，终究会毫不留情加以剿灭的，除非马归源、马本源像马占鳌那样甘愿充当清廷"以回治回"的前驱。

同治九年（1870年），玉通病死，继任西宁办事大臣的豫师

---

① 易孔昭：《平定关陇纪略》，卷二。
② 参见《青海历史纪要》，青海人民出版社1980年版，第80~84页。

不敢居留西宁，远驻于距西宁西北三百多公里的平番（今甘肃省永登县），西宁名义上虽属清廷管辖，实际上已落入以马归源兄弟为首的起义回众手中。同治十年（1871年），马文义病故，所部由马永福统率。这时从陕西退至宁夏地区的白彦虎、崔三、禹得彦部又由宁夏经河西辗转退入河湟，青海起义回军声势反较以往为盛。白彦虎等率部先后攻占高寨及威远堡，并与清军争夺高羌堡、董家寨等地，以小南川民团堡寨为据点；崔三部占领曹家堡，连续袭击碾伯城及碾伯境内的胜番沟；禹得彦联合西宁回民和汉民远攻平番、古浪（均在今甘肃省境内）等地。在左宗棠的指挥下，马占鳌率其子马安良充当清军先锋，威胁青海回军的南线。在这种情况下，青海回军首领马永福亦呈动摇，经清方威逼利诱，亦于同年率领西宁、米拉沟、西马营各处回民军首领投降了清军。①当此之时，白彦虎特意致信马归源商量联合抗清事宜。②当月，清军猛攻肃州之时，马文禄向青海回军呼援，白彦虎等部和循化撒拉族人都抽调力量经大通出扁都口前往支援，马归源也与马文禄取得联系。西宁、碾伯一带已经投降清军的马永福部因而迟延不肯交出马匹军械，青海局势又紧。左宗棠为切断青海东部地区回民

---

① 参见《青海历史纪要》，青海人民出版社1980年版，第80~84页。
② 承西宁魏明章先生提供，白彦虎信全文为："马桂源武兄：台照，今悉刘锦棠、何作霖抵碾伯，大力扬言进驻在大南川、小南川的陕西回军。本人有意你兄弟两人和我部共同合作，急急商量联击清军。刘贼可能要穷心地孤立陕西回民。行动火急，万勿上当受骗。左宗棠的目标首一步是切断青海东部地区回民对肃州马文禄部的全面支援。西宁、碾伯一带的已降清军马永福部一直未给清军交出大小马匹和布匹、粮草及军械。可贵呀，可贵。乞请马兄三思速行，弟莫睡等使细策。武弟白彦虎敬书。同治十一年四月初二日。"

第三章 清朝时期的青海回族

对肃州马文禄部的支援，督军进驻兰州，正式对西宁"归之以兵"，即决定对西宁回军采取军事镇压，首先派何作霖率老湘军及董福祥军等八营由平番开赴碾伯。八月初一，所遣刘锦棠统领十八营老湘军亦抵碾伯，旋即进驻平戎驿（今平安镇）。左宗棠诡称"官军进剿大小南川，在此路过，土回毋庸惊恐"，①妄想重施其挑拨离间从而各个歼灭的故伎。面对清军的镇压，马归源兄弟致信左宗棠，强烈抗议"官军激变"，②同时，在阿訇光眉克、巴麻耳支持下，毅然密约陕回首领崔三、白彦虎、禹得彦在东关私宅会商，决定成立两军联合指挥部，公推马本源为统领陕湟兵马大元帅，进行统一指挥，全力迎击刘锦棠军。

同治十一年八月十一日（1872年9月13日），西宁以东五十里的小峡地区爆发了著名的西宁战役。从八月十一日到十月十八日的六十七天中，西宁回撒起义军和陕西回军在四十里长的战线上，与刘锦棠老湘军血战五十余仗。起义军充分发挥地形熟悉的优势，"每战则弥山塞谷，四出挠我（指清军）"③，使敌军首尾难顾，伤亡惨重，仅游击以上军官即击毙137名；起义军还一再绕路截断清军粮道，使其寸步难行。左宗棠不得不一再调拨军队增援刘锦棠。由于湘军训练有素，屡经实战，又有普鲁士后膛大炮助战，起义军作战异常艰苦，牺牲者几近万人，马归源之弟马真源和陕回首领白彦虎都在战斗中负伤，撒拉五工首领多拜在战

---

① 《左文襄公奏议》，同治十一年九月十九日奏折。
② 《左文襄公批札》，卷四，"西宁府马桂源禀官军激变土回蠢动各情由"。
③ 《左文襄公奏稿续编》，卷四十二，"左宗棠、豫师进攻西宁回匪叠胜折"。

斗中牺牲。另外，城内汉民于八月十二日关闭西宁城门[①]，起义军腹背受敌，分兵环攻两月余不下，影响了对刘锦棠军的战斗；刘锦棠采取步步为营的战术，每夺得一地，即修卡筑堡，建造桥梁，起义军不得不逐步后撤。从十月初十起，双方对小峡口进行了反复争夺，十八日，小峡要隘失守，西宁起义军撤至大通和巴燕戎格，陕西回军撤至西川。这次小峡战役，无论从规模、时间与激烈程度，皆可视为古来青海鲜见的大战，清军统帅左宗棠感慨地说："西宁进兵六十余日，血战五十余次，其间二十余夜未曾收队，将士直立雪窖中，号寒之声与柝声相应，良可念也。论战事之苦，劳烈之最，则汉唐以还所无也。"[②]

起义军小峡失败后，马归源弟兄撤至巴燕戎格；马永福从八月中旬已完全投向清军，此时，奉刘锦棠之命，到巴燕戎格瓦解起义军余部。陕西回军除白彦虎率部西走新疆外，其余在崔三、禹得峻唆使下全部投降。马归源曾多次向刘锦棠以外的清军将领求抚，均遭拒绝；为挽救危局，他率众千余出米拉沟向东突围，进击细巷地方，不料河州投降回目马悟真将黄河冰桥击断，东渡未成；马归源又遣使与大通回军联络，在马寿、马进禄、韩起寿领导下，大通回军于十二月初在向阳堡重新起事，迅速攻克大通县城。降清陕回崔三等组成旌善马队，随刘锦棠进剿向阳堡，经过激烈巷战，同治十二年（1873年）正月初五，向阳堡失守，初十，大通县城失守，千余名起义战士就义。马归源得知刘锦棠扑向大通镇压，即由巴燕戎格厅西向，在扎巴集结部队，正月中进抵小南川的唐隆台（在今平安县），

[①]《左文襄公奏议》，同治十一年十一月十九日奏折。
[②]《左文襄公书牍》，卷十二。

第三章 清朝时期的青海回族

准备袭击清军后路；无奈敌军防守严密，大通起义军又迅即失败，马归源弟兄只得返回扎巴一带驻扎。这时，驻河州清军陈湜、沈玉遂部奉左宗棠命令前往巴燕戎格厅围剿马归源弟兄，陈、沈以河州投降回目马占鳌、马永瑞为前驱，由大河家取道下六族藏区（今化隆回族自治县塔加、金源、初麻、石大仓诸地），于二十九日抵达距巴燕戎格城二十里的端庄。同时，清军刘明灯、敖天印亦率部会合于巴燕戎格城，马归源处于层层包围之中。沈玉遂、刘明灯派出回族兵勇混入马归源部队，造谣煽动，瓦解斗志，况且连日大雪不止，行动困难，马归源兄弟走投无路，密遣心腹求救于马占鳌；马占鳌佯约马归源"尽缴马械"，于二月初四日在巴燕戎格东山会面，同时密告沈玉遂，派马队包围东山要隘；①马归源弟兄按期赴约，即被俘虏。传说马归源被马占鳌等用煤气熏哑后才押往兰州。②三月十三日（公历4月9日），马归源、马本源以谋反大逆罪被凌迟处死并进行枭示，马真源被斩首，妻妇子女被"阉割锢遣"（将男性阉割，然后与女眷等枷锁遣发极边，是清代对"谋逆"家属采用的酷刑——著者）。

马归源弟兄被俘后，巴燕戎格、循化厅的回族、撒拉族群众仍未放弃斗争。青科尔庄（今化隆县群科镇）回民群众拒不交出马械，当陈湜、刘锦棠联合围剿时，他们"空庄出拒，守隘放枪"，十分英勇。卡力岗庄回民亦"藏匿马械"，伏击清军，击毙敌总兵刘厚福，并拼死抗拒沈玉遂、何作霖所率兵弁的进攻。循化街子、苏治、河沿三工撒拉一再渡河支援卡力岗回民的斗争，

---

① 吴丰培编：《豫师青海奏稿》，青海人民出版社1981年版，第104页。
② 马霄石：《西北回族革命简史》，东方书社1951年版，第52页。

"枪子洞穿"沈玉遂左膊。①四月初，清军进兵循化，西宁回族、撒拉族起义军最终失败。②

甘肃、青海回族遭到了严重的摧残，每一城镇堡寨被清军攻下后，均有大批回民死于清军的刀下，左宗棠也因此被甘、青人民称之为"左屠夫"。左一面采取挑拨回汉关系的政策，将从回民手中夺来的土地贱价卖给汉族大地主，拨一部分财物为"赈款"，用以收买受难灾民；一面对回民和撒拉族人采取"分而治之"的政策，强迫回民和撒拉族人分别迁徙外地，使之隔绝不相往来。从陕西退到西宁的二万多回民被分别押送甘肃平凉、秦安、清水等地。③

西宁回、撒拉族群众首先举起的反清大旗，鼓舞了西北各地回民的斗争，同治元年四月以后，同州、渭南、河州、宁夏、乌鲁木齐、肃州等地回民纷纷起义。在民族和宗教的旗帜下，各路起义军进行了长期广泛的联合。西宁起义军以其丰富的经验和剽悍骁勇的战士，在支援各地起义军时作出了重要的贡献。同治元年（1862年），马化龙牛首山聚义时，有"西宁马承清结为死党"；④同治三年，肃州镇赤金堡起义回民的首领是"西宁回民"马三娃；⑤肃州马文禄起义，史称马文禄本西宁猎户，"原系马文义（尕三）的部下，率部挺进河西，于同治二年五月占领肃州"。⑥马文禄人称

---

① 吴丰培编：《豫师青海奏稿》，青海人民出版社1981年版，第109页。

② 以上叙述参见汪受宽：《1860~1873年西宁回族撒拉族大起义》，载《西北民族文丛》，1984年第1期，第160~161页。

③ 此段叙述参见《青海历史纪要》，青海人民出版社1980年版，第80~84页。

④ 《平定陕甘新疆回匪方略》，卷三十七。

⑤ 《平定陕甘新疆回匪方略》，卷六十二。

⑥ 余尧：《清代甘肃回民的三次起义》，载《甘肃师大学报》，1979年第1期。

第三章 清朝时期的青海回族

马四,以"兵马大元帅"名义将甘、凉清朝官兵一律赶出河西走廊,①其手下得力者中有马金才,人称"贵德老四";②"马文禄以西宁猎户,纠聚撒拉回番及西宁、河州剧盗,偷息于此,以通关内外花门消息……客回从逆者,关外则沙州、哈密、红庙子各种,关内则西宁、河州、循化、保安营、陇西、狄道、伏羌、甘州各种,及陕西流徙之回,约共两万有奇"。③肃州城破,清军点验人口,"籍西宁、河州、循化及陕西者,由南门出",④可知肃州回民义军中青海籍回民众多,白彦虎部未入城,其城中陕回系此前流徙至肃州者,当无太多,故列于西宁、河州、循化之后。可知西北四大回民起义中心都有西宁回民积极参加,甚至担当首领。以后,西宁起义军多次出兵协助河州起义军粉碎清兵的进攻,又多次以马队会合肃州起义军;曾以千余名叉子枪手参与陕回崔三部打回陕西的战斗,也曾由马文亲率精干骑兵大队驰援马化龙;与河州、洮州回军联合围攻安定城;还以马队远征关外,支援乌鲁木齐妥明回军。特别是西宁回军一再袭击河西走廊西进清军及军饷粮台,使受命赴新疆镇压回民起义的乌鲁木齐提督成禄始终逗留高台,未克成行。各地回军也曾多次给西宁回民起义军以有力的支持,河州马占鳌曾两次带领突击部队配合西宁义军横扫西宁东川、南川;肃州马文禄曾亲自带兵帮助大通回军

---

① 马霄石:《西北回族革命简史》,东方书社1951年版,第53~56页。
② 《平定关陇纪略》卷十二,转引自中国史学会主编:《回民起义》(四),神州国光出版社1952年版,第159页。
③ 《平定关陇纪略》卷十二,转引自中国史学会主编:《回民起义》(四),神州国光出版社1952年版,第159页。
④ 《平定关陇纪略》卷十二,转引自中国史学会主编:《回民起义》(四),神州国光出版社1952年版,第160页。

修建堡寨和交通壕沟,确保扁都口要道的通畅;宁、灵回军亦曾参与攻打威远堡的战斗。金积堡失败后,许多宁、灵回军整队投奔西宁,成为西宁起义队伍中的生力军。陕西回军从同治九年初就西进碾伯,进攻碾伯县城,围攻威远营堡,占据平戎驿大路;次年初,崔三、白彦虎、禹得彦率陕回二三万在平戎驿一带开辟战场,又与丹噶尔营兵大战日月山,与贵德厅游击激战亦杂石;最后,这一批陕西回军驻扎大、小南川,与西宁回民起义军互相倚仗。①

(四)左宗棠的"先抚后剿"与"剿抚兼施"

"左宗棠的所谓'先抚后剿',实际上是'先剿后抚'。他说'办回务非剿无以为抚','痛剿以服其心'。坚持杀到'汉唐以来未有之奇',其结果'被祸之惨,实为天下所无',左宗棠在同治九年七月《收抚回民安插耕垦折》中自己承认:'其死于兵戈、疾疫、饥饿者,盖十之九,实为回族千数百年未有之浩劫。'这次的西北大起义,在时间上没有云南长久,但回回遭受的损失,人口伤亡和财产损失,都比云南还要惨重。就陕西来说,回回人口十不存一,就甘肃来说,回回三分之二的人口是被杀了。"②

"西北的回族人民……经过这一次的大革命斗争,整个的陕西回民及甘肃的各地回民被屠杀了。因之而今最大的聚居区域(其他各县普遍都有,不过这两个区域回民为最多)便只有河湟及宁夏平凉的两大范围了。这两个地区的存在,是经过左宗棠有计划安排过的。他自己曾坦白地说:'陕西频年兵燹,孑遗仅

---

① 以上叙述参见汪受宽:《1860~1873年西宁回族撒拉族大起义》,载《西北民族文丛》,1984年第1期,第162~163页。
② 白寿彝:《回回民族底新生》,东方书社1951年版,第74页。

存，往往百数十里人烟断绝……各省克复一郡县，即收一处丁粮厘税，甘肃克复一郡县，即发一处牛种赈粮。非是则有土无民，朝廷亦安用此疆土？'甘肃人民被屠杀的严重情况，由此即可以充分地证明。至于陕回的浩劫数字，据秦翰才《左文襄公在西北》吹嘘左宗棠的功绩说：'陕西回民在事变发生前，有七八十万。自事变发生，有的死于兵，有的死于疫，有的死于饥饿，剩下十之一二……'"①

左宗棠先驱回民到陕北，大屠杀后，进攻新教中心地区金积堡。教主马化龙哀求投降，左宗棠坚决不许。连清廷也认为不分良莠，"滥杀激变"（清廷不是爱惜回民，而是感到每年八百万两军费太巨），严谕责问。左宗棠仍主张"痛剿以服其心"，要求西太后允许"痛剿"。同治九年（1870年），陕甘回军反攻大胜，一路南下到蒲城、富平、大荔一带，全局大震。西太后大怒斥责。左宗棠死力攻金积堡及其他回寨，回军也英勇抵抗，"堡寨将破时，先刃其家属，或掷诸水火，乃解衣格斗，死而后已。"左宗棠穷极无法，只好允许马化龙投降，令化龙招各地回军来金积堡交马匹军械就抚。回军到齐，左宗棠突然纵兵大杀，不留一人。他给儿子信里说："不宜少留根荄，重为异日之忧。"给马孝凤信里说："金积事了，其干净熨贴，较之东南诸役，尚似称心。"这就是他所谓"先抚后剿"，平生杀人最快意的一次。②

他得到了这次可耻的"大胜"，大军一路向甘肃、青海杀去。

进攻肃州时，尤其表现了左宗棠的狡猾、狠毒及其滔天罪恶。为了取得肃州，左宗棠先打出"招抚"的招牌出示城中：

---

① 马霄石：《西北回族革命简史》，东方书社1951年版，第74~75页。
② 同治九年十月左宗棠《合围金积老巢首逆被创折》。

"老幼妇女免死,其诚心乞抚者准诣营投审。"肃州回民领袖马文禄缴械投降。结果,左宗棠屠杀了所有的回民领袖和士兵,而且屠杀了所有的肃州无辜回民:"中军号炮三响毕,金顺、宋庆、徐占彪、刘锦棠立将各起凶悍客回一千五百七十三犯悉数骈除。是夜,诸军入城纵火,枪轰矛刺。计土回五千四百余名,除拔出老弱妇女九百余口外,尽付焚如,肃州以平。二十四日安肃道史念祖,署肃州知州李宗笏入城,圜视尸骸枕藉;即老弱妇女亦颇不免。"①这真是骇人听闻的大屠杀,闻之令人发指!左宗棠靠诱骗的屠杀而取得他的"胜利"。经过左宗棠的杀掠,肃州一片凄凉,连当时安肃道史念祖在一封信中也不满地写出了他亲见的实况:"杀戮之虐,搜括罗织之苛,使九边泣血之死声,千秋暴骨之惨状,一旦而毕呈于足下之前,亦足下之所不忍闻也。"②

经过反革命的焚烧屠杀,西北地区变成了一片荒凉。原来陕西"汉七回三",甘肃"汉三回七",而镇压后陕甘"回民空亡大半"。③

"对陕甘回民自卫抗清斗争的残酷镇压,是左宗棠继镇压太平天国和捻军之后又一重大历史罪行;作为其'善后要政'之一的'徙戎'举措,也充满了对回族的歧视和压迫,给西北和回族社会历史的发展带来巨大的祸害。这些都理当受到严厉的谴责,不应赋予某种正当性而予以辩解或美化。"④

---

① 《平定关陇纪略》卷十二,转引自中国史学会主编:《回民起义》(四),神州国光出版社1952年版,第185页。

② 李岳瑞:《春冰室野乘》,转引自中国史学会主编:《回民起义》(四),神州国光出版社1952年版,第319页。

③ 参见吴万善:《1862~1873年的西北回民起义》,载《历史教学》,1963年第3期,第24~26页。

④ 王天奖:《也谈左宗棠对陕甘回军的镇压》,载《湖南师范大学学报》,1985年第6期。

第三章 清朝时期的青海回族

(五) 西北回民起义中回汉民族关系

"在整个起义过程中,汉族人民并不是回族人民反对的对象,只有清统治者才是回汉人民的共同敌人。因此,回汉对立并非当时民族矛盾的本质,回民起义也决非什么'仇杀汉人'的事件。如果过分夸大起义中回汉民族的对立或仇杀,就必然贬低回民起义的正义性与进步性,这是违背历史本来面目的。"[①]

第一,陕甘回民起义尽管带有民族色彩,但它仍然是一次农民起义,同太平天国革命一样,打击的对象是清朝封建统治者和地主阶级。在起义过程中,虽然没有明确提出革命纲领和口号,但是,从起义军的全部战斗经历看,首先,在军事上打击了清朝的反动武装力量。军队是国家机器的组成部分,也是清朝封建统治支柱。太平军进入陕西前夕,因陕西地方军队多调往外省镇压人民起义,兵力十分空虚,清廷为了镇压太平天国军队和回民,命令陕甘举办地方团练。

地主团练是屠杀回民的元凶,在镇压回民起义中起了极其反动的作用。在胜保入陕以前,回民军主要是反击地主团练的围剿,以团练为打击目标。如在西安西关,回民军以声东击西的战术,一举焚毁了金胜寺,全歼了梅锦堂地主武装。凤翔西南乡地主团练27 000多人,与城内团练汇合,围剿回民军,结果被回民军全部歼灭。自此以后,"乡团畏贼如虎,不敢再言战矣"。[②]

第二,打击了封建政权和地主阶级。起义一开始,矛头就指

[①] 余尧:《甘肃回民的三次起义》,载《甘肃师范大学学报》,1979年第1期。

[②] 张兆栋:《守岐纪事》,转引自中国史学会主编:《回民起义》(四),神州国光出版社1952年版。

向封建政权和地主阶级。回民军先后向陕、甘数十个府、州、县城发动了围攻，占领过许多州县，烧毁县衙、仓库，杀死官吏，摧毁地方封建政权，大大动摇了清王朝在陕甘的封建统治，地主阶级也遭到严重打击。

第三，从经济上打击了清统治。清王朝在镇压起义过程中，调用了闽、晋等九省库银作军饷，"每岁不惜数百万帑金，竭天下财赋供一省军费之用"，①先后共耗费了二千数百万两银子，致使"海内空虚，军需阙乏"。陕甘原为协饷的重要地区，回民起义期间，由于许多地方政权被摧毁或受到严重打击，失去控制能力，致使清朝统治者无法再继续去征收赋税。这些都引起了清廷的财政危机，加速了清王朝的崩溃。

综上所述，我们认为，陕甘回民起义是以回族劳动人民为主体并联合一部分汉族劳动人民共同反抗清朝统治者和地主阶级的农民起义。②

在盈篇累牍的统治阶级所遗留下来的文献中，都提到回民起义者对汉民的屠杀、迫害和奴役。但是事实与这些记载相反，许多著名的起义领袖所执行的完全是团结、保护并关心汉民的政策。

西宁地区回民起义者的领袖是马归源。他也采取了许多措施来加强汉回人民之间的团结关系。其中最典型的是大修孔庙。他为修建孔庙提出了堂皇的理由，即所谓"阐扬圣教"。这在当时，在所谓"不读诗书"的边陲地区，是多么能打动人心。作为一个宗教家来说，在那种战争的环境下，能采取这样的措施，非胸襟

---

① 《左文襄公公文集·陈乌鲁木齐提督成禄罪状疏》。
② 以上叙述参见韩敏，邵宏谟：《论清代陕甘回民起义的性质》，载《人文》，1980年第3期。

第三章 清朝时期的青海回族

宽阔、眼光远大所不能及。这一行动在当时有实际的政治意义，修建孔庙就是尊崇儒教，也就是尊崇汉人的文化传统及思想信仰，这就不能不使两个民族在意识形态上的距离有所缩短。由此我们也可以反证，起义者没有执行将自己的信仰强迫他族人民接受的政策。另一方面，这也表明学识丰富的马归源想通过这种活动来提高西宁地区各族人民的文化教育水平。对于汉民的生计问题，马归源也给以相当的关怀，西宁各族人民多数以畜牧业为主要生活来源，惟汉人技术较差，收入不多，影响了生活水平的提高，马归源曾设法加以改善。

从上面的记载我们可以清楚地看出，在回民起义期间，汉回人民建立了团结合作的关系。回民领袖也能认识到团结的重要性，从而在实际的政治活动中贯彻这一原则，这就使起义能够取得更大的成就，增强反抗封建压迫的力量。在起义期间，汉回人民以他们团结合作的具体行动表现了民族友好关系，证明了起义的正义性。正因为如此，马化龙、马归源的事业虽然失败，但却在各族人民的心中留下了深刻的印象，受到了人民的同情。

尽管陕甘的回汉关系有着以上的融洽团结，然而回汉两个民族毕竟是经济、政治处境与风俗习惯、宗教信仰都有所不同的两个民族，因此，某些偏见与隔阂在当时又是势所难免的。例如，回族所信奉的伊斯兰教，素来就有被外界所猜疑甚至污辱的情况，我们可以看到如茅瑞征的《皇明象胥录》就曾以道听途说的市井谰言对伊斯兰教极尽侮辱之能事，甚至如大学者顾炎武也仍然不免在他的《日知录》中对回民的风俗习惯表示不解。至于回民的不吃猪肉，历来都成为"侮教案"爆发的导火线。至于如回民养羊跑到汉民田地里，汉民养猪跑到回民庭院里，以及平日双方儿童打闹、妇女拌嘴等，本来都是在所难免的事，如果这些事

-109-

情发生在任何一个民族的内部，也不过只是个人或家庭邻里之间的矛盾。但是，一旦发生在民族之间，往往就要带上民族色彩，酿成为民族纠纷。这就是当时有人所说的"回汉杂居，俗尚各别，睚眦小忿，本人情所不能无"。①然而，涓涓细流汇成江河，日积月累，细故也能终于成为日后事端的一个因素了。②

我们并不否认起义前回汉械斗的事实，清朝封建统治者为了便于统治，蓄意制造民族纠纷，挑拨回汉关系，引起回汉人民之间械斗，这种现象并非同治初年所独有。如咸丰八年临潼回汉械斗，回民被汉民殴打，回民不服，"纠众数千人至汉村私斗，互相杀伤"，③规模之大是少见的，但当时并没有激起起义。因此，所谓"回汉械斗"引起起义的说法，夸大了汉回人民之间的矛盾，掩盖了阶级矛盾，从而否定了回民起义的反封建性质，这是不正确的。

三、光绪二十一年河湟回民起义④

（一）起因

清廷镇压了同治年间西北回族的反清起义后，并没有从中总结、汲取应有的经验教训，没有及时反省自身对回族、撒拉族所推行的民族歧视、民族压迫政策的过错，反而制定了更多的限制

---

① 易孔昭：《平定关陇纪略》卷一，转引自中国史学会主编：《回民起义》（三），神州国光出版社1952年版，第249页。

② 以上叙述参见马寿千、冯钧平：《试论同治初年陕西回民起义中的民族关系》，载《甘肃民族研究》，1982年第4期。

③ 张集馨：《临潼纪事》，转引自中国史学会主编：《回民起义》（三），神州国光出版社1952年版，第17页。

④ 本节叙述参见崔永红等《青海通史》第八章第三节"光绪乙未年'河湟事变'"，青海人民出版社1999年版；高文远《清末西北回民之反清运动》"河湟余波"一节，宁夏人民出版社1998年版。

第三章 清朝时期的青海回族

措施和高压政策,这样的措施和政策只能更加加深矛盾,带来更严重的后果。随着清王朝国力的江河日下,回族聚居的西北地区的阶级矛盾和民族矛盾更加尖锐。时隔仅22年后,河湟地区的回族、撒拉族又一次举起反清的旗帜,进行了声势浩大的武装斗争。这一方面说明清统治者单纯的武力镇压只能得计于一时,而不能维持于久远;只能暂时将矛盾掩盖,而不能彻底解决矛盾。即所谓"痛剿"者并不能"以服其心",只能加深仇恨从而激起新的冲突和斗争。另一方面也宣告了左宗棠所实施的"徙戎"政策及所提出的"以汉制回"、"以土制回"、"番回互杀"等一系列措施的彻底失败。

清光绪十七年(1891年),河湟地区久旱不雨,粮食歉收,粮价飞涨,循化地区小麦由每石1 000文涨至15 000文。然而劳动人民负担的赋税差徭依然如旧。光绪十九年(1893年)又遇灾年,循化厅等12处收成仅为七成。①连年灾情的泛滥,使回、撒拉族群众中早就酝酿汇集的反抗暗流不断显露,人们纷纷传言道:"板柜里没面了,牲口槽里没草了,反的时候到了","反成了穿个绸裤子,反不成穿个皮裤子"。也就是在这个时候,那些代表着各种政治和宗教势力的民族宗教上层分子为争权夺利,又一次挑起了教派之争。光绪二十一年(1895年,农历乙未年),轰轰烈烈的"河湟事变"就是在如此尖锐复杂的历史背景下爆发的。

新的新老教之争在循化地区表现得异常激烈,在循化八工,信仰老教者居多,信仰新教者不过十之二三。新教势力虽弱,却

---

① 芈一之主编:《撒拉族档案史料》,青海民族学院民族研究所,铅印本,1981年,第329页。

被争权夺利的上层人物极力操作。"先是街子工老教回目韩努力与新教回目韩（老）四，以夙嫌互控。已而械斗，终年未结。"①所谓"夙嫌"是指街子工头人囊索保死后，其权旁落，为老教韩努力（也称韩努日）所取代，这引起传统继承者，囊索保之子韩老四的不满，韩老四便利用新教与韩努力作斗争。从光绪二十年（1894年）二月起，两派间教争不断，械斗不止。光绪二十一年二月上旬，老教夯最韩五十三与新教阿訇韩七十因"太斯达勒"（头巾）的佩戴方式问题发生争执。韩努力便乘机扩大事态，挑起械斗。之后韩努力又与新教讲经论辩，再次引发械斗，教争向循化厅、西宁府上诉。循化厅、西宁府出于成见而扶老压新，驳回新教上诉。老教以有官府袒护而有恃无恐，趾高气扬，更加肆意压制新教。陕甘总督杨昌濬派西宁道陈嘉绩前往循化查办。陈嘉绩在途中看到新教徒房屋被毁的惨状，便认为老教蛮横无理，于是一改以往扶老抑新的态度，一进厅城，即关闭城门，将老教韩腊月保、韩五十一等11人拘捕收禁，老教群众集结城外，围城要求辩理释人，而陈嘉绩则将所拿11人全部"枭首示众"，又令城上官兵鸣枪开炮。一时间撒拉族群众群起激愤，将斗争矛头开始指向官兵。地方官的颠顸举措，再一次点燃了回、撒拉族群众心中对腐败的清政府仇恨的火种，官激民变，教争骤然间变成了撒拉族群众联合反清的政治斗争，由此揭开了河湟事变的序幕，时值光绪二十一年（1895年）三月二十八日。

（二）烽火遍河湟

循化起事后，甘肃全省震动，在河州镇总兵汤彦和奉急调赶往循化的同时，西宁总兵邓增也由西宁前往进剿，固原提督雷正

---

① [清]升允等：《甘肃新通志》，卷四十七。

第三章 清朝时期的青海回族

绾率部进驻河州，甘州提督张永清则由间道前往西宁策应，西宁办事大臣奎顺与西宁知府张道生也组织地主武装协助防守。邓增于五月下旬攻取查加工戈什滩，继而为循化解围。尽管清廷到处调兵遣将，布下重兵，但回、撒拉族群众的反清行动却仍如燎原之火迅速蔓延开来。

西宁府属地区，回民对同治末年之镇压记忆犹新，对战争深具戒心，不愿卷入这次循化教争之旋涡，而西宁总兵邓增千方百计，要引发战乱，因"邓增在同治间，被回民割去耳朵，怀恨在心"，力图报复。将西宁西川黑嘴堡之汉民团勇组织起来，天天以假设敌区——镇海堡为攻击目标。镇海堡为西宁通往青海之要道，且为回民聚居之区，康成川之门户。邓增希图逼迫该区回民引发战事。当时有一位直隶雄县（今河北省雄县）人黄润霖者为西宁厘金局局长，他数次向总兵邓增谏言："为政之道，在求安定，在求疏解，万万不能制造纷争，万一引发事件，吃亏的不是某一方面，而是整个地方和国家！"邓增以防患为词，拒绝采纳。黄润霖认为邓增一意制造事端，无法挽救，亲自撰了一副对联：

结什么怨，造什么孽，害什么身家性命，但看此日权在手；
沾尽了利，沾尽了名，丧尽了天理良心，一朝也有两霖头。

把上述对联悬挂到西宁城隍庙里，辞去厘金局长，拂袖而去。临行语人曰："我的一片好意，未得采纳，一意制造乱事，但我已尽了我应尽之言责，可以说是对天可表了！"对黄润霖的意见，当时的西宁办事大臣奎顺，甚表同感，仍然主张不能制造事端，他选了两位汉民中的公正绅士，一为举人丁联奎，一为郭满春——靴匠出身的地方绅士，前往镇海堡、康成川一带回民聚居之区实地查看是否有叛乱的情况。二人亲身查看后，认为："回民安居乐业，无叛乱之迹可寻。"办事大臣奎顺据此向西宁总兵邓增述说："回民无叛迹可寻，可停止黑嘴堡团勇向镇海堡攻击之演习。"邓增不采纳奎顺意见，反唆使黑嘴堡团勇在城内大什字口杀死郭满春后遍找举人丁联奎未得，然后包围西宁办事大臣公府，要求谒见办事大臣，奎顺不疑其他，在公府大堂接见团勇，结果团勇大打出手，将办事大臣奎顺殴打一顿，一哄而散（西宁办事大臣系朝廷专任钦差，职衔起码介乎总督与巡抚之间，为总兵上司，竟被殴辱，足见邓增之桀骜、团勇之不法！不满于邓增劣迹的厘金局长黄润霖辞官而去；汉族绅士郭满春、举人丁联奎因主持正义，一人被团勇杀害于西宁通衢大什字，一人以遍寻未获得以幸免；竟至于寻衅西宁办事大臣衙门，公然殴辱朝廷钦差，诚如左宗棠所说：团勇以"无业之民，趋之若鹜，似兵非兵，似勇非勇，似匪非匪，似团非团，氓氓纷纷，徒为民害"。① 于是，正直汉官愤而辞官，汉绅被杀，钦差被殴辱，如此总兵，如此团勇，回民何能安生?!——著者）。于是西宁韩文秀、碾伯冶主麻、巴燕戎格马成林、大通刘四伏、门源包良、狄道马维翰及丹噶尔等地回民揭竿而起，"至六月而全湟骚动"②。

西宁地区起事首领韩文秀，"即前首逆马桂源（即马归源）之子"③。这年七月十三日夜，韩文秀带领下的西宁府城东三关

---

① 《左文襄公批札》，卷二，"同治八年进驻泾州筹办军务疏"。
② ［清］朱寿朋编：《光绪朝东华录》（第4册），中华书局1958年版，第3889页。
③ 芈一之主编：《撒拉族档案史料》，青海民族学院民族研究所，铅印本，1981年，第342页。另据《广记事珠》、《关陇危思录》卷四记载，韩文秀系马归源之子，充军直隶后为军门韩某收为义子，取名韩文秀，年十八九岁时往来西宁，光绪年间以为父亲报仇起事，事败后死于西宁。民间也有"为父报仇韩文秀"之传说。

第三章 清朝时期的青海回族

(东关、南关、北关)的回民同时并起,与城外四周起事的回军相与呼应。十四日,北川回民在马大头三三(马福寿)的带领下进抵小桥。八月初二日,南川回民与东三关回民联合,由南禅寺猛攻城垣,这时,已从循化返回的西宁镇总兵邓增只得困守府城待援。甘州提督李培荣也在由平番进援西宁的路上,在平戎驿遭到回军的痛击,残部进退失据,被围数月。身为陕甘总督的杨昌濬此时也"绕屋彷徨,夜不能寐",一筹莫展。清廷于七月将杨昌濬、雷正绾、汤彦和等"革职留任",十月,杨昌濬开缺回籍。清廷又改令新疆巡抚陶模署理陕甘总督,同时檄调宁夏总兵牛师韩、陕军叶占魁、湘军魏光焘与带兵入甘的陶模共同"会剿",另调洮州杨土司的藏兵"助剿"。清廷又令董福祥"提督甘肃军务",统一指挥各路清军。经过一番调兵遣将,一时清朝大兵云集于青海东部。这年六月,清廷又添拨甘肃军饷120万两,清军气势为之大振。西宁方面,自韩文秀占据东三关后,上自总兵邓增、办事大臣奎顺,下至大小文武官员,皆困坐城中。邓增曾率队出城应战,结果死伤数百,大败而归,遂连连急电清廷求援。十月上旬,甘军一部先期到达西宁,驻扎西关。

(三)清军之残酷镇压屠杀

董福祥曾在同治年间镇压回民的反清斗争,河湟事发后,他"两次自请援甘",得到允准。光绪二十一年九月,董福祥率所部30营返甘。至定西,以马安良(马占鳌子)、马海晏为先驱进攻河州。河州很快平定,董福祥便转锋直指西宁。与此同时,牛师韩军至平戎驿,为被围困数月的李培荣解围,打通了前往西宁的道路。陶模派部将赵有正由甘州直驱北大通,董福祥也令部将何得彪、张铭新为先头部队率部由河州大河家向碾伯进发,沿途进攻米拉沟、巴暖营等处,回军处境危急。

—115—

西宁东关之回民起义者，当清军进逼之时，放弃抵抗，受抚于魏光焘，而张成基、邓增等传谕："回民已抚者，于正月初八日齐集清真寺，无论老幼男妇，点名发给'良民证'，希勿自误。"①因之已抚之回民，于是日清晨，扶老携幼，分别集合在东关及北关清真寺内，敬候点名发给"良民证"，早饭后军队包围两清真寺，关闭清真寺大门，所有前来领"良民证"者，无论老少，悉数屠戮！总督陶模致张之洞函："东关已抚之回，无故罹杀降之祸。"当时在西宁目睹这一事件的美国人说："中国政府的不守信用，屠杀毫无反抗、就抚之回民，其残忍实在到了极点！"②

光绪二十二年正月初三日魏光焘部湘军连日进攻西宁西川多巴，副将黄大胜等战死，回人杀马大头三三乞降。照当时情况，多巴回众，杀马大头三三乞降，战争即可结束。因多巴的坚守，是马三九与马大头三三两人合力的结果，因魏光焘围攻甚急，他二人意见发生分歧，马三九主和，马大头三三主战，主和者以为早日乞降，尚有一线生路可寻；主战者以为乱事起是邓增逼起的，其目的在惨杀，乞降之后，仍逃不过被屠杀的命运，双方坚持不下，于是马三九约马大头三三到理发店剃头，理发师给马大头三三修面的时候，乘机在其脖颈猛力一刀，马三九提了马大头三三的首级，前来乞降。十五日魏光焘派令各军会同邓增合攻多巴，因城堡坚固，猝难攻克，至二月十一日，起义首领再次乞降。适于其时董福祥抵达西宁，因之董福祥遣总兵张明鑫攻克多巴、上五庄、水峡、北大通诸要隘，"殄贼数万"。③陕甘总督陶

---

① 参见［清］慕寿祺：《甘宁青史略》，正编卷二十五，兰州古籍出版社1990年版，第33页。

② ［美］芮哈特著，王授译：《与西藏人民同居记》，商务印书馆1931年版。

③ ［清］升允等：《甘肃新通志》，卷四十七。

第三章 清朝时期的青海回族

模就此致翁尚书（同龢）函中言"此次回匪滋事，本无大志，特以回受汉欺蓄仇已久，而州县办理又失其平，其狡黠者遂乘机煽乱，迫胁良回。论其弄兵，多非本志，故大军所至不劳痛剿。而胁从之众，相率投诚，汉民以抚之易也，因相与大哗，深讥痛诋。魏帅得谤，只此之由，董帅移旆西宁，曲从民欲，已抚之回，无论良莠，骂名逆目，悉予诛夷，多巴一带老弱孤寡之回，家搜户索，银钱粮草捊掠一空，无食无衣，虽生犹死。夫回汉同为婴赤，业经招抚，即宜设法矜全；快小民无厌之私，实为士卒生财之地，将来难回流落，不得不重筹赈款，再耗帑需，焦灼万端，实难言状。"①结果证明：马大头三三的看法正确，张明鑫屠杀数万就抚者之后，老弱孤寡之回，家搜户索，银钱粮草捊掠一空，无衣无食，虽生犹死。苏家堡一带回民闻悉这种残忍情况后，扶老携幼向西海逃命。"二月董福祥遣何得彪、张明鑫破贼于水峡，是时贼多破，独拉科倚水峡，出没草地青海者尚数万，福祥遣得彪等将马步两千破之。贼窜水峡追击之，落水者无算，余窜青海草地，适天大雪，多冻馁死者。"陶模在奏疏中说："臣查湟回自月初水峡出窜，共七八万人，皆刘四伏（同春）兄弟领之，刘三专主念经，刘四伏最强悍，主战争，马吉等助之。在青海会合驼毛、茶根二千余人，张成德、冶八箇、朵木匠，皆自为一股，悉听刘四伏调遣，由青海柴达木窜王子营，为蒙古兵所阻，三月大雪封山，无处掠食，冻死饿死，以数万计。四月初始窜出山，尚存三万余人，能战者四五千人。关外兵单，贼气颇甚，直扑玉门，满欲饱掠西窜。及四

---

① ［清］王树柟：《陶庐笺牍》，卷三。

月初八日,在昌马为牛允诚战败,其气先夺,续到张成德一股,人众且强,刘四伏深喜得助,恃以无恐,不意四月十七日扁博一战,马尕三(按:回族姓马并名哈散者很普遍,这里所称马尕三绝非同治年之马尕三,实同名者)、鲍枪手均为官军枪毙,并刘四伏之母亦为飞子击死,其焰更衰。然除战死收抚外,悍者四千余人耳。追窜至安西七正,为金兰益、徐春先所败。窜敦煌南湖,为陶廷相、杨光初等所败,窜南坝又为牛允诚、谢典礼、周德金一败于野马泉,再败于一碗水,穷荒无路,乃趋红柳峡,遇李金良拦头迎击,而伏首就擒矣!以悍贼二万之众,豕突狼奔,往来数千里,我军节节堵击,处处跟追,俾不得占一城、破一堡,势孤力尽。逃命无人之区,甫入新,一网打尽。"甘肃新疆巡抚饶应祺奏称:"四月初三四日探闻巨股回贼由王子营窜近安玉,臣应祺为新疆门户计,当饬东路各营加意严防,初七日窜至玉门百二十里之昌马,因驻防玉门提督牛允诚之截击,败窜入山。据获贼供称:自西宁窜出时,大小男妇七八万,分为三股,沿途冻饿死者尚重,此股系伪元帅刘四伏、副目马吉等所领,尚有二万余。"总督、巡抚皆言由西宁窜出时,大小男妇七八万人。而这一逃亡图之形成,因西宁东关杀降,董军张明鑫屠杀多巴男妇老幼数万人之后,纷纷疑惧窃窜,别生之变端。陶模复张之洞书中:"魏午帅初至西宁,急思痛剿,而东关已抚之回,无故罹杀降之祸,于是西川逆党死守多巴,久之始力竭财殚,释兵就抚。设当日者东关无杀降之举,则多巴就抚不待久攻,设多巴求抚之时,朝廷无使午帅回河,董帅到宁剿办之命,则回匪安心就抚,亦不至纷纷疑惧,窃窜别生变端,董帅不顾大局,只善争功,将与将不和,而剿与抚无信,卒使民生国帑糜乱耗散于一

第三章 清朝时期的青海回族

人把持骄恣之一念,曷胜浩叹。"①认为湟回(西宁)"受创较甚"。光绪二十二年(1896年)四月初十日,新疆官军歼甘回于罗布淖尔,擒其元帅刘四伏(同春)、副元帅马吉。至此,历时一年有余,有十数万回、撒拉族民众参加的一场大规模的反清起义,在清廷的倾力镇压下最后失败,起义者及其眷属遭到董福祥、邓增等的又一轮屠杀。

当初坚决接受官府招抚的马三九目睹此一残酷事实,衷心不安。在其后随清军到巴燕戎格黑城子,令其前往敌前喊话,招降回民,其时马三九对左右说:"当初多巴危急时,我主投降,期能减轻惩罚,老弱逃个活命;无奈官军失信,屠杀无辜老弱孤寡数万人,致使苏家堡一带回民闻讯惊惧,扶老携幼,逃往关外荒碛之区,适天候不佳,大雪封山,数万生灵冻死、饿死,其结局如此之残惨。今我又招人投降,其后果如何,统为未知之数,余心实有不安!"黄昏时分,在黑城子清真寺自裁身亡,以谢无辜死难者。

西宁事变平息,董福祥到西宁,前后擒获头目500余名,交由西宁道陈嘉绩讯供,西宁县萧承恩监视行刑。董福祥以军事告竣,筹办善后一切事宜,于是纷纷请求以循化撒回屡次叛逆,应逐出嘉峪关外,东关之回,近在肘腋,应迁至大通等县。董福祥慨然而答曰:"吾非不知叛匪之宜剿,以绝其根株,为羌虏所至裹挟良民,若不分良莠概行诛戮,锋镝一交猝不及防,玉石同碎,遗民逃散陷身豺狼之穴,奔窜山谷之间,可怜无辜,辄膏虎吻,闻之者犹或叹悼,况目所亲睹,能不速抚以弭其患哉!"(董福祥本以固原汉族于同治年起义者,朝廷视作巨匪,后受抚

---

① [清] 王树枏:《陶庐笺牍》,卷三。

镇压回民起义有功，得先后升任喀什噶尔提督和甘肃提督，其以切身经历，当有此言）慕寿祺曰："盖甘肃回族甚多，与汉民杂处，西宁回族甘心从逆者，实繁有徒，而情节较轻者，亦所在多有，若不分良莠聚而歼旃，亦非天地好生之德，汉民不谅此心，啧有烦言，谓统兵者总以安抚回民为事，由此观之，大任诚不易处也。"清廷弥缝缺失，特颁谕："甘肃一省汉回错处，同隶畊壤，皆我赤子，朝廷抚育兆民，断无歧视，只因地方官不善拊循，于汉回交涉事件，未能持平办理，其汉回民之奸黠者，又遇事生风，籍端互煽，猜疑既久，嫌怨愈深，遂致燎原之祸，一发而不可遏。朝廷安良除暴，不得已而用兵，迨至一律肃清，而地方之蹂躏，户民之凋残，已不知凡几矣。兴言及此，良用恻然，著陶模选择廉正明练之地方官，抚缓开导，勤求民隐，遇有汉回争执之事，专论是非，不分汉回，务当酌理准情持平办理。"再次谕令陕甘总督陶模曰："甘省吏治颓靡已极，此次回乱由地方官审断不公而起，著陶模慎择廉明忠信之吏，持平劝导，戢回民顽犷之气，化汉民仇视之心。"

河湟事变是在中华民族危机日深，中国社会正一步步陷入半殖民地半封建社会的情况下发生的，斗争虽然遭到了失败，但在一年有余的时间里，斗争烽火燃遍了千余里河湟洮地区，沉重打击了腐朽的清王朝的黑暗统治，尤其是削弱了清王朝在甘肃的统治力量。

第三节　清朝时期青海回族的经济活动

一、农业、手工业和采矿业

历代屯田以西北为重点，其中五条河屯区包括今日青海回族居住的河湟流域。在兵、民、商屯中有不少回民。清代又专设回

第三章 清朝时期的青海回族

屯，这就必然决定了青海回族同整个西北回族一样，以农业生产为主要经济活动方式。而屯聚和牧养的联系也成为后来回族农户以多养善养牛羊为副业的开端，这是青海回族的经济特点之一。

今日青海回族居住的很多地方，原先是杂草繁生之地，化隆、门源、湟中等县的大部地区，原系游牧转徙之地，正是勤劳勇敢的回族劳动人民以自己的双手辟草莱、斩荆棘、垦荒野为良田。原来不事耕植的巴燕戎一带之成为今日青海产粮区之一，同回族人民世世代代的辛勤开发是分不开的。乾隆和光绪年间先后两次来到门源的回族，他们将达坂山麓和浩门河南岸一带的麻莲滩、吊沟、大滩等荒滩野地，以"贡马银"等形式从果芒寺（大通广惠寺）或租来或买来后，辛苦经营，辟为农田。康熙五十七年（1718年），西宁卫（包括西宁、湟中、互助）回、汉族已有耕田6 914顷；雍正三年（1725年），大通卫（包括大通、门源）回、汉族有耕地30 759段（一段为一亩至几亩不等）；雍正十二年（1734年），碾伯（包括民和、乐都）回、汉族有耕地1 614顷。以上数字见于当时官书，实际耕地数量可能不止于此。湟中上五庄、大通极乐等地原先亦系游牧之地，回民迁来后，经过长期辛苦耕耘，开垦为良田。

垦田的同时，回族同兄弟民族劳动人民一起兴修水利，变旱地为水地，使很多硗薄之地变为肥田沃土，促进了农业生产的发展，并且在同周围兄弟民族互相学习中逐步改进生产工具，提高生产水平，并积累了施肥、田间管理等方面的很多成功经验。清代，《秦边纪略》记载湟中多巴一带"小河激水转硙，于内地易驴以转磨，其人男耕女织"，民和、乐都、贵德和化隆群科、甘都等地回族在园艺栽培方面也达到了较高的水平，贵德、甘都梨园相望，被誉为"塞上江南"，就说明了这种情况。

-121-

手工业在回族社会经济生活中占相当比重，其种类很多。农村一般有铁匠（代挂马掌）、鞋匠、木匠、石匠、皮匠、泥水匠（或称瓦匠）、缝织（包括皮口袋、编毛绳、麻绳等），城镇回族则多从事饮食、食品（如点心坊、糖坊）、粉坊、染坊、制醋、磨面、皮毛加工、弹纺等行业。农村的手工业基本上属于家庭手工业，没有脱离农业，一般在农闲或按农时流动做活，以计件或计时（天）算工钱。从事这类手工业的人是给别人加工性质的农民兼手工业者，这种手工业生产是个体生产，收入微薄，略与自耕农相似。此外，在城镇还有铜匠、银匠、鞋匠，专事民族用品生产，有些产品以优良经久耐用著称。如出自湟中县回族工匠之手的"康城靴"（即藏靴），深受青海藏族群众欢迎，成为有民族特色的地方名优产品。

近代以来，回族中出现了作坊性的采矿业，如经营煤窑和金场。大通煤窑的开采始于明初，到了清末，已有12个井出煤，年产煤100万斤，其中有6个井是回民开采的。金场是由金客（或称金掌柜）廉价雇佣贫苦农民在河沙中千淘万漉取得金子以牟利的一种雇工剥削性质的经营。煤窑和金场的雇工多数是衣食无着的回族贫苦农民，特别是大通回族为生活所迫当"沙娃"（淘金者）的很多，如塔尔湾有一村13户雇农中就有11家当过沙娃。

二、商业

明中叶以后，有河湟回族参与的民间茶马贸易日益兴盛，成为各族贸易往来的主流，而这种贸易中，"河湟回族在农牧两大经济区中充当了媒介，起了纽带的作用"[1]。正是这一媒介基础在明代的奠定，才出现了清代前期河湟地区国际贸易的迅速发

---

[1] 费孝通：《临夏行》，载《瞭望》，1987年第23期。

第三章 清朝时期的青海回族

展。清朝幅员广大，前期国力强盛，将整个藏区纳入到统一的多民族国家之中。马匹易得，用不着设立茶马司以茶易马，控制蒙番，于是在雍正十三年（1735年）停止茶马互市，沿袭千年的官方专营的"茶马制度"的种种限制被取消，给民间自由贸易的发展带来了新的机遇，民间贸易迅速崛起。可见，清朝前期的河湟国际贸易，是历史上西北民族贸易的延伸与发展。

(一) 新兴商业城镇的崛起

清初河湟地区贸易在明后期发展的基础上得到了旺盛的发展，最显著的标志是由于民间贸易的自由促使在湟水谷地涌现出了西宁、多巴、白塔儿（大通县城关镇）、丹噶尔（湟源）等中外贸易的商业城镇，青海回族在其中发挥了不可替代的关键性作用。

西宁 宋明时期，西宁由于长期设置茶马司，便成为河湟各族之间贸易集散中心，史载宋时西宁东城居住有"陷羌人及陷人之子孙，夏国降于阗，四统往来商贾之人数百家"①。到了明代，"西宁诸部落，无不以马易茶"，足见商业贸易的繁荣。清初，经历了元明三百年的休养生息，河湟地区包括回族在内的各民族人口持续繁衍发展，更因明王朝后期对西北茶马贸易经济政策的驰放性调整，西宁逐渐成为繁荣的商贸都市。乾隆年间，"恰克图贩卖大黄者独有一家，系西宁回民，俄罗斯最为信服"②。"俄罗斯多食鱼，须大黄以解鱼毒，特派头人专司收买，散给属下，官卖济众。"③至道光朝，为此"又谕：多尔济喇布坦等奏本年西

---

① 陶宗仪：《说郛》，卷三十五。李远：《青唐录》。

② 冯家升等：《维吾尔族史料简编（下）》，民族出版社1981年版，第265页。

③ 冯家升等：《维吾尔族史料简编（下）》，民族出版社1981年版，第265页。

宁寄什密尔回民应贩大黄至恰克图与俄罗斯交易逾限未到、恳请饬催一折。每年西宁贩运大黄至恰克图与俄罗斯交易向有定限，自应依限运至恰克图与俄罗斯交易。乃此项大黄并未运到，上年复有亏欠，殊属非是。著交陕甘总督瑚松额、西宁办事大臣德楞额将本年应贩大黄务须饬催迅速贩往，嗣后务令拣购精良，于每年七、八月间运至恰克图以备交易，不得稍有亏欠"①。直至清末，其贩茶一业，"向唯山陕商人及回商专其利"②。《秦边纪略》记载："今西宁边外，凡西域诸国，骆驼、马骡往来不绝于道。"③因而出现："卫（清初沿明制仍设西宁卫——著者）之辐辏殷繁，不但河西莫及，虽秦塞犹多让焉。自汉人、土人而外，有黑番、有回回、有西夷、有黄衣僧，而番回特众，岂非互市之故哉？城之中牝牡骊黄，伏枥常以万计，四方之至，四境之牧不与焉。羽毛齿草，珠玉布帛，茗烟麦豆之属，负提辇载，交错於道路。出其东门，有不举袂成云，挥汗成雨乎。"④其注有云："西宁城内外皆辐辏，而城东为最。黑番强半食力为人役，回回皆拥资为商贾，以及马贩、屠宰之类。"⑤

多巴 多巴也是在清初中外贸易的发展中，逐渐兴盛起来的。"多巴，在西宁西五十里，今互市地也。黑番、回回筑土室成衢，为逆旅主人，凡九曲、青海、大通河之夷，为居垄断。远而西域

---

① 喇秉德、马小琴：《青海回族史料集》，青海人民出版社2002年版，第106页。

② 《左文襄公全集》，卷十四。

③ [清] 梁份：《秦边纪略》，卷一，青海人民出版社1987年版，第64页。

④ [清] 梁份：《秦边纪略》，卷一，青海人民出版社1987年版，第63~64页。

⑤ [清] 梁份：《秦边纪略》，卷一，青海人民出版社1987年版，第63~64页。

第三章 清朝时期的青海回族

回夷，为行贾者，皆于是乎在？"①其注文认为此前多巴之地名"即律例亦不载及多巴，岂为市口未久乎？今皆番回居住，主市者夷人达赖下宰僧一，麦力干部宰僧一，中国反不设官焉"②。"其地名不著于昔，盖新创也。居然大市，土屋比连，其廛居逐末，则黑番也；出而贸易，则西宁习番语之人；驮载往来，则极西之回与夷也；居货为贾，则大通河、西海之部落也；司市持平则宰僧也。"③与《秦边纪略》相前后，清人冯一鹏在《塞外杂识》中记载："西宁之西五十里曰多坝，有大市焉。细而珍珠、玛瑙，粗而氆氇、藏香，中外商贾咸集。一种缠头回子者，万里而来，独富厚于诸国，又能精鉴宝物，年年交易，以千百万计。"④

这里所指"西宁习番语之人"，即本非番人而习番语之人，当指熟练使用其他民族语言的经纪人，很可能主要指的是"皆拥资为商贾的"西宁回族商人；"西域回夷"、"极西之回与夷"，当指中、西亚穆斯林商人和西方其他国家的商人；其万里西来的缠头回子，当然不会是与青海相邻的今新疆维吾尔等民族，而是阿拉伯商人，也是特众番回的最好注脚。本地藏族、回族修盖房屋开设旅店，为四方的商人们提供住所，使多巴出现街市；其以坐收旅店费等为进项者多为藏族，承揽生意的则多是能兼操阿拉伯、波斯语或藏、蒙古等语的回、汉经纪人；驮载货物长途跋涉

---

① ［清］梁份：《秦边纪略》，卷一，青海人民出版社1987年版，第77~78页。

② ［清］梁份：《秦边纪略》，卷一，青海人民出版社1987年版，第78页。

③ ［清］梁份：《秦边纪略》，卷一，青海人民出版社1987年版，第68页。

④ 转引自喇秉德：《赭墨集》，民族出版社2005年版，第115页。

之人则是远道而来的中、西亚穆斯林商人和西方其他国家的商人;那些出售畜产品者,大多是近边海北、海西等地来的蒙古、藏族牧民;而管理市场、掌握度量的人员,则是蒙古台吉手下的宰僧(即总管)……在这里,人们看到,最活跃的是回族人,最敦厚的是藏族人,最公道的是蒙古人,而最引人注目的则是外国商人,尽管民族不同,国籍有别,语言、肤色、服饰各异,但在丝绸之路中国河西走廊西厢的河湟地区,由于种种历史机缘的不期而遇,千载难逢地形成纯民间中外贸易卫星市场,"中外商贾","往来如织","举袂成云"。《秦边纪略》的如上记述,为我们描绘了一幅和谐欢腾、其乐融融的河湟行商图[①]。

白塔儿 《秦边纪略》卷一记载道:"白塔儿,在西宁西北,北川营之口外也,山环地衍,其土沃润,其道西夷错杂。厥革:貂鼠、白狼、艾叶豹、猞猁狲、元狐、沙狐、牛皮、鹿、麋、羊羔。厥货:镔铁、金刚钻、球琳、琅玕、琐帕、五花毯、撒黑刺、阿魏、哈刺、苦术、绿葡萄、琐琐葡萄。厥牧:马、骆驼、犏牛、牦牛、狣羊、羱羊。厥居:土屋、平房、木几榻。厥人:则汉、回错杂,各为村落,弓矢佩刀,未尝去身。厥贡:则输之于夷,夷亦莅以宰僧,董麦、粟、力役之征,如民牧焉。四方之夷,往来如织。以旧市于北川,今近于多巴,惟白塔儿为道主也。"其注释云:"白塔儿在西宁西北九十里,北川口西二十里。地有塔,蜃灰垩之,故谓白塔儿。其地之皮及货,皆至自西域,非白塔儿所产,但聚于斯耳。多巴亦然。银鼠白如雪,其毛似貂,但微短浅而细腻过之。狼皮以白为贵。艾叶豹其毛青而白,其斑微黑,不似金钱豹之甚。猞猁狲即土豹。沙狐之皮,聚而分

[①] 转引自喇秉德:《赭墨集》,民族出版社2005年版,第114~115页。

第三章 清朝时期的青海回族

之,可为四种:其腹天马,其颔乌云豹,其腋金边,其背则沙狐皮也。狐皮以玄色为最贵。牛皮即香牛皮也,本牛皮,夷以香物制之,加紫红色茜之,夷以为靴,则蛇虺不敢近;以为褥,可避诸虫,其香虽久不散。琐幅、撒黑刺、五花毯,皆羊绒织成,产于失刺思安、各鲁、撒马儿罕诸国。阿魏物之最臭者,西域诸国皆产。塞外产兽颇多,不能尽载,然西塞独无虎,故不及之。多巴及此地之屋,皆高堂大厦,且有仓廒。有小河激水转硙,于内地易驴以转磨。其人,男耕女织……其地之汉人,则西宁之亡命,回回,则顺治八年之叛党,各仍其俗,共居于此。"

上文中所提到的阿魏,为半固体状态,其色呈淡黄似硫磺而无光泽,有挥发性强而浓烈的刺鼻怪味,对胃痛等症有显著疗效。直至20世纪50年代,西宁东关一般回族人家多有收藏。特别需要补充一点的是,在上述这种后来几乎完全是民间进行的贸易中,青海大黄以质优、产量高而独占鳌头,而这宗生意基本掌握在青海回族商人手里,他们不仅在西宁、多巴、白塔儿市场,而且在中国与中亚地区接壤的边境贸易中,以雄厚的资金和善于经营的竞争能力,几乎垄断了青海大黄的收购和出口贸易。时至今日,青海回族仍以擅长经商为人们所称道,其在城镇经营的店、铺生意行业中,很有特色的除饮食、屠宰、皮毛加工等外,就是土产杂货,包括花椒、草果、胡椒、荜菠、姜皮、姜黄、红曲、辣面、苦豆等品种,凡属个体经营的这种较为齐全的生意,大多为回族。今西宁城东区东关大街、共和路北段和南北关等处比比皆是。所有这些,显然同西宁曾经长期是丝绸之路南路——"青海路"地段上最重要的贸易集散地有直接关系。

多巴、白塔儿与西宁犄角式卫星市场的形成,一是从南疆或当金山口进入青海西北柴达木地区,而后傍青海湖北岸,继翻日月山，经湟源达西宁，多巴正处于湟源到西宁之间，是上五庄、西川赴西宁方向大道交会的比较平展、开阔的叉口地带，也是青海东部农业区与海西、海北、海南及青南牧区的交接点，是各民族易于交往的理想地带。这一特殊的地理位置，决定了多巴之成为贸易集散地。白塔儿的兴起，当是元代河西走廊复通之故，东来的西方商人取道河西走廊西段，途经敦煌、肃州后，可能受西宁贸易集散市场的吸引，遂西南折入扁都口，经祁连（八宝）、门源，越大坂山，就到了去西宁途中的白塔儿。多巴、白塔儿两地之自然形成贸易市场，除恰好处于西宁方向的通道途中，也可能是西宁作为河湟重镇为历来兵家必争之地，而多巴、白塔儿则处于相对缓冲地带，还有可能是由于中外商人们有意避离官方而便利进行纯民间贸易的缘故。总之，多巴、白塔儿两处内陆口岸的兴起不是偶然的，是"青海路"繁荣兴盛的产物。

历史上的"青海路"，对封建社会中后期青海地区社会经济的发展，起到了重大的推动作用，尤其在发展古代商品经济方面产生的影响是积极而深远的。①

丹噶尔（湟源）"丹地惟东路系通省郡（时属甘肃）大道，余皆毗连青海（今日月山以西地区），壤接蒙番，山径峡路，四通八达。"②"以丹地原为东科旧寺（或说丹噶尔即东科尔之音转——著者），自明末商贾渐集，与蒙番贸易，有因而世居者；番族亦渐次开垦，牧而兼耕，各就水土之便，筑室家成村落焉"③。清初，朝廷为控制青海和硕特蒙古各部，特规定开边外那拉萨特地方（今日月

---

① 转引自喇秉德：《赭墨集》，民族出版社2005年版，第115~119页。
② [清]张庭武修，杨景升撰：《丹噶尔厅志》，卷五。
③ [清]张庭武修，杨景升撰：《丹噶尔厅志》，卷一。

第三章 清朝时期的青海回族

山）为集市，以官兵督守，禁止私人边墙，又限定每年阴历二月、八月为贸易之期①。后因蒙藏物质需求的不断扩大，茶叶、布匹等必需品之交易又无限制，那拉萨特地狭，已不适应进行较大规模的民族贸易，清廷则改其于西宁口外的丹噶尔进行。"丹城创建于雍正时"②，之后，民间贸易吸引了大批的各族商人前来贸易，这样，又一商业城镇快速发展起来。到了乾隆时期，杨应琚在《为边口亟请添驻县佐以资治理议》中讲到："查西宁暗门外之丹噶尔地方，即令准噶尔夷使贸易之东科尔。距府城九十里，路通西藏，逼近青海，自移多坝市口于此，为汉、土、回民并远近番人既蒙古往来贸易之所。"此时，丹噶尔已成为各族贸易的重镇，"至于回教，因谋工商生业来丹旅居者"③，可见丹城回族因商业贸易而落居该城，丹城贸易的兴起吸引了回族的到来，他们的到来又促进了丹城贸易的发展。"昔嘉庆、道光之际，以丹地商业特盛，青海、西藏番货云集，内地各省客商辐辏。每年进口货价至百二十万两之多，故当时奏请改主簿为同知，为理商也。至咸丰、同治，久经戎马，番货委积，顾问无人，丹地商业之衰，未有甚于当时者也……细究其故，询诸老于商者，咸谓：昔年蒙古、西番、藏番、玉树各商之货，皆聚于丹邑，豪无他泄。近来藏、番之货，西泄于英吉利、印度之商；玉树远番之货，南泄于打箭炉、松、茂之川商；蒙古近番之货，北则甘、凉、瓜、沙，南则洮、岷、河州，无所不之。甚则川、甘边属商民之狡者，私行出口。……而本境商业不能起色，外制于居奇之蒙、番，内制于多财之善贾者，一则资本之薄，一则情势之涣

---

① 《清世宗实录》，卷十八。
② ［清］张庭武修，杨景升撰：《丹噶尔厅志》，卷五。
③ ［清］张庭武修，杨景升撰：《丹噶尔厅志》，卷五。

也。"①这段记述客观真实地总结了丹噶尔市场之兴盛于清初而衰落于清末的系列社会历史原因：一是清末阶级、民族矛盾激化而出现的社会动乱；一是市场运作的无政府状态造成的自生自灭命运。记述者是很有经济学眼光的，在分析了"资本之薄"和"情势之涣"后，特意提出："使有明于商学者，为之提倡而团结之。然后出入各货，整齐划一，俾有条而不紊，自利兴而害除，是非立商会以联合之，则亦终受制于人而已矣。"②用今天的话来说，必须按市场规律由政府进行宏观调控，这是丹噶尔市场兴衰所证明的基本经验教训。还应看到，丹城市场的衰落，与鸦片战争后开放东南沿海通商口岸，使中国内陆深处像丹噶尔市场这样的陆地码头必然受到冲击；如果说清初西宁、多巴、白塔儿是中外贸易集散地，那么，继之而兴起的丹噶尔市场则基本呈现出由中外贸易向国内民族贸易的转型过渡。《丹噶尔厅志》载"本地商业中，以收买羊毛、驼绒之各国洋商为大宗，其次皮商入货，以茶、布为大宗，而杂货亦与之相埒。"③其经营形式大致有四种：开铺坐贾者；出口贸易者；开歇店以招往蒙、番者；提篮行贾者。"至近年有赴北京、陕西、四川办买货物者，络绎于道，亦以见本境商业之甲于农工也。营商业者约有千人，资以食者千余人。"④所经营货物除本地农副产品和牧区畜产品50类以外，运自内地的货物亦达30余类：洋布、丝布、花布、竹布、大布；茯茶；羽绫、洋缎；佛金；铁锅、铜器、铁；大米；麻；细泥磁器、陶器，更有灰色泥器，土人呼曰瓦缸盆；石煤；纸张；酒；

---

① [清] 张庭武修，杨景升撰：《丹噶尔厅志》，卷五。
② [清] 张庭武修，杨景升撰：《丹噶尔厅志》，卷五。
③ [清] 张庭武修，杨景升撰：《丹噶尔厅志》，卷五。
④ [清] 张庭武修，杨景升撰：《丹噶尔厅志》，卷五。

第三章 清朝时期的青海回族

靛青;麦面、青稞;药材;木炭;瓜果;蔬菜;帽、靴;白帕;马鞍等;杂货,如书籍、图画、笔墨、香、表、鞭爆、棉花、针线、头绳、丝线、笸梳、钮扣、首帕、洋铁盆、洋火、调料、洋颜色、海菜、酱菜、洋纱、绸缎、故衣、玻璃器具、白铜镌花饰具及一切花钿、珠翠、玩好观美之物(按:丹地自境外运来之货,为必需而不可少者,粗如竹笼、箕、筛、蒸笼、帽缨之属,皆待人而给。至雨盖、洋伞、洋巾、花边、脂粉、洋胰、洋药水、洋刀剪、雕刻木器、洋磁漆盘之类,则又花样新出,夺目炫睛,其见而爱,爱而买者,彼族所以擅商学之能事,移世人之好恶者也,又何能于区区丹邑而使其必不然耶?日用之需不能自制,输出之品百无一、二,欲拔商界以疗吾丹民之贫,则必于农工二业加之意焉可)。①这同《秦边纪略》所记载的清初西宁、白塔儿、多巴市场琳琅满目的洋货相比,正反映出这一历史性的转型趋势。

总之,明末清初,官方专营的"茶马互市"衰落之后,由河湟回族人为主导的民间贸易顺应了历史发展的潮流,很快繁荣了起来,其最显著的特点是兴起了几座新兴的商业城镇,回族以这些商业城镇为据点,逐渐形成了城镇回族商业社区,如西宁城东、多巴、白塔儿、丹噶尔城东关,尔后向四周迅速发展、辐射,充分发挥出自先民时起就由丝绸之路培育的善于经商的传统及其优势,借助便利的地理条件和机遇,在发展繁荣青海地区商业贸易作出最重大、最突出的贡献,同时"更是巩固和发展了回族的各个聚居区"②。

---

① [清]张庭武修,杨景升撰:《丹噶尔厅志》,卷五。
② 费孝通:《临夏行》,载《瞭望》,1987年第23期。

(二) 新兴民族贸易中的回族商人及其特点

由于回族受"历史的培养"（费孝通语）和伊斯兰教重视经商的影响，其善于经营的特长，在商业极不发达的古代青海和经商意识相对普遍薄弱的社会条件下，容易占据支配地位和起到主导性作用，因而扮演了最活跃的角色。杨应琚《西宁府新志》就此指出：西宁"诸货皆至"，"然经营手艺，多出回民，而汉民养生送死，惟赖于农"。另外，回族在河湟各地落户，明代已经形成"亦农亦商"的社会经济形态，具有从事商业活动的普遍性。

回族商人最大特点是"习番语之人"，回族商人大都娴熟藏语，这不仅是因为回族居住地与藏区接近，"至接近蒙、藏之处则多用蒙藏语。"①更为重要的是，回商要深入以藏族为主的牧区做生意，如不懂得藏语，势必对经商不利。在河湟回族中过去流行一句谚语，叫"学了藏语值银子"，就反映了这一情形。

回商的适应力极强，既能深入藏区又能南下中原，最远可达拉萨，《西藏志》说："至市中货物商贾，有缠头回民贩卖珠宝，其布匹、绸缎、绫锦等项皆贩自内地。"至于"缠头回民（也可认为其中许多人并不缠头，缠头巾在18世纪广为流行），可能应将此视为甘肃穆斯林界已有了一定基础的穆斯林商人，因为他们来自中原"②。

随着中外贸易向区域性民族贸易的转移及商业城镇的发展，至迟于清乾隆、嘉庆时期出现了被称作"歇家"的特种行业，甚至可能为青海所独有。嗣后，西宁、大通、贵德、循化等地，俱有官歇

---

① 《西藏志》。
② ［法］布尔努瓦著，耿升译：《西藏的黄金和银币——历史、传说与演变》，中国藏学出版社1999年版，第194页。

第三章 清朝时期的青海回族

家之开设,与各地蒙番交易①。回藏商人积极参与其中,"黑番、回回筑土室成街,为逆旅主人",回藏各族商人修盖房屋,开设旅店,为四方商人提供住所,成为最早的歇家。歇家"其家属能操蒙、番语,常衣蒙、番衣,亦有私相结婚者。其人在不蒙不番不汉之间,杂于毳衣革履中,指为蒙,若亦蒙,指为番,若亦番焉"②。可见不蒙不番不汉的回族在歇家占主要地位,歇家的出现正好与回族商业社区的出现相吻合,不能不说是区域性民族贸易的逐渐兴盛,才出现了歇家之开设。仅在丹城(湟源),歇家即有40余户,由此可知在青海境内歇家不下于200余家,"蒙番出入,群就之卸装,盖招待蒙番寄顿番货之所也。完纳赋税,歇家为之包办,交易货物,歇家为之介绍,渔利甚多,蒙番安之,而寄居之汉族多与通声气。旅行出关,必令代办驼马,乃可沿途畅行,得其一纸护符,且可邀蒙番货之保护也"③。由此可知,"歇家"营业,一是接待过往收买货物的回、汉、蒙、藏等商人,为之屯放物品;一是代理售货人向官府缴纳税款;一是为买卖双方充当中介,收取费用;一是为客商代办驮马运输。

总之,歇家原是懂少数民族语言,既经商又负有官府所委有关责任的职事,后来发展成青海民族贸易中特有的一种集商业经纪人、货栈店主、牙侩、翻译身份为一体的居间经纪人。由此可见,由回族主要充当的歇家对青藏高原区域性民族贸易的发展起到了较大的促进作用,大大方便了本民族商人特殊饮食之不便与边远蒙番商人

---

① 《开发西北》,1935年3卷5期,载《西北民族宗教史料文摘·青海分册》(上),第266页。

② [清]徐珂:《清稗类钞·羌海歇家》,中华书局1984年版。

③ [清]徐珂:《清稗类钞·羌海歇家》,中华书局1984年版。

的衣食住行与屯放货物，有利于各族之间的贸易往来。

各大商业城镇的回商除修盖房屋，成为歇家外，有些回商还从事贩卖牛羊，以及牛羊屠宰业和与此相联系的皮毛加工业，成为垄断性的传统行业。随着河湟回族深入牧区从事贸易者越来越多，至道光初年，出现了规模化的"羊客"，这些"羊客"深入蒙藏民族居住地进行贸易，活跃了内地与青海牧区的经济交流。回族"羊客"将其从牧区贩来的牛羊运至各商业城镇回族居住区屠宰或就地出售，或转运中原，成为百年不变的城市回族经济活动的某些特征；今天的牛羊育肥可以说是过去"羊客"营生的发展。

清末咸丰、同治年间和光绪年西宁府属地区回民起义被残酷镇压屠杀，一切生产生活资料被作为"叛产"没收殆尽，使这种民族贸易萎缩。直至民国时期，于艰难时势稍得休养生息，城镇回族为维持生计，重操旧业，从事经商和餐饮、屠宰、皮毛加工等传统行业，以劫余幸存民众，基本丧失了昔日"拥资坐贾"的优越条件，多为糊口而已。因而，清光绪年修纂的《西宁府续志》称回族"商业，本地人皆系小本经营"①。

(三) 回族商人经营的主要商品

河湟各镇所处特殊的地理位置，不仅便于藏区的畜产品和土特产品的流通，也成为了中原生产生活用品的市场，因而形成了贸易集散地。河湟回族在这种贸易中仍然充当重要角色，发挥了"东引西进"②的巨大作用。

1. 西进（输出）商品

(1) 牧区畜产品

---

① [清] 邓承伟修，张价卿、来维礼等纂，基生兰续纂：《西宁府续志》，卷十《志余·物产》，青海人民出版社1985年版，第601页。

② 费孝通：《临夏行》，载《瞭望》，1987年第23期。

第三章 清朝时期的青海回族

其中的大宗为皮毛。较为一般的则是牛、羊、马皮毛，驼毛等。仅在丹噶尔城皮毛业就十分繁荣，不仅成交量巨大，而且品种也很繁多，据《丹噶尔厅志》记载每年的成交量成千上万，总价值为三十二万两之多，而其中的羔羊皮、羊毛数量大，故而"西宁毛"、"羊羔皮"驰名中外，颇受商家的青睐。较为珍贵的皮毛则为貂鼠、白狼、艾叶豹、猞猁狲、元狐、沙狐、鹿、麇①等皮毛，转销量也是空前。除了皮毛业外，"牝牡骊黄"大牲畜的交易量也是巨大的，仅在西宁就"伏枥常以万计"。

(2) 药材

河湟"附近均产皮毛而药材次之"②，畜产药材中鹿茸、麝香最为名贵，驰名中外，尤其麝香最能吸引精擅香药经营的"西域回夷为行贾者"东来贸易。清时丹地"麝香自蒙番猎取来售，经商人贩至各省销售……，每年约二百余元，净仁每两售银至二十两，共约银二千两"③。

植物药材上市大约有20余种，其中以甘草、冬虫夏草、当归、大黄等为主。其中"惟大黄为一大宗"，"每年约出四五万斤至十余万斤不等"④。青海的大黄以质优量高而独占鳌头，大黄成为河湟回族商人转口贸易的大宗之一。

(3) 黄金与青盐

青海是我国产金的重要区域之一，清代无论是地方志书，还是外国传教士、探险家以及商人的游记中都有记载。青海河湟各地金

---

① [清] 梁份：《秦边纪略》，卷一，青海人民出版社1987年版，第78页。
② [清] 邓承伟修，张价卿、来维礼等纂，基生兰续纂：《西宁府续志》，卷十，青海人民出版社1985年版。
③ [清] 张庭武修，杨景升撰：《丹噶尔厅志》，卷五。
④ [清] 张庭武修，杨景升撰：《丹噶尔厅志》，卷五。

矿数较多，当时开矿者主要是回族人，吸引外国人来此探险也是以黄金为最大诱惑。"西宁是这种黄金流通的贸易中心之一"[①]。

世人皆知，青海是产盐的大省，故而青海出产的盐称为"青盐"，是农牧区各族民众和邻近省份须臾不可离的生活必需品。早在清代乾隆七年（1742年）蒙藏牧民就已将青盐运到丹噶尔。河湟"民间所食青盐出于青海地方，距宁五百余里，内地民人不能前往，惟蒙古驮载至县属之丹噶尔地方，与汉、番民人易换布匹、炒面等物"[②]。再"经商贩运到西宁、碾伯一带销售"，"每年约盐升三百余石，每升官价二钱三分，其银八千两"[③]。

除此以外，还有各种手工产品，如皮绳、皮靴、股皮、口袋、毛褐、毛毡、酥油、毡帽、毛袜等销往东部农业区及邻近地区，促进了农牧区物资交流。

2. 东引（输入）商品

（1）茶叶

茶叶可谓是各族人民生活的必需品，但青海从不产茶，而各族群众视茶为必需，尤其蒙藏牧民终年饮食以肉乳为主，极少有蔬菜瓜果（现在始有所改变），为帮助消化和补充人体所需，茶成为生活不可缺少之物品，因而有"宁可三日无粮，不可一日无茶"之说。"茶马互市"从唐至清各族贸易中茶一直是一大宗，任何商品都无法代替。清前期"茶马互市"虽然走向了衰落，但随之而起的民间贸易仍然以茶为大宗商品，故而受清政府的特别

[①] [法] 布尔努瓦著，耿昇译：《西藏的黄金和银币——历史、传说与商业活动》，中国藏学出版社1999年版，第48页。

[②] [清] 杨应琚：《西宁府新志》，卷十七《田赋·盐法》，青海人民出版社1988年版，第436~437页。

[③] [清] 张庭武修，杨景升撰：《丹噶尔厅志》，卷五。

第三章 清朝时期的青海回族

管制。雍正十三年（1735年）改征茶封税款，"各族商人纳税银向官府请引"，"商人由产地将茶先运至兰州，给官盘验并指定贸易地区，方可往售"①，其中西宁茶司额设茶引9 712道，由商人纳税销茶，按"每年引一税茶十封，以一封交茶，九封折银"②的比例进行，在西宁每道准运官茶15封（75斤），西宁茶司全年征银28 164.8两③。茶叶经销基本为回族和山陕商人所垄断。

(2) 粮食

蒙藏族以畜牧业为主，少数也兼营一些农业，种植青稞，但产量极少，就连西宁周围在清代时"山高风烈，五谷不能遍生"④，因而需从河湟各地调运粮食。河湟回族将青稞制成炒面，小麦制成挂面输入藏区，如丹城转入的麦面"自宁属各乡运来，每年约市量五千余石。"青稞"每年约市量二千石。小黄米每年约市量百余石，近自宁属各乡运来全资本境食用每升二钱，共银二千两"⑤。此外，还有大米需求。由此可见，粮食的输入量也是非常大的。

(3) 生活用品

日用百货中的布匹、哈达、缎子、铁锅、铜器（锅、罐、茶壶）、磁器、陶器、纸张、酒、木炭、马鞍以及一些杂货如书籍、图画、笔、墨、香、表、棉花、玻璃器皿等，皆由内地输入。这

---

① 党诚恩、陈宝生主编：《甘肃民族贸易史稿》，甘肃人民出版社1988年版，第43页。

② ［清］升允等：《甘肃新通志》，卷二十二。

③ 文孚著，魏明章注：《青海事宜节略》，青海人民出版社1993年版，第100页。

④ 王昱主编：《青海方志资料类编》，青海人民出版社1987年版，第322页。

⑤ ［清］张庭武修，杨景升撰：《丹噶尔厅志》，卷五。

些商品数量可观,销路较广,利润丰厚,回族中的众多小本经营者尤其喜欢贩卖这些生活用具。例如,哈达"每年约万余条",大布"每年约一千卷,杂货共约三百余担等"①。

3. 交易方式

清代河湟各地及牧区生产力发展水平较为低下,交易方式既有回族对牧区蒙藏族的自然性的以物易物的直接交易,也有河湟各镇回、蒙、藏、土、汉各族商人之间的以银易物的间接交易形式,即贵重金属行使货币的职能,但互通有无的自然性的以物易物的直接交易方式仍占主要地位。

(1) 以物易物的直接交易

以河湟回族为主的商贩在各镇收买蒙藏生活必需品组成商队,深入牧区进行贸易。"青海交易,以货易货,向不通行银钱,亦不识银色之真赝,银量之重轻"②;因为商家则"牛羊为此之所需",而藏蒙牧民则"糖、茶、布疋为彼之所需"③,"倘不以物而以银。虽数倍之,而犹视乎彼之愿否。近边一带或有之,远则绝无用处矣"④。可见茫茫草原上分散的牧民首先需要的是生活必需品,而金银对于生活来说是次要的。于是"以物易物,事诚两便"⑤,"沿途商人之收货者,数人或十数人为一起,所在皆是,以最贱之布、茶、糖易其珍贵之金玉、毛革、茸角、香黄、药料、材木、氅毛、良驷。蒙番甘以利权相让,而遐方远陬,所入者仅衣食粗贱品,无银钱分文之浸灌"⑥。直到解放前

---

① [清] 张庭武修,杨景升撰:《丹噶尔厅志》,卷五。
② [清] 徐珂:《清稗类钞·青海商务》,中华书局1984年版。
③ [清] 徐珂:《清稗类钞·青海商务》,中华书局1984年版。
④ [清] 徐珂:《清稗类钞·青海商务》,中华书局1984年版。
⑤ [清] 徐珂:《清稗类钞·青海商务》,中华书局1984年版。
⑥ [清] 徐珂:《清稗类钞·青海商务》,中华书局1984年版。

第三章 清朝时期的青海回族

农牧边界"虽然已普遍使用货币,但对藏区牧民的交易中,始终保持以物易物",如"一包茶换100斤羊毛十余张羊皮;一尺布换10斤羊毛或一张羊皮,一斤红糖换3斤羊毛或一张羊皮"①。在旧中国边疆民族地区普遍落后且这类民族民间贸易低下的发育程度,使得这种通行的实物交换很难在使用价值和商品价值间实现完全的公平;另外,在这类贸易出现的当初(清末和民国),河湟地区尚无地方工业,内地舶来的洋布、雨伞、巾饰、脂粉、刀剪磁器、绫罗绸缎,"花样新出,夺目炫睛",其以新巧奇缺,在一般人眼里,似乎显得比本地产品值钱一些,因而视交换的不等价性以为合理。于是,在双方自愿的基础上进行着这种互通有无的交换关系。

(2) 使用货币的间接交易

河湟各商业城镇大抵使用银子及民国时铸行的银元作为货币行使职能,但简单的以物易物也不乏存在。"宁郡系边远之区,而甘省又无鼓铸之局,则泉货岂易至此?故兹地用钱最杂,亦势使然也"②。当时流通于市场上的钱币主要是清朝的制钱,如"顺治通宝"、"康熙通宝"、"乾隆通宝"等各代铜币(民间谓之"麻钱"),但因该地钱价不稳定,制钱屡遭商人拒用,因而清前期的河湟各城镇主要使用白银,行使货币的职能。"西宁地区长期使用白银为货币同全国一样,在发展中形成银锭,通称'元宝'。"③"乾隆八年(1743年)西蒙商队在丹噶尔贸易,其皮货交换方法中都使用银量,这次交换通共银七万八千二百三十三两

---

① 《青海湟中县回族社会历史调查报告》,载《青海回族调查资料汇集》,中国科学院民族研究所,青海少数民族社会历史调查组编,1964年。

② [清] 杨应琚:《西宁府新志》,卷十七《田赋·钱法》,青海人民出版社1988年版,第442页。

③ 《西宁市志·金融》,陕西人民出版社1996年版。

四钱一分。"又"该夷尚带有葡萄、羚羊角以及零星皮张等项,逐日与商人彼此易换物件,亦俱全售,约得价一万余金"[1]。蒙番商人,主要是头人带领的大商队用皮张、牛羊易银,然后以银量估换外地客商运到丹噶尔城的绸缎、布匹、茶封、针线以及其他生活日用品。回族商人先用银量在各镇购买"最贱之布、茶、糖"然后进入藏区,与牧民"易其珍贵之金玉、毛革、茸角、药料、材木……"[2],并将其转运到各商业城镇换兑银两,利润翻几番,因而"县属家道殷实,回为最焉"[3]。

4. 贸易途径及运输工具

交通与运输工具等运输条件的优劣对商品流通有直接作用,清代前期河湟贸易商品流通的条件,随着贸易的发展而日臻改善,远非昔日可比。

(1) 商道

在清前期随着回族聚居区的巩固壮大,也随着农牧区之间的贸易往来的频繁,河湟逐渐形成了以西宁为中心呈辐射状的交通驿站网,大大加强了藏区与内地的联系。不仅驿站设施得到较大的改善,而且也开辟了一些新的商道。河湟回族利用便利的水道,交通运输量大大增加,促进了贸易的发展。

向北,由西宁经大通穿越海北藏区翻越祁连山,至河西各镇。乾隆元年(1763年),在北去郡城40里新设长宁驿,同时又往北70里新设大通卫在成驿[4]。主要有4条:即西宁至甘州道;永

---

[1] 档案:《为奏闻事》,乾隆八年八月二十二日庆复奏。
[2] [清] 徐珂:《清稗类钞·青海商务》,中华书局1984年版。
[3] [清] 梅汝调:《采录大通县乘帙稿》。
[4] [清] 杨应琚:《西宁府新志》,卷十《建置·驿传》,青海人民出版社1988年版,第287页。

第三章 清朝时期的青海回族

安经野牛沟至肃州道；北大通经镇羌驿至凉州道；甘州至青海湖道，均穿越藏蒙牧区。

向西，西宁途经丹噶尔通往拉萨的官道，即唐蕃古道。乾隆十一年（1773年），增设通向丹噶尔方向的驿站，西宁城西50里设镇海驿，又西40里设丹噶尔驿，又西南60里设哈拉库图尔驿①，然后到达倒淌河、星宿海，至色吾河谷口，渡木鲁乌苏河到拉萨。西宁至木鲁乌苏河有30程，共1 710里；木鲁乌苏河至拉萨37程，共1 960里②。向东，这时从青海藏区到河湟各镇的交通也开辟了出来。自雍正年间以来，由藏区到甘肃河州多经循化、巴燕戎格③；主要有两条：河州（临夏）—循化—贵德—同德—玉树；河州—循化—贵德—民和—西宁，然后深入藏区，最远沿唐蕃古道达拉萨。回族商人既能深入藏区，又能南下中原，基本是藏区—河湟各镇—中原往来经商。

除陆路外，清代河湟回族已利用黄河、湟水河运输商品。"航运工具，仅惟木筏、皮筏"，"自黄河至贵德县，始有木料、粮食、皮毛之运。自西宁东运之皮毛、粮盐、木料、青油"④，沿湟水而下，到达兰州和更远的包头等地。

（2）运输工具

河湟及藏区山高路险，陡峭狭窄，交通十分不便，主要使用

---

① [清] 杨应琚：《西宁府新志》，卷十《建置·驿传》，青海人民出版社1988年版，第286~287页。

② [清] 杨应琚：《西宁府新志》，卷二十一《武备·西藏路程》，青海人民出版社1988年版，第562、564页。

③ [清] 龚景瀚：《循化志》，卷三《驿站》，青海人民出版社1981年版，第133页。

④ 刘郁芬：《甘肃通志稿》，卷二十八《民族八·实业》，卷六十《交通三·河运》。

马牛驮运,"陆地崎岖,车亦罕及……自内地运入本境之货,运货皆资马驮,车亦罕有用者。"然而就是马与牛作为交通运输工具,也是有区别的,"运售货物,番人用牛与骆驼,汉人用骡马驴,亦有肩挑者,故货价每增于运脚焉"。"马骡鲜有出界,车行尤非所宜,惟健驴可送出镜,而驮负又不过数十斤。行过界口,遇有插帐之蒙番,即行交卸接替,易以骆驼牛替,每驮重在二百斤以内复送至下站之番帐,再用牛驼更换"①。其中从藏地牧区收购畜产品到河湟各镇主要使用"高原之舟"——牦牛,还有少量骆驼,相反在河湟各镇之间以及南下中原则一般使用马骡驴等。

各条商道上,回藏"脚户"来往驮运各族人民所需一应物品,由于道路的不便,运输费用也较高。运输工具的不同,路道危易不同,以及生活需要之不同,驮价也各异。"内地行路,每日每驮银七钱,两驮需一两四钱",藏区"驮价较内地几昂两倍",如果有歇家的凭证,"处处可得蒙番优待,行程不致迁徙驮价不致昂贵也"②。故而"番地两驮仅费二号茶砖一封,已足相抵矣。茶之重仅三斤,计价仅七钱,是两驮发一驮之价也"③。足见在藏区生活日用品的急需,驮价也是以物相抵,双方两便,而河湟各镇驮价则以银为抵,且便宜。

---

① [清] 徐珂:《清稗类钞·羌海歇家》,中华书局1984年版。
② [清] 徐珂:《清稗类钞·羌海歇家》,中华书局1984年版。
③ [清] 徐珂:《清稗类钞·羌海歇家》,中华书局1984年版。

第四章 民国时期的青海回族

自民国元年（1912年）马麒被北京政府任命为西宁镇总兵，继加任青海蒙番宣慰使（1915年改西宁镇总兵为甘边宁海镇守使），即充分运用军政职权，顺应时势，推行共和，平定果洛，争归玉树，挫败分裂，维护统一，在有生之年实现青海正式建省，受任主席。其弟马麟、子马步芳继任主席，蒙故业，因遗策，在国共合作和对立时势下，一方面，奉命堵击红军，在解放战争后期负隅顽抗；一方面出兵中原英勇抗日，屡受嘉奖，并在青藏战争和中蒙边境及骑五军入疆等方面为稳定青海、新疆和反击侵略起到了积极的作用。毋庸讳言，在统一、拓殖青海的系列军政、经济措置过程中，与有关地区民众发生冲突导致镇压情事，有应予谴责者。历史功过，未可一言以蔽之。总而言之，马麒、马麟、马步芳主政青海与国民党统治大陆相始终，这一阶段的青海无疑首先是国民党中央的一级地方政府，是总体上服从于国民党中央政令的；同时，又具有典型的家族性特点。

第一节 马氏家族对青海的统治

一、立足青海

清咸丰、同治年间,由于清政府推行的反动的民族歧视和民族压迫政策,西北地区回民揭竿而起,掀起了如火如荼的反清起义。马占鳌领导的河州回民起义是当时四大起义中心之一,马海晏为其部前锋。同治十一年(1872年)清军与马占鳌起义军在河州太子寺展开决战,马海晏亲率部众沉着应战,出奇制胜。太子寺之战是清军镇压西北回民起义过程中失败最惨重的战役,马海晏也因其骁勇善战而名声大震。马占鳌却挟胜而降,左宗棠及时收编马占鳌所部为河州镇马队,分左、中、右三旗,马占鳌为三旗督带兼中旗旗官,马安良、马海晏为副旗官。光绪二十一年(1895年)"河湟事变"发生后,马安良、马海晏及其子马麒随董福祥军镇压回民起义,马海晏以功升副将衔及骑兵督带。光绪二十六年(1900年)董福祥率甘军一万人入守京畿,马海晏父子随董入京,在廊坊抗击八国联军。天津沦陷后,北京告危,慈禧胁光绪皇帝仓惶逃离京城,董福祥率马海晏等随从扈驾;行至宣化时,马海晏病逝,清廷追认记名总兵,并由其子马麒接统其部,任旗官一职。不久,董福祥被革职返抵甘肃后,马麒投奔到西军马安良部下,并与马安良再次驻守河州,后移驻西宁府巴燕戎格厅扎什巴①。光绪三十二年(1906年)七月,马安良举荐马麒为花翎副将衔循化营参将。

辛亥革命爆发后,时任陕甘总督长庚将马安良的镇南军改编

---

① 即今青海省化隆回族自治县扎巴镇。

第四章 民国时期的青海回族

为精锐军(俗称精锐西军),马安良为总统,马麒任帮统及管带。1912年2月12日清帝宣布退位,民国元年(1912年)3月10日,袁世凯就任临时大总统,任命赵维熙为甘肃都督。4月,马安良任甘州提督,驻防兰州;马麒也升任为洮岷协副将,统辖岷州、临洮、阶州、文县、西固五营及成县、西和、礼县三汛,所率马、步兵额达2 390余人①。同年5月,北洋政府调阿尔泰护军使马福祥为西宁镇总兵,并改青海办事大臣为办事长官,由马福祥兼任(因故未到任)。8月,由马安良力荐,马麒由洮岷协副将升任西宁镇总兵。9月20日,马麒率西军前军三营随护,赴西宁就任。

马麒到任后,于1913年8月15日约同青海办事长官廉兴召集蒙藏王公千百户,在青海湖滨察汗城北海神庙举行例行的祭海大典,宣布中华民国成立,并将"大清皇帝"的牌位换成"中华民国万岁"的牌位。会盟后,马麒即电呈中央政府:"宣布中央德意,使与祭之王公,咸晓然于民国共和之宗旨",并表示"率属以景从"②,"共和成立,五族一家。联合各族,同敦亲睦"③。同时,派蒙藏代表赴兰州晋见护理甘肃都督张炳华表示拥护共和。中央传电嘉奖:"西宁镇总兵马麒,熟悉边情,晓畅戎机,此次劝导该处附近喇嘛赞同共和,尤微恩信远孚,应令兼充西宁一带蒙番宣慰会办该处防务边务,遇有重要事件随

---

① 王亚森、姚秀川主编:《青海三马》,中国文史出版社1988年版,第6页。
② 北洋政府国务院皓电(1913年8月),转引自杨效平:《马步芳家族的兴衰》,青海人民出版社1986年版,第40页。
③《青海蒙古二十九旗王公致袁大总统电》,转引自杨效平:《马步芳家族的兴衰》,青海人民出版社1986年版,第40页。

时协商张护督、廉长官妥为筹办，务臻周妥，以付倚望。"①正式委任马麒为青海蒙番宣慰使。

（一）军政策略的实施

1. 实现军政统一

1915年10月，经北京政府批准，裁撤了青海办事长官一职，事务由蒙番宣慰使马麒兼理，并改西宁镇总兵为甘边宁海镇守使。至此，马麒身膺两职，集军政大权于一身，自此结束了青海地区三权分治（即原西宁府、镇和办事大臣）的局面。根据北洋政府《划一现行各县地方行政官厅组织令》，青海地区废西宁府，留西宁道，并改厅为县，如丹噶尔厅改为湟源县，巴燕戎格厅改为化隆县，贵德厅改为贵德县，循化厅改为循化县。加上原有的西宁、碾伯、大通3县，甘肃省西宁道共辖7县，县下设区、乡等。辖区内的土司除光绪年间废除的以外，其余均予以保留。蒙藏地区则由蒙番宣慰使直接管理，清以来的王公千百户制度得以沿袭，回族地区乡约制度仍然推行。

2. 力争玉树

自清雍正以来青海南部玉树二十五族均归钦差办理青海蒙古番子事务大臣管辖，并规定每三年上缴丁银（人丁税）一千余两，已成定例②。1913年，川边经略使尹昌衡奉北洋政府命令进军西藏，途经玉树囊谦时为扩充实力呈报北洋政府："隆庆二十五族报效投诚，愿归川管。"隆庆即囊谦的藏语康巴方言的汉语

---

① 北洋政府国务院皓电（1913年8月），转引自杨效平：《马步芳家族的兴衰》，青海人民出版社1986年版，第40~41页。

② 陈秉渊：《马步芳家族统治青海四十年》，青海人民出版社1986年版，第21页。

第四章 民国时期的青海回族

译音,隆庆二十五族即玉树二十五族,囊谦原是玉树二十五族的大族。北洋政府却昧于一地两名,指令"隆庆归四川,玉树归甘肃"。川军驻防隆庆,实际是驻扎在玉树。马麒即刻派出帮办马彦虎率军赴玉树驻防,并与川军发生争执。马麒与尹昌衡均诉于北洋政府。北洋政府令护理甘肃都督蜀人张炳华予以查报,张遂以"玉树地区毗连川境,原可因地制宜"为由,偏私主张将玉树地区划归川边管辖。马麒则以"玉树二十五族划归川边,势必长藏卫之渐"电呈北洋政府力争管辖权。1914年3月,北洋政府命张广建为甘肃省民政长兼署都督,经呈准中央,派甘肃边关道尹、前忠武军统领周务学为勘察边界大员,以周希武、牛载坤为随员赴玉树,与四川派出的勘界委员会同勘界。几经查证,确认囊谦与隆庆是一地而二名。1915年3月,北洋政府根据勘界报告,明令玉树二十五族仍归甘肃管辖,川军即行撤退,从而平息了川甘边界之争,在行政区划上更明确了青海南部辖区的范围。鉴此前车,为了加强对玉树的管辖,1915年12月马麒在结古成立宁海军玉树防务支队司令部,任马麟为司令,并在湟源、哈拉库图、大河坝、长石头、竹节寺等地设置驿站。后因事务繁重,1917年3月又在此基础上设置了玉树理事(首任理事为苟萃珍),专管玉树地区的民刑各事。同年秋又在都兰设置理事(首任理事为张焕庭)。理事等同设治局①,相当于县一级的政权设置,理事制的确立,标志着青海蒙藏地区行政制度的变革,将当时全国及青海东部地区通行的行政区划与建置开始逐步在青南和沿湖地区推行。

---

① 陈秉渊:《马步芳家族统治青海四十年》,青海人民出版社1986年版,第23页。

3. 组建宁海军

自清末以来,青海地方驻军经改编变化很大。清末时西宁镇挂印总兵所统辖的地方兵力共30营,其中镇标前后6营,协路共24营,下属副将、游击、都司、守备、千总、把总、外委共百余名,马步守兵5 000余人。马麒任西宁镇总兵时仅留2 000余人,加之其自带精锐西军前军3营,以及青海办事长官马队,总计2 500余人。1914年,中央统一裁撤地方绿营兵,马麒所管兵力仅700余人。1915年,马麒任甘边宁海镇守使后,呈准甘肃督军并经北洋政府陆军部核准,将西宁各军统编为一军,名为"西宁青海巡防马步全军"(简称宁海军)。全军初建时分前(李乃棻为统领)、左(颜镇南为统领)、右(马麒兼统领)三路,下辖八营,马步各半。军内设参谋处(马麒兼任参谋长)、教练处(张昌荣兼马步总教练官)及军务处(李乃棻兼任处长)。总计兵员1 500余人,马620余匹,毛瑟枪、马步枪共1 200余支。1919年,宁海军又扩充为步骑15营,管带改称营长。经过多年的充实发展,到1923年,宁海军发展到32营,由原有兵额1 300余人增至3 000余人,马由620余匹增至1 500余匹,各种枪支2 000余支,轻机枪由8挺增加到12挺,这在当时"陇上八镇"中也处于优势地位。

宁海军组建后,马麒采用新式操法训练兵员,军风军纪也一改旧日习气,声威为之一振。在多年的政治军事生涯中,尤其处民国初年军人当道之时势,以一回族在历来民族纷争的西北军政界立足极其不易,马麒深知组建为己所用军队的重要性,所以组建宁海军的方针一是重用有政治军事谋略的汉族人士,一是重用家族子弟。宁海全军32营,从总统(马麒兼任)、帮统(马麟兼任)、统领到营长46人中,马氏家族内的直系人物有32人。马麒兄弟掌握了全军大权,他的三个儿子马步青、马步芳、马步瀛或

第四章 民国时期的青海回族

任统领或任营长。重要隘口防地也派直系亲属驻防，马麟率所部移驻甘肃夏河县（当时属西宁之循化管辖）拉卜楞镇守安多藏区，马宝率所部驻防湟源一带，马步云率所部驻防贵德，马腾凤率所部驻防享堂，马步芳率所部驻防化隆，对河湟和藏区主要战略防地进行控制。

4. 镇压吕光复辟

1915年10月，宗社党人吕光由东北经北京、绥远、宁夏至拉卜楞寺，以"承制总督内外勤王忠义马步全军一等忠顺公"名义，自称清皇室六子，大肆招摇，蒙骗当地蒙藏群众600余人组成复辟武装；12月，以"助清灭民"为口号，欲进攻临夏，在中途被临夏驻军击败。吕光仓惶逃到隆务寺，于1916年1月在保安堡成立"王府"，公然以宣统八年的年号张贴颠覆民国的汉藏文文告，并以"佛骨显灵，吕光为真主"蛊惑蒙骗当地蒙藏群众，操练兵马，以保安为据点，图谋复辟。甘督张广建根据马麒所报，即命甘州提督马安良、甘边宁海镇守使马麒、兰山道孔宪庭查办；从3月开始，马安良、马麒分别派人对隆务寺周边部落进行劝谕，7月，大部分藏族群众脱离了吕光复辟势力。吕光野心不死，8月进袭循化边都沟，被宁海军及循化八工撒拉族群众所击退。吕光继续在保安招兵买马，联络党羽白成（吕光封其为"将军"）、辛凤翔（吕光封其为"提督"）、辛凤举等于1915年4月29日窜据贵德县城，又一次张贴布告，封官许愿，气焰嚣张。互助等地的土族头人在吕光的策动下，组成"复清会"，与大通却藏寺、广惠寺的活佛一起煽惑当地的土族和藏族群众，响应吕光的复辟活动。马麒急令驻扎在威远堡的宁海军予以镇压，首事人被捕，盲从群众纷纷解散。1917年5月15日，马麒以马麟、马海渊为正副司令赴贵德清剿吕光党羽，21日宁海军攻入县城，吕光党众纷纷溃败，吕光被擒，协从群众作鸟兽散。9月，据甘肃督署传达北洋政府就地正法的电令，将吕光绞杀于西宁狱中。宗社党在西宁的复辟活动即被彻底粉碎。

5. 征服蒙藏各部

拉卜楞寺事件

拉卜楞寺位于今甘肃省甘南藏族自治州，系青海蒙古和硕特部河南亲王在康熙末年所修建，是藏区六大佛寺之一，归青海办事大臣衙门节制，在行政上则归循化厅管理。马麒之父马海晏当时与拉卜楞寺活佛嘉木样四世有密切来往。1916年3月，嘉木样四世圆寂，活佛阿莽仓任拉卜楞寺的"斯姜"（俗称摄政），而寺院管家宗哲仍掌握该寺财政大权，宗哲素与河南亲王关系密切，且与马麒有来往。阿莽仓与宗哲水火不容，互控于甘督张广建，张以其属甘边宁海镇守使管辖范围，令马麒查办。马麒先后派翻译马寿、西宁道尹黎丹前往调解，阿莽仓想排斥河南亲王和西宁方面管辖，以寺院内部事务毋庸官府管理而拒绝调解。1918年6月，马麒派马麟率宁海军约千人赴拉卜楞寺，阿莽仓立即召集附近8部落和13庄的藏兵近千人，在甘家滩包围马麟所部，双方均有伤亡。马麒又派马海渊率部增援，阿莽仓败退阿木曲乎。后阿莽仓重新纠合藏兵进攻马麟驻军，阿莽仓败退。马麟乘胜会同西军马国良部，整合约4 000人的兵力①经卡加、黑措征讨阿木曲乎；阿莽仓势穷力竭，败死欧拉部落。从此，拉卜楞寺的管理权仍由宗哲掌握，马麟随即在拉卜楞修建营房，留一营兵驻守。1920年3月，在西康理塘黄位中家中寻访到嘉木样五世转世灵童，

---

① 王亚森、姚秀川主编：《青海三马》，中国文史出版社1988年版，第30页。

第四章 民国时期的青海回族

为尽早有活佛主持拉卜楞寺,马麒令宗哲和贡唐仓(时任拉卜楞寺"斯姜")从速迎回坐床。黄位中以嘉木样五世尚幼为理由,并以驻寺宁海军先撤离为坐床条件。马麒允诺,准许黄位中全家随嘉木样五世来拉卜楞寺。嘉木样五世坐床后,马麒与黄位中互换金兰谱结拜为兄弟,并命次子马步芳与嘉木样五世的长兄黄正清结拜为兄弟,但为保持稳定并未即刻撤军。而宁海军驻寺翻译马寿在当地又设立茶粮局,多方敲诈和搜刮,并干预寺内事务,引起僧众公愤,黄位中派代表赴西宁控告,要求调回马寿。1924年2月,马麒抵达拉卜楞,指使部分寺僧控告黄位中"联络鼓动各部落藏民阴谋造反",故"不许他们再参与寺院事务"①,并收缴各部落枪支,罚银赔偿宁海军。由于宗哲、贡唐仓一派支持马麒,黄位中父子无力抵抗,只好派代表赴河州谒见裴建准电请甘督陆洪涛出面调处,陆即派甘肃实业厅厅长车玉衡查办。经调解,马麒被迫决定将马寿调回西宁,驻军仍未撤离。黄位中不服,多次向甘肃军政当局控告马麒,并组织拉卜楞僧众1 000余人的代表团赴兰要求惩办马麒,恢复嘉木样五世的寺主权力,但未能得到满足。1924年7月,黄位中一家离寺,后在甘南联络青海和四川阿坝等地的藏族群众组织武装,准备驱逐宁海军出境;马麒即令马麟率宁海军护卫马队、手枪营和第一、四营及驻享堂第十二营兵力急赴拉卜楞,双方交战,互有死伤。次年,冯玉祥继任甘肃军务督办,派刘郁芬率部入甘,黄正清多次提出控诉。1927年春,在刘郁芬的主持下,决定甘肃省政府在拉卜楞设立设治局,归兰州道管辖,与甘边宁海镇守使脱离隶属关系,恢复嘉

---

① 王亚森、姚秀川主编:《青海三马》,中国文史出版社1988年版,第31页。

木样五世对拉卜楞寺的政教权力，宁海军撤离拉卜楞寺。五世嘉木样之兄黄正清任拉卜楞保安司令，黄正本任拉卜楞寺襄佐，黄正明为五世阿莽仓活佛，叔黄位吉亦得任襄佐，事件以黄氏家族一门独揽拉卜楞政教全权而告终。

果洛贡麻仓部落事端

马麒任蒙番宣慰使后，曾派员前往果洛进行招抚。任甘边宁海镇守使后，与凉州镇守使马廷勷合作，在玛沁雪山采金，引起果洛藏族群众的不满。1917年，马麒派300余人的采金队赴果洛开矿，果洛贡麻仓部落头人尕日玛吐多率领部落武装杀死大部分采矿员工，并破坏矿场。1920年8月，宁海军向玉树运送粮饷的驮队返经巴颜喀拉山口时，又遭尕日玛吐多部众的抢劫，截获运送粮饷的牦牛500余头，并打伤官兵10余人。在勒令贡麻仓部落投降并退还牛只不从之后①，马麒认为开采金矿和确保向玉树运粮道路的畅通，关乎地方财政和边防的巩固，决定以武力征服贡麻仓部。1921年4月14日，马麒致电国务总理、陆军总长，北洋政府命陆洪涛查照办理，陆因与马麒不和，故一直拖延。1921年5月23日，马麒命马麟为征果洛司令，率宁海军步骑兵5营1 400余人，另在河州等处征用民夫1 000余名，同时电调驻玉树防军第九营马彪部和玉树25族藏兵，会同向果洛进发。果洛女王路吉卓玛率2万余人在玛沁雪山西口设防迎战，贡麻仓部落首领尕日玛吐多之子（尕日玛吐多已死）率部众迎战，宁海军围攻贡麻仓部落，经双方鏖战，贡麻仓部落武装前后伤亡千人，果洛佐格十二族、乔科三族及阿坝等部落表示归顺。果洛女王见取胜无望，也

---

① 陈秉渊：《马步芳家族统治青海四十年》，青海人民出版社1986年版，第225页。

第四章 民国时期的青海回族

屈服称降。各部落头人与马麒签订条款,接受宁海军在拉加寺等地驻扎、交纳捐税和服差役等条件。宁海军撤退时对果洛各部落原有建制进行了重新规定,将卡日仓、木拉、修群、康赛、康干、藏科日等部落划归拉卜楞管辖;将上下囊谦、班玛本、德昂仓、岗巴、查当月、达武麦仓等部落划归拉加寺管理①。贡麻仓部落则不准再回原牧地,并取消其部落名称,致使该部落牧民长期流散在外,为双方日后的纷争埋下了祸根。马麒对果洛地区的政治统治和经济措置,当时虽招致与贡麻仓部落的冲突,但对日后青海藏区的统一、青南地区的开发、遏制英帝国主义分裂西藏的阴谋和后来青海建省,都产生了积极意义②。

对其他地区藏族、蒙古族的征服

马麒经营玉树后,为了保障交通运输的通畅,在玉树和西宁之间设置驿站,故用兵征服了该通道在贵德境内(今属兴海县)的阿木曲乎部落,在大河坝建立了兵营。同时,马麒所部在循化的驻军因与尕楞藏民冲突,引起该族反抗,马麒报请甘督张广建,呈准北洋政府后,用武力镇压了尕楞藏族的武装反抗。1922年,马麒派侄子马步元率骑兵千余人镇压今同德赛力克寺藏族僧俗的抗税暴动,镇压了环曲乎、环科日两个部落,并攻入赛力克寺,将该寺焚烧。该地区的公贡麻、夏卜让、瓜什则以及保安地区的和日部落起而响应,打死打伤马步官兵百余人,马部被迫撤退。后又继续反攻,杀死和日部落100余人。马步元遣人招降了拉加寺管家,由其劝诱解除了公贡麻等三部落武装,和日部落拒不投降,后甘督张广建派兵攻破隆务寺,和日部落被迫屈服。拉

---

① 杨效平:《马步芳家族的兴衰》,青海人民出版社1986年版,第70页。
② 崔永红等:《青海通史》,青海人民出版社1999年版,第477页。

加旗和河南蒙旗部分蒙古族也被牵连而遭受损失。

经过对反抗部落一系列的征讨平定，青海牧区基本上顺服于甘边宁海镇守使和蒙番宣慰使统辖，青海局势趋于稳定。

6. 发表"艳电"力挫分裂

近代以来，帝国主义对我国西部边疆地区的侵略活动日益加剧，青海作为藏区的重要屏障，在稳定西部边陲，维护祖国统一等方面有着重要的战略地位。

从19世纪中叶起，英国就开始对西藏地区进行侵略活动，并强迫清政府签订了一系列不平等条约。1910年春，川军进入拉萨，迫使十三世达赖出走印度。1912年，英国政府派遣武装人员"护送"达赖回到西藏，并在西藏上层中扶持亲英分子，策划西藏独立，阴谋将西藏从中国版图上分裂出去，破坏中国国家统一和领土完整。英帝国主义和西藏亲英分子的倒行逆施，激起了西藏各阶层人民的强烈抗议，北京政府迫于压力，于同年6月命令四川督军尹昌衡派军进藏以武力阻止分裂活动。英国侵略者竟然叫嚣"中国不得干涉西藏内政"，要求中国政府接受英国调停。1913年4月，英国政府以不承认中华民国和"实力助藏独立"相威胁，而袁世凯政府也急于得到外交承认和国际借款，屈从英国政府的无理要求，下令川军停止进藏，并接受英国一手策划的于同年10月至1914年7月在印度北部的西姆拉召开的由中国北洋政府、西藏地方政府和英国政府三方参加的所谓解决西藏问题的会议，即"西姆拉会议"。在英国代表的极力唆使下，西藏代表公然提出"西藏独立"的口号，并推出由英方一手炮制的"西姆拉条约"和"西藏地图"。"西姆拉条约"竟无理要求中国政府承认西藏有完全"主权"，且中国政府不得在西藏派驻军队。"西藏地图"则将西藏、青海、西康全部和甘肃、云南、四川的藏区

第四章 民国时期的青海回族

以及新疆南部昆仑山脉阿尔腾格山以南都划归为"西藏范围";进而以"内藏"、"外藏"划分范围,提出"外藏独立"、"内藏自治",实际上是要把西藏从中国分裂出去。中国代表拒绝签字并照会英使郑重声明"凡英国和西藏地方政府本日或他日所签订的条约或类似的文件,中国政府一概不能承认"①。但英国代表麦克马洪勾结西藏地方代表,背着中国政府代表签订了《西姆拉条约》,还捏造了一条所谓划定中印边界的"麦克马洪线",把9万多平方公里的中国领土达旺等地划给英属印度。对此,北洋政府及历届中国政府从未承认过这条边界线,它与所谓的《西姆拉条约》一样是非法的和无效的。

在英帝国主义和西藏上层亲英分子相互勾结,险恶策划"西藏独立"的情势下,1913年,北洋政府命令川边经略使尹昌衡进军西藏。在川军途径玉树地区囊谦时,分兵驻守该地,并试图将囊谦二十五族划归川管。时任甘边宁海镇守使和青海蒙番宣慰使的马麒看到青海玉树、果洛地区毗连西藏、四川,尤其玉树为内地和西藏交通枢纽,遂立意经营玉树和果洛地区为稳定青海蒙藏各部的当务之急,从而粉碎了川、藏当局蓄意按"内、外藏"划分助长"西藏独立"的企图,在行政区划上更加明确了青海南部辖区的范围。"以此奠定了青海与西藏、四川的行政区划分界基础,为实现这一地区连同果洛在内整个青南的稳定完成了有决定意义的一大步骤。"②

1917年9月,英帝国主义继续煽动、唆使藏军在西康昌都西北类吾齐地区与当地川军挑起冲突,川军大败,金沙江以西地区

---

① 《中英边界问题》,见徐泰来主编:《中国近代史记》,湖南人民出版社1989年版,第552页。转引自崔永红等:《青海通史》,青海人民出版社1999年版,第480页。

② 喇秉德:《赫墨集》,民族出版社2005年版,第282页。

—155—

德格、白玉、石渠、邓柯等12县的大片土地被藏军占领。英帝国主义担忧藏军孤军深入难以为继,便指使潜入甘孜一带的副领事台克曼赴京与英驻华公使向北京政府交涉,提出重开中英谈判,期间提议:取消内外藏名称,对原定划归外藏之地,划分为二,将打箭炉、巴塘、理塘、道孚、炉霍、瞻对、岗陀等地划为中国内地;将德格以西划归西藏。或是继续沿用"内、外藏"名称,将打箭炉、巴塘等地划归中国内地,而昆仑山以南、当拉岭以北作为内藏,中国政府不设官,不驻兵;德格归外藏。北京政府顾忌全国舆论的压力,又迫于英帝国主义的威胁,于1919年9月5日将英方所提出的有关划界要求通电有关各省征求意见,即所谓"歌电"。作为身任甘边宁海镇守使和青海蒙番宣慰使的马麒对西藏问题的发展极为关注,经与其幕僚慎重计议后,于9月29日发表了著名的"艳电",坚决反对将青海南部划为"内藏"。

面对英帝国主义侵略西藏、分裂中国的阴谋,在事关国家统一、领土完整的重要关头,马麒旗帜鲜明地与帝国主义、西藏地方分裂势力和北京政府的妥协退让态度进行坚决抵制和斗争,据理力争,毫不相让。"艳电"以爱国主义的严正立场,有力抵制了青南地区"划归内藏",阻止北洋政府签订新的丧权辱国条约,对打击英帝国主义和西藏分裂势力的嚣张气焰、维护国家领土完整产生了深远的历史意义。"艳电"一经发出,舆论界就称其为"最有价值的反声","惟甘边宁海镇守使马麒电,能援引历史和地理上的正确理据,反对将玉树地方划为内藏,不但可以使中央政府为之惶谢,即英人阅之,亦当无辞复争矣"[①]。

[①] 任乃强:《西康图经》,转引自杨效平:《马步芳家族的兴衰》,青海人民出版社1986年版,第74~75页。

第四章 民国时期的青海回族

7. 遣使入藏，维护祖国统一

马麒的"艳电"发表后，与青相邻的各省和民间团体纷纷通电响应，力主西藏问题是中国内政，不容任何外国势力干预。但马麒看到英帝国主义的侵略本性并未改变，西藏地方政权亲英分子的分裂活动也未停止，而青海为入藏之门户，牵一发而动全局，于是上书甘督张广建和北洋政府，建议遣使入藏，争取达赖，开展和平谈判。1919年8月，北洋政府和张广建同意马麒的建议，由马麒特派镇守使署军事参赞朱绣偕青海藏传佛教宁玛派（俗称红教）著名活佛古浪仓、玉树拉卜寺活佛拉卜坚贡仓、甘肃督军公署咨议李仲连等组成代表团，持张广建和马麒给达赖的信函、礼物等，由西宁取道玉树于11月24日抵达拉萨。代表团谒见达赖后，劝其内向，建议达赖前往北京觐见大总统，并广泛拜会西藏上层人士，力倡拥护中央，化干戈为玉帛，以维护中华的统一为重。朱绣一行在拉萨逗留了四个多月，达赖等西藏上层人物的态度有了明显的改变，"由受帝国主义蛊惑和扶持，一度走上梦想分裂祖国之迷途而'幡然憬悟'，转变为初步倾向祖国"①，接受了张广建、马麒的和谈方案。1920年4月，朱绣一行离藏回甘时，达赖亲自设宴饯行，诚恳地向代表团表示："余亲英非出本心，因钦差逼迫过甚，不得已而为之。此次贵代表等来藏，余甚感激，惟望大总统从速特派全权代表，解决悬案。余誓倾心内向，同谋五族幸福。至西姆拉会议草案，亦可修改。"②亲手转交关于这次和谈取得一致的汉藏合璧正式公文一函，并向张广建、

---

① 崔永红等：《青海通史》，青海人民出版社1999年版，第483页。
② 朱绣：《西藏六十年大事记》（吴均校注），青海人民出版社1996年版，第50页。

马麒回赠了哈达、金佛、藏香、红花等礼物。九世班禅也从后藏专程派人送来同样内容的藏文函件以及礼物多种以示输诚。事后，达赖还派代表赴甘回访。此后，北京政府派代表赴藏慰问，西藏地方政府也派代表驻京，一度减弱的西藏地方政府和中央政府的关系密切起来，西藏与相邻各省边界局势趋于缓和安稳。朱绣等奉使入藏，是民国初年西北边陲史上的一件大事，是马麒挫败英帝国主义和西藏上层亲英势力分裂中国罪恶阴谋的重大成果。

8. 禁种鸦片

清朝末年，西宁道属各县中除大通、湟中、化隆因气候较冷不适宜种植鸦片外，甘肃境内大部分地区都种植鸦片。据当时统计，西宁道每年产烟土约700万两，征收烟苗税银20万两以上。大量种植鸦片，不仅严重影响了粮食作物的种植和收成，还对人民的身心健康造成了极大的损害。当时，北京政府徐世昌总统下令全国禁止种植鸦片。马麒采纳黎丹等人的建议，积极响应北京政府的号召，于1915年下令西宁道属各县一律禁止种植鸦片，改种粮食作物，并颁布了《禁烟条例》，对一些不听禁令者，派宁海军马队踏毁烟苗，并处以较重的罚款，表明禁毒之坚决。到1919年，河湟地区的烟苗基本禁绝，所有的农田都种上了粮食作物，外地人称"西宁道为一片净土"[①]。禁止种植鸦片，扩大了粮食作物的种植面积，促进了农业生产的发展，对保障人民身心健康，净化社会风气起到了积极的作用，马麒在社会上赢得了一定的声誉。当时，甘肃全省禁烟善后总公所在西宁道设立分所，马麒专设"烟膏局"，实行禁种而不禁贩的策略，派人从甘肃、宁夏等地收购鸦片，运销华北各地，垄断青海地区的鸦片贩运，

---

① 崔永红等：《青海通史》，青海人民出版社1999年版，第484页。

第四章 民国时期的青海回族

谋利以充军饷等。

9. 改善财政

马麒在加强军事力量、改善政风的同时,广开财税渠道,增加经济实力。主要表现在以下几个方面:

第一,改革税收。农业方面,清末民初,青海东部农业地区田赋的征收以全部征收粮食为主。1915年始,西宁、化隆、循化、碾伯、湟中、贵德等县按不同比例本色、折色兼征,本色,指小麦、青稞、豌豆等粮食作物;折色指银元、钱币等。牧业方面,牧业税征收起源于清代的丁银即人头税,马麒任蒙番宣慰使后继续照例在牧业区征收丁银;1916年,改为"草头税",每年于秋季征收一次,成为定例。马麒不过问征收办法,只要求按时交纳草头税。另外,马麒在各县还设立粮茶局,建立税卡,加强对商业税的征收,并管理青海盐务,保证了盐课的收缴。

第二,对羊毛等畜产品的出口经营。19世纪末以来,西宁毛就已进入了国际市场,羊毛、皮张等畜产品的出口贸易也带来了丰厚的利润。马麒任循化营参将时,即在循化、河州等地开设商号,经营畜产品;出任西宁镇总兵后,为了筹措宁海军的军饷,更扩大了羊毛等畜产品的贸易规模。

第三,采金及征收课金。清末民初,采金主要有官方开采和民间开采两种。马麒执掌青海军政权力后,即承袭了清代西宁办事大臣督办采金的权力。1915年,他曾以官方名义派人组织开采果洛地区玛沁雪山金矿,派出矿务马队监督、保护采金,并逐步扩大开采规模。此外,他还在甘青交界的金羌滩、鸽子滩、白木洼,门源的天桥沟、赛尔图沟,化隆的科沿沟等地开采。民国初年,循化、化隆、玉树、乐都、大通等地均有民间土法采金者,这些采金者必须向政府进行呈报,并缴纳课金。

第四，积极推广垦务。青海举办垦务始于清光绪年间。1923年，甘边宁海镇守使马麒兼任甘边宁海垦务总局督办，在西宁、湟源、大通、循化、贵德、都兰、玉树、囊谦、大河坝、拉加寺等10个分垦局举办放垦事宜。截至1928年，共开垦荒地28 280亩，查丈私垦熟地8 914亩，两项共获地价银元2.124万余元，升科正粮150余石[1]。

(二) 以湖南、陕甘幕僚、河州系为基干兼容汉、藏、蒙古、撒拉族的核心集团

马麒在主政青海以后，为了求得发展，一改旧日军阀任人唯同族、私人、同党的作风，注重招贤纳士，罗致人才，营建权力核心。民国四年（1915年）组织甘边宁海镇守使署和青海蒙番宣慰使署二署，署内设蒙番、军务二科，秘书、科长、科员、雇员共15人，其中秘书为甘肃皋兰县廪生王橘亭，军务科长为甘肃狄道人袁国治，蒙番科长为甘肃皋兰县人张勤中，科员有皋兰人魏敷滋和西宁人祁登奎、王起奎、张琮等。这个班子主要任用了皋兰、西宁两地的乡绅，而回避了河州同乡，全部任用了汉族而回避了回族。马麒升任甘边宁海镇守使后，镇守使署的参谋长是李乃荣（陕西咸阳人），总务处长是黎丹（湖南人）、周希武（天水学界名流），副官长是冯汉卿（河北人）、李鸣凤（西宁人），参谋是马步芳（临夏人）、张昌荣（西宁人）、叶业轩（西宁乡绅），秘书长是朱炳（湖南人）、金震旭（陕西学界名流）。这是一个以汉族贤达人士为主并有一二亲族成员参与的新幕府，以外籍人居多，延揽了一批汉族名流学者、地方耆绅[2]。

---

[1] 佚名：《青海之垦务》，《新亚细亚》1936年11卷1期，转引自崔永红等：《青海通史》，青海人民出版社1999年版，第655页。

[2] 参见杨效平：《马步芳家族的兴衰》，青海人民出版社1986年版，第58~59页。

第四章 民国时期的青海回族

"马麒虽不知文,然对士大夫青眼相待。每擢用,倚重信任,推心置腹,言听计从,随善如流,俾竭尽其智谋。一时才智之士,望风归附,鞠躬尽瘁,多所建树,故终麒之世,辄以得人称盛,也在陇上八镇中声誉鹊起。"①随着政治形势的演变,马麒很快完成了一套官僚政治体系的建构,他的"智囊团"也随之应运而生。这个"智囊团"对马麒富有成效地经略青海以及为后来建省起了极为重要的作用。

1931年9月,马麟代理青海省政府主席,仍以黎丹为省政府秘书长,王玉堂为民政厅长,魏敷泽为财政厅长,马麟自兼建设厅长,后任李乃棻为省政府委员兼建设厅厅长。黎丹、李乃棻、魏敷泽、魏敷滋等仍得到倚重并为军政决策发挥重大作用。

二、青海建省

(一) 国民军入青

1925年1月8日,中华民国临时政府总执政段祺瑞任命冯玉祥为西北边防督办,马福祥(回族)为会办,马邻翼(回族)为襄办。8月24日,又授权冯"督办甘肃军务善后事宜",令原甘督陆洪涛专任甘肃省长。9月下旬,冯玉祥命所部国民军第二师师长刘郁芬为总指挥率师入甘。国民军的到来,对甘肃八镇军阀形成了严重的威胁,冯玉祥即通过马福祥、马邻翼的联络,与各回族镇守使取得谅解。马麒慑于冯玉祥的势力,遂派朱绣前往联络,冯玉祥任朱绣为边防督办公署参事。为了削弱甘肃回军力量,冯玉祥抽调马鸿宾、马廷勷、马麒所部骑兵各一旅编为西北独立第七、八、九旅,听从其征调。1926年9月,冯玉

---

① 陈秉渊:《马步芳家族统治青海四十年》,青海人民出版社1986年版,第290页。

祥誓师五原，任命其部刘郁芬为国民军联军驻甘总司令、甘肃军务督办兼省长。马麒为了表示对国民军的诚意，经与西宁道尹黎丹商议，决定黎辞职空出西宁道道尹一职，由冯玉祥派人接替。10月，冯玉祥即任命国民军文职人员、原西北边防督办公署边事处处长林竞为西宁道道尹，不久改西宁道为西宁行政区，林任行政长。为了进一步抑制马麒的势力，冯玉祥撤销了马麒的甘边宁海镇守使暨蒙番宣慰使职务，改任为宁海护军使（后称青海护军使）。

1927年6月，甘肃省政府改为委员制，刘郁芬任省主席，马麒被任为委员之一。马麒致电冯玉祥，欢迎国民军进入西宁，冯玉祥复电马麒仍请依旧维持地方治安，刘郁芬也极力嘉慰。当时，陇上八镇中的六镇已次第平定，仅存马廷勷、马麒两镇，马麒深感不安，为了求得生存，在凉州与马廷勷会晤，商定万不得已时以武力对抗的计划。

（二）反国民军的河湟事变

1926年9月，国民军第十七师长赵席聘任河州镇守使以来，自恃武力，大肆催缴粮款，征派兵役，横征暴敛，竭泽而渔，引起回汉人民普遍不满；尤其是国民军对西北各族人民普遍遵行的风俗习惯，特别是回族伊斯兰教禁忌无所顾忌，任意妄为，更加伤害了回族民族感情。1928年4月，赵席聘以武力调处河州东乡、南乡新老教之争，将西乡群众推选的请愿代表马宝等处死，激起当地人民的愤慨，成为马仲英起而反抗国民军暴政的导火索。时任宁海军代营长的马宝之子马仲英闻知后悲愤难忍，便联络马腾等宁海军下属，商定到河州起事。5月2日，马仲英等7人潜离西宁，途经循化，夺取县署的枪支和公款，路过大力加山时又截获

第四章 民国时期的青海回族

国民军军械。之后，马仲英到河州西乡三花观公开宣告起事，发动回、汉、东乡、撒拉等族群众3 000余人，成立"黑虎吸冯军"（后改为"西北边防联盟军"），自任司令（以其年方17岁又称尕司令），提出"不杀回，不杀汉，专杀国民军的办事员"，公开反对冯玉祥。于5月10日、6月27日、8月中旬三次围攻河州，陇上为之震动，这就是轰动西北的河湟事变。

马麒见马仲英将事态闹大，而国民军势力非马仲英可比拟，便与幕僚商议以和平方式迎接国民军入青；派朱绣、周希武协同西宁县县长赵从懿、士绅基生兰、蔡占斑等组成使团，由马麟率骑兵护送。而马麒属下的河州籍士兵已被国民军暴行激怒，对力主迎接国民军来西宁的朱绣、周希武严重不满，图谋加以剪除。8月4日，朱绣一行至老鸦峡东口莲花台时，马麟因作礼拜迟到一步，预先埋伏在莲花寺中的乱兵开枪射击，朱绣、周希武当场被射中，赵从懿佯死得生，基生兰、蔡占斑幸免于难。这就是轰动一时的"莲花台事件"（又称老鸦峡事件）。12月初，马仲英第三次围攻河州失败后，与马廷勷、马廷贤分头败逃。

马仲英退往洮岷一带后，于1929年初率部越过大力加山进入循化保安地区，对五屯上下庄300户居民进行劫掠。这时，孙连仲重兵屯集西宁，马仲英又率部众黍夜顺拉脊山至贵德，经今湟中县鲁沙尔向湟源县进兵；2月14日，马仲英先头部队占领湟源山头，驻防湟源的马步元（马麒亲侄）因对国民军不满，与马仲英暗中联络。当马仲英部包围湟源县城时，当地士绅组织的团勇竭力抗守，马仲英部与马步元守军里应外合，15日，湟源城失陷。马仲英部与马步元部即对城中民团和居民纵兵戮掠，全城死

-163-

难群众达2 400余人,受伤者100余人①,湟源县城遭到空前浩劫,国民军由西宁赶往湟源救援时,马仲英已率部逃往大通,而劫余汉民为泄愤又竟将湟源东关回民全数杀害。马步元被国民军包围于其宅,畏罪自杀。马麒派马麟截击马仲英,在老虎口被马仲英部打败。同年3月,马仲英由门源进入甘肃河西,又在永昌、民勤两城滥杀群众②。在国民军的追击下,4月中旬马仲英部窜入宁夏及河套地区。1930年,又进入河西,后被马步芳驱逐出关,河湟事变最终以马仲英失败而告终③。

河湟事变首先包含有河州回族人民反对国民军针对回族的系列暴政及践踏少数民族风俗习惯、处理民族宗教问题不当等正义因素的一面,同时也隐含着"甘青地区回族军阀势力与国民军之间矛盾的一次总爆发和武力较量"④的因素。之后,冯玉祥派孙连仲部进入西宁,控制了这一地区。

(三) 青海建省与马麟主政

国民军进入西北最大的成果之一就是在马麒奠定的基础上促成了青海建省。1928年6月,国民政府定都南京,冯玉祥任行政

---

① 宋干臣:《马仲英屠杀湟源县城事件》,载《青海文史资料选辑》,第1辑。

② 陈秉渊:《马步芳家族统治青海四十年》,青海人民出版社1986年版,第224页。

③ 马仲英于1929年10月初被蒋介石任为"讨逆军第十五路军第二纵队司令"未从,1932年国民党政府任命为新编36师师长,以甘肃省河西、安西、敦煌等7县为驻地。曾入疆在库车、和田消灭两个帝国主义傀儡政权,1934年7月,与中共党员吴应祺等280多人赴苏联参观学习,与苏方研究接应中共西路红军及其部去向问题。1937年,其在河西的余部被盛世才各个击破,后马仲英不知所终,或说学习飞行中因飞机失事亡故。

④ 崔永红等:《青海通史》,青海人民出版社1999年版,第495页。

第四章 民国时期的青海回族

院副院长,为了稳固自己在西北的势力,扩大局面,以"青海关系国防至为重要"等为由,拟议甘肃所辖宁夏、青海分别建为行省。1928年9月5日,国民党中央政治会议第153次会议,作出青海设为行省的决议;9月17日,发布命令,将宁夏、青海分别建为行省。青海省政府委员暂定为5人,设民政、财政、建设、教育4厅,按照省政府组织法办理。9月21日,国民政府任命孙连仲、林竞、郭立志、马麒、黎丹5人为省政府委员,孙任省政府主席,林兼任民政厅长,郭兼任财政厅长,马兼任建设厅长。马麒称病辞职,保留委员名义,所兼建设厅长一职,由马麟充任。9月24日,又任命马麟、九世班禅为委员。10月17日,国民党中央第159次会议,决定甘肃省西宁道属之西宁、大通、碾伯、循化、巴戎(即今化隆县)、湟源、贵德7县及原青海办事长官所辖蒙古二十九旗、玉树二十五族、环海八族、果洛等地为青海省所属,以西宁为省会。1929年1月1日,青海省政府正式成立。2月20日,孙连仲正式宣誓就任主席。

孙连仲虽然担任了青海省政府主席之职,掌握了青海的军政大权,但马麒多年来在军事、政治、经济诸方面成功经略青海所取得的威望和在军政界的恩信及其雄厚的根基并没有受到影响。1929年5月,冯蒋间第一次发生冲突,冯失利,刘郁芬被调任陕西省主席;8月,孙连仲被调代理甘肃省主席,孙的部属高树勋暂代青海省主席。10月,经冯玉祥批准,青海省政府事务由政府委员马麒代理。1930年5月,冯、蒋、阎之间爆发中原大战,冯最终失败,马麒立即转而拥蒋。1930年1月6日,国民党中央正式任命马麒为青海省政府主席。次年8月,马麒病故于西宁。

马麒去世后,青海省政府主席的继任人选中,马麟最具优势。民国初年,马麟即跟随马麒征战南北,是马麒最得力的助手，所以无论是在政界，还是在军界，深孚众望。1930年3月，孙连仲调马麟任全甘剿匪司令，不久改为甘肃保安总司令。马麟赴任后，充实兰州防务，抵御流寇进犯，一时名声大震，遂派部将马为良驻河州，马驯率团攻占凉州，分别成立河州警备司令部和凉州警备司令部，以为兰州屏障。1931年9月2日，蒋介石任命马麟代理青海省政府主席。1933年3月10日，国民政府正式任命马麟为青海省政府主席，马步芳、马步青为省政府委员，仍以黎丹为秘书长（后由冯国瑞担任），王玉堂为民政厅长，魏敷滋为财政厅长，李乃棻为建设厅长，杨希尧为教育厅长。九世班禅被改任为西陲宣化使。马麟原任的骑兵第一师师长之职，由马步青接任并移驻凉州。在执政后五六年间，马麟继续推行马麒时期的施政纲领，继续实行禁种鸦片、推广垦务、兴办实业、发展教育的主政方针，也取得了一定的政绩，但青海财政却每况愈下，特别是通过滥印省钞的办法以挽救财政危机，结果更加剧了金融局面的混乱，由此也引发了社会的不满。

(四) 青藏玉树之争

"九·一八"事变后，在日本帝国主义企图侵占我国东北地区之际，英帝国主义也乘机策动西藏地方亲英势力发动对西康地区的武装进犯，挑起分裂祖国的事端。

当时青海所辖玉树大小苏尔莽地区有座格鲁派（黄教）寺院尕丹寺，由达赖喇嘛所派堪布管理该寺宗教事务；附近还有一座噶举派（白教）寺院名德赛寺，归玉树当局管理，两寺每年因抢收附近庄稼而引起纠纷。玉树是西藏入青的门户，马麒对玉树一带的防务十分重视。1930年12月，青藏边界形势一度趋于紧张，青海省政府呈准国民政府在玉树设立青海南部边区警备司令部，马步芳任司令，下辖两个旅，以马驯为第一旅长，马彪为第二旅

第四章 民国时期的青海回族

长，驻防玉树地区。当二寺为纠纷之事分别诉诸达赖和玉树当局时，达赖批交由昌都总管贡布阿丕查办。昌都总管则站在尕丹寺一边，要求青海军队撤离玉树大小苏尔莽地区。玉树驻军司令马彪则认为尕丹、德赛二寺之争是玉树县的事，与西藏无关。而西藏亲英派以保护尕丹寺为借口，纠集藏军4 000余名，于1931年12月悍然进入玉树县辖区。1932年3月24日，藏军以猛烈炮火轰击大小苏尔莽，这时的青海守军只有400余人，力量不支；4月3日藏军又进攻囊谦、拉秀等地，马彪部退守结古，坚守待援。藏军进而逼近并包围了结古，且将通天河渡船抢走，以断绝玉树与外界的联系。4月19日，马麟、马步芳电请国民政府军政部，请求拨发快枪2 000支、子弹20万发、临时军费银币40万元、无线电台5架。4月30日，马麟派第一旅旅长马驯为玉树宣慰使，率骑兵一营赴玉树增援。6月18日，马驯抵达玉树，即派人持马麟、马步芳函件往见藏军首领，被拒绝。6月27日，藏兵千余潜入禅古寺，被马彪、马驯击败，双方均有伤亡。7月14日青藏两军交战于歇武拉布和通天河一带，马彪率青军分三路应敌，藏军溃退，西宁、玉树间交通恢复。8月初，青海军援军和驻防军配合一举击溃了包围结古的藏军，随之先后收复了大小苏尔莽地区。10月2日，马禄、马彪、马驯率队直逼并占领了金沙江西岸的当头寺和青科寺，藏军撤退到金沙江以西，西康方面的刘文辉也配合青军对藏军发起了进攻；马步芳曾致电蒋介石和刘文辉建议青康两军乘胜夹攻，收复昌都。西藏地方政府见藏军战事失利，便以十三世达赖喇嘛的名义电请蒋介石传令各方停战议和，先是刘文辉和达赖双方互派代表在岗托地方举行谈判，签订了岗托停战协定。青海与西藏的和谈经过了近半年的反复磋商，才于1933年4月10日达成协议，签订了《青藏和约》，马驯代表青海政府，涂旦公吉、昂旺老吉、索康旺金次旦代表西藏地方政府分别在和约上签字。和约内容共8条，主要是：尕丹寺管理寺院之堪布权力以宗教为范围，不准干涉政治；青藏双方撤兵后，各守疆土，不得侵犯；双方均不得收留和袒护对方潜逃者或犯罪者；双方对商业贸易要极力保护；对于宗教寺院双方要一律保护；自和约生效后，青方即交归被俘藏兵。

青藏玉树之争是在英帝国主义策动下中国边疆省区间的内战，青海军粉碎了英帝国主义和西藏地方亲英势力分裂祖国的阴谋，在维护国家统一，稳定西部边陲，保障西藏安定和青南稳定方面作出了贡献。

三、马步芳主政青海

马麟执政时在金融方面的混乱引起了社会的动荡，迫不得已于1936年6月向国民政府请假归里休养，青海省政府主席职务暂由马步芳代理。1938年3月2日，南京政府任命马步芳为青海省政府委员兼主席，任命委员陈显荣兼秘书长，罗经猷兼民政厅长，马丕烈兼财政厅长，马骥兼建设厅长，马绍武兼教育厅长。从此，马步芳集青海军政大权于一身，开始了马氏家族统治青海的鼎盛时期。

（一）强化政治的主要措施

马步芳总揽军政大权后，其亲信在省政府中都担任了重要职务。当时青海是抗日战争的大后方，内地来青海的人逐渐增多，要想再保持封闭的执政政策是时势所不允许的。马步芳也试图"推行新政"，向国民党中央政府表示其"拥护抗战，励精图治"的决心。1936年6月到1938年2月代理省主席期间，他曾制订过一些改革措施，如省政府合署办公以节约财力、提高行政效率，捐献部分私产充实教育经费，明令禁烟禁赌，减轻各县杂捐，设立

第四章 民国时期的青海回族

村镇集市，整肃县政，修路建桥，实行义务教育，等等。

1. 推行以保甲制度为核心的"六大中心工作"

为了具体实施推行新政的内容，马步芳及其幕僚仿照广西、新疆、四川军阀推行的施政措施，号召"自卫、自治、自给"，以强化统治，巩固权力；提出"六大中心工作"，即编组保甲、训练壮丁、修筑公路、积极造林、厉行禁烟、推广识字。

编组保甲。1938年，马步芳遵照国民政府的有关法令，将编组保甲列为六项工作之首加以推广，并成立"青海省保甲编查委员会"，自任主任委员，制定《全省编组保甲实施规程》等四种法规。认为"保甲不独为六大中心工作之中心工作，亦为青海政教前途奠百世不拔之基"[1]。该法规规定：居民以户为单位，户有户长；十户为一甲，甲设甲长；十甲为一保，保设保长。保长以上依次为乡（镇）长、区长、县长。各县也相继成立"保甲编查委员会"。青海全省被划分为7个保甲编查区，第一至四区大体是东部农业区，从1938年4月起开始编组保甲；第五、六、七区因系游牧地区，没有同时实行[2]。保甲制"是综合性的，涉及到青海的每一个居民"[3]。通过编组保甲，加强了对包括回族在内的全省人民的严密控制，达到了强化基层管理的目的。1949年中华人民共和国建立，保甲制度被废除。

---

[1] 青海省六大中心工作研究委员会编：《青海省政府六大中心工作》，1939年4月。转引自崔永红等：《青海通史》，青海人民出版社1999年版，第520页。

[2] 崔永红等：《青海通史》，青海人民出版社1999年版，第521页。

[3] 周开庆：《西北剪影》，第14页。转引自（美）默利尔·亨斯博格著、崔永红译：《马步芳在青海》（1931~1949），青海人民出版社1994年版，第99页。

训练壮丁。1938年7月,国民党军事委员会电令青海成立国民军事训练处,开始在更大范围内组训壮丁。全省划分为7个保甲编查区,即训练壮丁的7个保安区(实际上五、六、七三个区地处牧区未能实施)。壮丁训练分三期进行,每期训练两个月。应征壮丁生活自理、服装自备。除接受军事训练外,还参加一定的修路、植树、开荒、淘金等劳役。当时全省共有壮丁20万人,一旦需要,则被抽拔或被编为正规军。

修筑公路。抗战时期,国民政府交通部在兰州设立了西北公路工程局,准备修筑交通运输干线和青海的公路。1938年马步芳改组政府机构,全省公路交通工作由建设厅交通科归口管理,责令制订第二次全省公路建设规划。计划在全省修筑6条干线,19条支线。6条干线即:青兰(经享堂至兰州)、青凉(经门源至凉州)、宁临(经化隆、循化至临夏)、宁玉(西宁至玉树)、青新(由茫崖入新疆)、青川(经同仁至四川松潘)公路。干线全长3 610公里,省内各县之间的支线总长1 440公里。除部队兵工外,还征调沿线民工进行突击性整修。除青凉线、青川线没有实现外,其余都在原有的基础上得到了程度不同的修整、拓宽等。西宁至张掖、西宁至临夏、西宁至贵德、西宁至互助、循化至同仁、互助至大通、湟源至海晏、民和至临夏等支线也得到了修整。这一时期投入大量人力、物力、财力争取国民政府支持重点修筑的公路则是甘青线(西宁至享堂段)、青藏线(西宁至玉树段)和青新线(倒淌河至茫崖段)。

积极造林。民国4年(1915年)甘边宁海当局规定每年清明节为植树节,积极倡导植树造林,并将其作为执政的一个主要方面。据1934年青海省政府统计,全省森林面积为1 456 396公顷,占全省土地总面积的2.0%;1929年至1938年,全省共植树789 637

第四章 民国时期的青海回族

株,平均每年植树7.9万株。马步芳主政后,将植树造林列为"六大中心工作"之一,将全省划为12个植树区,规定每年清明节前后1个月为植树时间。这一时期私人造林者不多,主要是官办造林。省政府每年制定计划,分配任务,除征派民夫植树外,还通令各有关县及省垣党政机关、中小学校、民众团体等按规定的数目包栽包活,植树地带多为山麓、河滩、荒滩、沟沿、城镇周围、路旁等。造林树种以青杨占绝大多数,柳树次之,再次为榆树,后又逐步扩大种植榆、杏、桃、李等树种。政府十分重视对林木的管护工作,严令各县、区、乡、保、甲长层层督导,负责完成任务,并制定出赏罚制度,奖优罚劣。因制定并严格实行专门的护林育林办法,所以造林工作取得了实效,营造了一定规模的防护林、道旁林、风景林、用材林、薪炭林等。1939年至1948年共植树5 940.7万余株,平均每年植树594万株[1],多次受到国民政府的表扬;1946年3月,马步芳得到了国民政府农林部的明令嘉奖。新中国建立后,经第一次森林资源调查,认定马步芳统治时期造林保存面积达5.04万亩[2]。

厉行禁烟。青海建省前后,马麒、马麟推行"禁种鸦片"措施。马步芳主政后,认为"禁烟为先主席(指其父马麒)之贻谋,林文忠公遗范和蒋委员长之训示",一定要继续厉行,"俾青海永成一片净土";1936年6月,将马麟时期的"青海省禁烟总局"改组为"青海省禁烟委员会",自兼委员长。按照南京国民政府的通令,将每年6月30日定为"禁毒纪念日",饬令各县政府定期举行禁烟宣传会,进行禁烟宣传和禁烟大检查。1943年、

---

[1] 《青海省志·林业志》,青海人民出版社1993年版,第46页。
[2] 崔永红等:《青海通史》,青海人民出版社1999年版,第659页。

1946年两次制定公布禁毒治罪法规,对种植、吸食、贩卖烟毒者,分别情节轻重,处以罚款、判刑直至处死。青海的禁烟工作在马步芳的一系列厉行措施下取得了一定的成效,国民政府也授予"禁烟模范省"的称号,许多来青人士对青海的禁烟工作给予普遍好评。但是马步芳为补充军饷所需,暗中贩烟和售烟,受马步芳、马步青控制的甘肃河西地区普遍种植大烟,每年所获烟土由省府派人统一收购并销售。

推广识字。推行民众识字运动标志着青海成人教育的开始。民众识字运动的具体措施是:每保或两保设立一处民众识字处,全省计划设立891处。凡年龄在15岁以上、50岁以下的文盲一律按保就近赴识字处学习,规定时间为3个月至1年,须识字1 000个才准予毕业,并颁发毕业证书,不合格者继续学习,直到合格为止。各县普通学校必须配合推广民众识字运动,在条件允许的学校附设民众学校、民众夜校、妇女识字班等,教员由中小学学生、小学教员、各县公务员充任。教材由教育厅统一编印,主要有当时流行的抗战歌词、《抗日三字经》、《平民千字文》等;1941年,省教育厅改用《民众识字读本》,由《三民主义千字读本》改编,省党部还印制了《五百字妇女识字读本》。1938年西宁、大通、互助、民和、乐都、化隆、循化、贵德、湟源、门源等县共设立民众学校47处,民众夜校228处,民众识字处573处,妇女识字班329处[①]。

马步芳推行"六大中心工作",正值全国抗战时期,青海地处大后方,青藏、青川归于平静,社会较为稳定。马步芳利用这

[①] 陈秉渊:《马步芳家族统治青海四十年》,青海人民出版社1986年版,第269页。

第四章 民国时期的青海回族

有利时机,积极推行上述一系列施政措施,加强基础性的建设工作,通过编组保甲,加强了对基层的统治;通过训练壮丁,保证了后备军力量;通过修筑公路、植树造林、厉行禁烟、推广识字运动稳固统治。

2. 举办干部训练团

马步芳积极推行"六大中心工作",深知培养一批有才干、熟悉其施政方针、愿为其效劳的骨干力量至关重要,即积极举办各级地方行政干部培训团。1938年3月至1939年2月,首先对全省公务人员分五期进行培训,主办单位是省公务员军训大队和省垣壮丁司令部,参加受训人员3 800人。1940年初,遵行国民政府《各省、县、市各级干部人员训练方案》,成立"青海省行政人员训练委员会",下设"青海省地方行政干部训练团",马步芳任主任委员兼训练团团长;各县设县地方行政干部训练团,乐都、民和、互助、大通、贵德、湟源、循化、化隆等8县成立县行政干部训练所,训练基层干部。培训对象第一期集训的是省党政机关科以上现职人员、各中学校长、各县局长、法院院长,以及蒙藏王公千百户、活佛、阿訇、各民众团体负责人;第二期为省级一般行政人员;第三期为教育人员;第四、五、六期均为专业人员,如会计、蒙藏语文、医务、警官警士班、军法班等。从1940年3月至年底,各期各专业培训班受训人员达5 040人。培训教材主要有《青海省保甲法规》、《壮丁训练条例》、《总理遗教》、《蒋总裁言论》、《马主席言论》、《六法全书》等。

(二)军事力量不断发展

马步芳所统军队的前身是宁海军,国民军入青,宁海军有兵力3 000余人。1930年,蒋、冯、阎中原大战,冯玉祥失败,马麒、马步芳拥蒋反冯。1931年,蒋介石将马步芳国民革命军暂编

第一师改编为陆军新编第九师,下辖3个步兵旅、1个骑兵旅,加上警备部队,总兵力为1.2万人[①]。1933年,孙殿英西进青海,遭西北四马联合抗拒而败北。蒋介石即将马步芳新编第九师扩编为新编第二军,马步芳任军长,下辖3个步兵旅、1个骑兵旅、2个直属团、3个直属营及司令部,总兵力约2万余人。1937年秋,新编第二军改编为陆军第八十二军,军辖1个步兵师、1个补充旅、3个骑兵旅。马步芳又扩编部队,将营扩为团,团扩为旅,有1个直属团、4个直属营,连同保安部队共有10个步兵团、8个骑兵团。这时马步芳的正规部队兵力达3万人。1943年秋,其所属部队扩编为第四十集团军,马步芳任总司令,马步青任副总司令,辖陆军第八十二军(马继援任军长)、骑兵独立旅(辖2个团,马步銮为旅长)、骑兵第五军(马步青为军长)、青海南部边区警备司令部所属部队等。1948年7月,八十二军新扩编3个步兵师、2个骑兵旅;同年12月,增编陆军第一二九军(军长马步銮)。这时正规军总兵力达8.7万人。1949年5月,筹备建立了"西北军政长官公署直属新编骑兵军"(即新编骑兵军,军长韩起功),系在甘肃临夏、安定、和政、康乐、永靖等县征拔的新兵,下辖3个旅,全军人数1.1万人。不久又在化隆、湟中、大通、互助、门源等县组建民团,成立"新编步兵军"(军长马全义),下辖2个师,临解放时全部解散。1945年,骑兵第五军(军长马呈祥)进驻新疆。兰州战役前夕,马步芳的正规军近10万人[②]。

随着部队的不断扩编和人数的增加,马步芳深感部队中骨干

[①] 王亚森、姚秀川:《青海三马》,中国文史出版社1988年版,第176页。

[②] 王亚森、姚秀川:《青海三马》,中国文史出版社1988年版,第176~183页。

第四章 民国时期的青海回族

力量的严重不足。1930年，青海军官训练班在西宁小教场成立，先后对500名军官进行了轮训；1935年10月，成立青海省保安处军官教育团，对全省保安团队各级军官进行轮训；1936年在第一〇〇师举办参谋培训班，在训练方式上摒弃旧式练兵法，改用新式刺杀和阵地演习。1938年冬，马步芳在乐家湾举办了"骑五军、八十二军军官训练团"，马步青任团长，马步芳任副团长。训练团下设3个大队，受训军官统称为学员，训练时间为3个月；一、二、三期共轮训军官1 585人，两个军所有军官几乎都进行了轮训。后期从学生、卫士中培训下级军官，主要是从昆仑中学中选拔570名青年学生，编入训练团的4个大队，仿照中央陆军军官学校的办法，规定前3个月为入伍生期，训练时间为3年，为部队培养了一批新生骨干。

由于马步芳十分重视对军队的训练，经过训练的军队素质有了明显的提高，所以青马军不仅在西北地方军中而且在全国武装力量中，也是一支强悍精锐的部队。在加强军队训练的同时，马步芳也牢牢地把军队控制在自己的手中，军权一直由马氏最亲近的人掌握。陆军新编第九师师长、陆军新编第二军军长、陆军第八十二军军长一直由自己掌控，第八十二军后由其子马继援统领。骑五军先由其兄马步青后由其外甥马呈祥任军长，第一二九军由其堂弟马步銮统领。师以上的军官如马朴、马彪、马元海、马德、马步康、马步勋、马全义、马振武等均是其亲族成员或亲信，其他的则是籍出化隆、循化且与马家有较深历史关系者，各级军官大多是经过军官训练团或从昆仑中学毕业的。为了防止大权分散或旁落，马步芳不断调换各级军官的职位，军官的任命和军队的调遣均由马步芳一人决定。

(三) 垄断经济

马步芳统治青海时期,通过商务、工矿组织形式,统揽全省的赋税和商业、工矿、金融业,表现出在经济上独占的特殊地位。

1. 农业方面

民国时期,青海农业生产仍处在"二牛抬扛"的传统农业阶段,生产工具和耕作技术都比较落后。农业的发展主要表现在农垦的推广、耕地面积的增加和农业水利设施建设诸方面。

1923年,甘肃省省长陆洪涛委派甘边宁海镇守使马麒兼任甘边宁海垦务总局督办,设西宁、湟源、大通、循化、贵德、都兰、玉树、囊谦、大河坝等10个分垦局。1927年,西宁道尹林竞筹设西宁道属垦务总局,自兼总办,在道属7县内放荒,历时两年,共丈放荒地2 828亩,查丈私垦熟地8 914亩[①]。青海建省后,西宁道垦务总局改称青海省垦务总局,各县继续放垦。因是建省之初,急需粮食,加之甘肃大旱,农民领垦热情很高,丈放荒地及私垦熟地达20 775万亩。1933年青海省设土地局,以清丈土地征收地款。1945年青海省政府设柴达木垦务局,在察汗乌苏、香日德、赛什克等处设垦务组,派兵千人进行屯垦。

民国时期,当局十分重视农业水利建设,主要表现在新建水渠工程多,并注意维修旧渠,制造水车,引水灌溉,还出现了蓄水涝池、石垒渡槽、防汛工程等。1931年马麟代理青海省主席时,曾向国民政府提出在青海设立水利机构;1935年青海省建设厅和省民政厅提出兴修水利计划,拟修水渠24条。1944年国民政府批准省建设厅在互助县境内兴修曹家堡渠水利工程,1947年8

[①] 佚名:《青海之垦务》,载《新亚细亚》,1936年第11卷第1期。

第四章 民国时期的青海回族

月竣工,全长21公里。1948年先后扩修了阁公渠(今称人民渠)、庆凯渠(在乐都县境,今称大峡渠)、长胜渠(在湟中县境,今称解放渠)、礼让渠、平安渠、鲁仓渠(在今贵南县)、班珠哇渠(在化隆县境)等。同时,在湟中、贵德、共和、循化、化隆等地修建蓄水涝池,制造并利用水车等。到1949年底,全省共有大小水渠570条,灌溉面积74万亩[①]。

2. 畜牧业方面

民国时期,青海民营畜牧业生产仍沿袭传统的逐水草游牧的方式,在草场利用、放牧方法、畜种改良、畜病防治等方面有一定的行之有效的方法,民营畜牧业生产力有所进步。这一时期,青海境内出现了官办牧场,由于投资较多,畜种改良、畜病防治等方面较民间占一定的优势,从而促进了畜牧业的发展,也为马氏官僚资本带来了巨大的经济效益。官办牧场主要有门源军马场、贵德军马场和西北畜牧公司。

1915年,马麒以甘边宁海镇守使的身份接收了清朝在门源皇城滩设置的军牧场。1943年,马步芳在此修建门源军马场总部,下设5个分场,共有军马7 405匹[②]。1947年西北畜牧公司成立后,门源军马场隶属该公司。

1936年,省政府为了改良马种,在贵德县鲁仓(今属贵南县)建立军牧场,两年后场部迁至过马营,占地13万亩。1939年,归国民政府军政部管理。1942年,又增拨草场14.5万亩。解

[①] 青海省水利志编委办公室:《青海省水利大事记》,青海人民出版社1995年版,第45页。转引自崔永红等:《青海通史》,青海人民出版社1999年版,第658页。

[②] 崔永红等:《青海通史》,青海人民出版社1999年版,第664页。

放前夕，该场有马5 000多匹，牛3 000多头，羊1 000多只①。

1947年，成立西北畜牧公司，公司下辖三角城和门源两个畜牧总场，总场下辖20余处大小牧场，主要分布在海晏、共和、门源、天峻、大通、祁连、同仁、贵德、玉树等地，各牧场之下又分设羊场、牛场、马场、骆驼场等。如海晏香庄牧场下分8个马场、4个牛场、6个羊场，1947年，该场共有军马5 800余匹，牛3 890余头，羊103 200余只，骆驼1 300余峰。各牧场马、牛、羊分别由军事掠夺和利用牧业税方式征收及商业债务抵收方式而来，畜牧公司还有马、牛、骆驼运输队。此外，在西宁大教场设有牛奶场，东关设有肠衣厂。

3. 商业方面

民国时期，商业在社会总产值中占的比重虽然较小，但商业贸易有了一定的发展和变化，质优价廉的"西宁毛"享誉中外，行销许多国家。羊毛、皮张的外销对青海畜牧业的发展又产生了积极的刺激作用，青海商业逐步由传统型经营向外向型经营发展。国内贸易的品种日益增多，青海本地输出的商品以羊毛、皮革、牲畜、食油、药材为主；经营者队伍不断扩大，成分也呈多样化趋势。随着商业经营者人数的增多，特别是一些实力雄厚的商号的增多，引起了经商者之间的竞争，出现了民营商业资本家，西宁、贵德、乐都、湟源、循化、民和、互助等地成立了商会和同业公会。这一时期，城乡市场有所增加，农村集市网初步形成。

早在民国初年，马麒在循化、河州等地先后开设德顺昌、德义恒等商号，往天津贩运青海土特产品。后德顺昌迁至西宁，经

---

① 崔永红等：《青海通史》，青海人民出版社1999年版，第664页。

第四章 民国时期的青海回族

销大宗羊毛、皮张等，形成了官僚资本的雏形。1920年，马步芳在化隆开设义源祥商号，1929年迁至西宁，逐步扩大经营规模，先后在贵德、同仁、大通、循化、乐都、门源、互助等地设立分号，主要经营皮张、羊毛、沙金等。马麟继任青海省主席后，于1932年在西宁开设协和商栈，经营皮毛、药材等。马步芳主政后，协和商栈收归省政府所有，省政府秘书长兼任协和商栈总经理。1939年，马步芳将义源祥商号改为德兴海商号，省财政厅厅长兼任总经理。协和商栈和德兴海商号在省内外遍设分支机构，形成强大的商业资本网络。1946年2月，马步芳将协和商栈、德兴海以及其他小规模分散经营的企业合并，成立了湟中实业有限公司，下辖70多处分支机构。这种官僚资本商业的特点就是在经营手段上的垄断性，以及亦官亦商亦军。

4. 金融业方面

民国初年，西宁的金融机构由甘肃省管辖。1927年在西宁成立甘肃省银行办事处，发行"七一票洋"券一种。1929年办事处改组为甘肃工农银行西宁办事处，发行"大洋券"一种。同年，冯玉祥部国民军依靠军事力量设立了西北银行西宁办事处，发行一元、五元、十元三种"大洋券"。马麟出任青海省主席后，面临金融困难的局面，1931年10月，省政府决定设立青海省金库，发行"青海省金库维持券"，这是省内通行的可兑换信用纸币，券面有一角、一元、五元、十元四种。发行之初，暂时缓解了省政府财政困难的局面，但二三年后，由于发行量大增，引起了通货膨胀，"青海省金库维持券"不断贬值。省政府被迫于1935年10月起收兑维持券，群众蒙受了巨大的损失。1935年，国民政府财政部公布实行"法币政策"和白银国有的法令，中央银行、中国银行、交通银行和中国农民银行发行的法币开始流入青海，

1940年四行联合总办事处西宁支处成立,办理发行法币、吸收储蓄、代理国库、开办汇兑等业务,实际上也就控制了青海的金融命脉。四大银行在西宁设立分支机构以后,准予设立与中央合资经营的青海省银行,具体办理存款、汇兑、储蓄信托等业务。为了发展地方金融业,马步芳于1946年10月筹设了湟中实业银行,发行银元角票一种,借口法币贬值禁其流通,并责成省银行发行一角、二角、三角、五角的角票各一种,由于军政权力的支持,角票通行一时。当时,中央银行发行的银元券、金元券、关金券相继贬值,使地方金融业有了发展空间。

5. 赋税

田赋。青海建省后,田赋为省财政主要收入。马步芳主政后,所征田赋有正额粮草、附征粮、临时附征粮草三项。20世纪30年代,据统计,全省田赋征额平均约占土地亩产值的30%左右。

草头税。马麒主政时,即在牧区征收"草头税",按盟旗族份、股份类、例规三种办法计征。马步芳主政后,继续实行。由于当时羊毛销售旺盛,便将征收现金改为征收羊毛、皮张等实物。

杂税。除田赋、草头税外,民国时期政府向人民征收的捐税分别有政权机构和军事机关经征的经常税和差役;临时经征的税和役。政权机构经征的经常税有国税和地方税两种,政府开征有6种,地方税达35种。此外还有特别情形下需要而临时摊派的各种差役,如修公路、修马路、栽树、灌水等等。

(四)兴办教育

民国初年,马麒听从黎丹、周希武等的建议,注重培养人才,十分重视发展民族教育,青海的初等教育有了一定发展,开始出现了女子教育、师范教育、职业教育,其中回族教育发展尤

第四章 民国时期的青海回族

为突出。马麒、马麟主政时期,都比较重视发展多类型、多层次的地方教育事业。建省后,省教育厅制定了教育规划和方案,将初等教育的发展放在首要位置,规定各县必须设立两所以上完全小学,村设初级小学(1949年前小学分初、高小两级,一至四年级为初小,五、六年级为高小。始办新式教育阶段,因受客观条件限制,缺乏师资校舍,故农村先办初小,城镇多办初、高小兼有的完全小学。这一情形一直延续至新中国建立初期,故当时统计文化程度有初、高小之分——著者)。这一时期初等教育发展速度较快,学校数有了明显增长。抗战时期,西北成为大后方,内地特别是沦陷区的许多知识分子都流入西北,为西北地区包括青海的文化教育事业的发展提供了有利条件。1938年,马步芳主政青海,国民政府和青海当局依然十分重视教育,马步芳将推广识字作为"六大中心工作"之一,在巩固初等教育的基础上,逐步发展普通中等教育、师范教育、职业教育、成人教育,不断改善学校设施,教学质量有所提高。

20世纪30年代开始多类型的办学格局逐步形成,有国立、省立、会立、私立等。一般国立学校经费较为充裕,省立学校略逊,惟青海回教教育促进会会立系统的学校因受马氏家族的眷顾经费比较宽裕,如昆仑中学的学生入学后可享受全公费的待遇。省教育厅掌管的教育经费主要有:一是国民政府对地方教育的补助款,主要用于支付义务教育、边疆教育、社会教育和职业教育;二是省政府拨付的教育专款,主要用于支付中等教育和社会教育费用;三是地方自筹款,由各基层行政部门或社会团体发动群众筹集。从1938年至1940年,省政府支付的教育经费每年达13万元,地方自筹款每年达31万元,中央补助款每年为18万元。由此可见,地方自筹款在教育经费中占很大比例①。

1. 初等教育

马麒任甘边宁海镇守使后，制定并推行经营青海的五条方略，第一条就是"练兵设学"。认为要想提高回族政治社会地位，非兴办教育别无他途，于是在西宁东关建立同仁小学。1924年，马麒出资创办了威锐学校（中华民国北京政府曾封其为威锐将军），黎丹捐资创办了无我学校（无我为黎丹号），在捐资兴办新式教育方面他们起了带头作用。宁海回教教育促进会以其独有地位和影响，创办的初级、高级小学在青海初等教育中占有很高的比重。

青海建省，初等小学教育有了较快的发展。据马鹤天先生《西北考察记》记载：1934年全省有初级小学校642所，比建省以前的1928年的255所增加了387所；高级小学校57所，比建省以前的1928年的23所增加了34所；学生总计29 158人，比建省以前的1928年的9 887增加了19 171人②。这一时期，青海回教教育促进会积极开展办学活动，创办初级小学79所，占全省初级小学总数的12%，高级小学校12所，占全省高级小学校总数的21%，在校学生5 331人，占全省学生总数的18%，年经费9万多元，占全省初等教育年经费总数的46%③。1942年，省教育厅要求各保设一所相当于初小的"国民学校"，各乡设一所相当于高小或完全小学的"中心国民学校"。1946年，三青团青海支团部创办了青青幼

---

① 主要参考崔永红等：《青海通史》，青海人民出版社1999年版，第780~783页。

② 马鹤天：《西北考察记》（青海篇），159~161页，转引自崔永红等：《青海通史》，青海人民出版社1999年版，第787页。

③ 崔永红等：《青海通史》，青海人民出版社1999年版，第788页。

第四章 民国时期的青海回族

稚园。到1947年，全省中心国民学校198处，国民学校765处，学生总人数为80 984人，教职员1 584人[①]。青海初等教育有了突飞猛进的发展，教育质量有了明显提高。

2. 中等教育

青海建省后，马麒、马麟经幕僚建议，将青海筹边学校分设为西宁第一中学、省立第一职业中学和蒙番班。1939年1月，正式定名为青海省立西宁中学。1930年乐都县县长梁炳麟创办了乐都初级中学，1944年升为省立学校，后又并入省立职业学校。青海回教教育促进会会立初级中学也是这一时期同时创办的。抗战爆发后，管理中英庚子赔款的董事会为了发展边疆教育事业，于1937年组成西北教育设计委员会，由陶孟和、顾颉刚、王文俊等来青实地考察，经与地方当局协商后，于1938年8月在西宁成立湟川中学，招收高中、初中、附小、幼稚园学生各1个班；第二年新校舍建成后，命名为"管理中英庚款董事会湟川中学"，王文俊任校长；1943年，管理中英庚款董事会撤销，该校直隶教育部，改名为国立湟川中学。为了使普通中等教育得到均衡发展，1940年，省教育厅划分了6个中学区，即西宁、乐都、循化、互助、贵德、玉树6区。1942年、1944年又分别成立贵德、湟源、循化3所初级中学。

3. 师范教育

1920年，马麒在蒙古半日学堂扩建的宁海蒙番小学校增设师范甲种讲习科，明确规定学校以"培养宁海区小学教育师资，开化蒙番民族，增进宁海文化，启牖新知，养成优秀人才为宗旨"[②]。1924

---

① 陈秉渊：《马步芳家族统治青海四十年》，青海人民出版社1986年版，第251页。

② 杨效平：《马步芳家族的兴衰》，青海人民出版社1986年版，第72页。

年,正式改称为宁海蒙番师范学校;1927年,又改称为青海筹边学校,分设中学部和师范本科两部。1933年,国民党中央决定"由中央政治学校附设蒙藏学校,筹备中央政治学校边疆分校"。次年,即组织了边疆实习考察团赴青海考察,决定在青海筹设国民党中央政治学校西宁分校,同年10月15日,中政校西宁分校正式成立,当年招收简易师范学生、附小学生各两个班。教员由考察团团员担任,师资力量很强。抗战爆发后,国民党政治学校包头分校迁到西宁,两校合并;1940年,该校直隶教育部,正式定名为国立西宁师范学校,其办学宗旨是为边疆教育事业培养人才。学校招收汉、蒙古、藏、回、土等各民族学生,实行公费,并且男女生兼收。在附近各县设立分部,创办小学校,促进了各县师范教育的发展。

1938年,省教育厅将第一师范学校分迁化隆、民和两县,成立了化隆简易师范学校和民和简易师范学校。1940年,又恢复成立了省立西宁简易师范学校。同年,划分了五个师范区,以求教育的平衡发展。1944年,将西宁一中附设蒙藏班改建的青海蒙藏师范学校迁往大通,改为省立大通简易师范学校。

4. 民族教育

(1) 省回教教育促进会、昆仑中学和校友会

马麒主政宁海地区后,深感发展民族教育之重要,于1922年在西宁成立"宁海回教教育促进会",马麒兼任会长,西宁东关清真大寺教长马骏为副会长,会址设在西宁东关清真大寺内。1929年青海建省,时任省政府主席的孙连仲,针对当时马麒等地方势力在青海的影响,遂任命回族师长安树德代替马麒任促进会会长,另以西宁回族绅士刘善为副会长;又将原"宁海回教教育促进会",正式更名为"青海省回教教育促进会"。同年9月,孙

第四章 民国时期的青海回族

连仲部亦撤离青海。蒋介石命马麒为省府主席,马麒又重新委任冶生录为青海回教教育促进会会长,刘善为副会长。1930年,促进会修改会章,提出以"阐扬回教真理"、"灌输三民主义"为宗旨,"在各县得设分会",规定会员必须遵行伊斯兰教各项道德规范,服从促进会决议,使之在组织上有了进一步的健全和发展。1931年8月,马步芳以国民党新编第九师师长的身份来到西宁。于是,冶生录、刘善分别辞去各自所担任的促进会会长、副会长职务,由马步芳兼任会长,以刘善之子刘骏臣为副会长。1932年,改会长制为委员长制,马步芳自任委员长,更名为"青海省回教促进会"。此后,在湟中的鲁沙尔和上五庄,在贵德、化隆、大通、门源、民和、循化、互助、湟源、乐都、同仁、共和等地分别成立青海回教促进会分会,共13处。每分会均设委员长、副委员长各1人,会员共3 804人;其中以省垣总会规模最为盛大,有会员1 400人。各县镇分会在原宁海回教教育促进会所设之清真小学的基础上,重新设立初级和两级小学(即初、高级兼有的完全小学),其中大通14所,门源7所,化隆6所,民和10所,湟源、乐都、同仁各1所,西宁、贵德各2所,鲁沙尔、上五庄和共和等凡是成立促进会分会的地方也均设立了学校,共约54所,学生7 819名,教员160余人。学校和学生的增加,势必引起师资缺乏的问题,总会又在新建会址内专设师范讲习所,所长马步芳,副所长刘骏臣,以尽快培训教学人员,适应学校教学的需要。1935年,在西宁东关水城门外新建校舍,成立青海回教促进会高级中学。1938年总会恢复为"青海省回教教育促进会",在委员长下设置教育长,增设都兰、祁连分会,当时分会达15处,划全省为12个学区,并将马步青(马步芳异母兄,驻守甘肃河西)在凉州创办的青云中学和马全钦(马占鳌孙,即马廷斌,时任国民军旅长）在河州大河家创办的魁峰中学，都纳入青海回教教育促进会的管辖系统。继而又在西宁举办芳惠医院、芳惠幼稚园和青海印刷局等文教卫生设施，归总会领导。这样，在领导体制上，确定了教育的行政范围，开始延伸到省外之甘肃河西、河州，使教育进一步成为促进会的重心，促进会内有了职权仅次于委员长的教育专职负责人。青海回教教育促进会，由最初的宁海回教教育促进会为开端，经马麒、马步芳父子两代的经营，使原本只有两三所回民学校的青海地区，经过27年的发展，终于形成了自成系统的由初级小学到完全中学的民族教育体系。

至马步芳当政，以青海回教教育促进会为龙头，与昆仑中学、昆中校友会协同，自成体系，事权统一，循序渐进，成效显著，在当时没有高等教育的青海格外引人注目。

1936年，青海回教教育促进会会立高级中学更名为会立西宁中学。学校还创办《星月》刊物，以"爱国爱教，阐扬回教真理，灌输三民主义，重点宣传抗日救国"为宗旨。《星月》是当时青海省唯一的回族刊物，以回族群众为主要读者对象，颇受读者欢迎，得到社会好评。1942年9月，青海回教教育促进会会立西宁中学正式改名为会立昆仑中学，改名后致力于扩大校址，扩建校舍，增加班次，加强师范、幼儿教育，创办女子教育等。此时昆仑中学已有初中15个班，高中4个班，师范6个班，附设小学16个班、幼稚园6个班，在校学生达2 200余人。1945年又分别办起了昆仑中学第一、第二、第三分校，市内另设阿文女子小学5处（俗称女子经学）、幼稚园2处，共计117个班次，学生8516名，教职员46人。1942年，将蒙藏中学与昆仑中学第三分校合并，青海蒙藏文化促进会迁往玉树专员公署，并撤销外县7所中学，尽量把学生集中到昆仑中学以利于提高，从而使昆仑中学规模更盛。1949年，昆仑中学系统的学生总数达7 000~8 000人，成为青海省规模最大的完全中学。中华人民共和国成立后，昆仑中学改名为青海中学，马儒珍任校长。1950年3月，与省职业中学合并，改名为青海省立第二中学，并迁址于城内观门街。此后，这一曾广泛招收回、汉、藏、撒拉、土、蒙古族学生而"为各省立中学所不及"（马鹤天语）、"恐在西北当归入第一等学校中"（范长江语）的有重要影响的开民族教育风气的中学，为之解体不存。1985年3月1日，经西宁市人民政府批准，西宁市第六中学更名为青海昆仑中学。

1945年前后，昆仑中学成立"昆仑中学校友会"，马继援任干事长。凡是昆仑中学毕业或肄业的学生，统由校友会负责分配工作。凡省军、政、警、教、财贸等单位的重要成员，都以昆中的校友为骨干。各县分会及学校的委员长、校长，也都在昆中干部中派遣。昆中校友会实际是昆仑中学的核心组织。1944年昆仑中学将原会立西宁中学校办的《星月》改为《昆仑中学校刊》，报导学校的教学及各种活动情况，交流教学经验，介绍校友动态等，当时由穆建业任编辑。"昆仑中学校友会"成立后，出版校友会刊《校友通讯》（又名《昆友》），以增进省内外各地校友的友谊和联系。鉴于促进会省垣总会也印行《教育通讯》，因而将这三种刊物合并为《昆仑报》，由马海佐任社长兼总编辑。《昆仑报》为周刊，主要面向省内外教育界，1947年10月31日问世。

(2) 蒙藏教育和蒙藏教育促进会

青海蒙藏学校教育，起源于1911年青海办事大臣庆恕在西宁设立的蒙古半日学堂。马麒主政后，为了发展蒙藏教育，1912年，将蒙古半日学堂改称宁海蒙番学校，扩大招收蒙古王公和藏族千百户子弟。1920年，设师范甲种讲习所，主要培养蒙藏教育师资；1925年，附设中学班，将原设的师范甲种讲习所扩充为师范本科，改名宁海蒙番师范学校；1927年，定名为青海筹边学校，朱绣担任校长。虽然多次改名，但学校始终注重对蒙藏学生的培养，对发展蒙藏民族教育产生了一定作用。

青海建省后，省教育厅令各寺院创办小学，发展基础教育，蒙藏地区的初级小学不断增加。1930年，国民政府在南京设立蒙藏委员会，为促进蒙藏地区的民族教育，在国民政府教育部特设专管蒙藏教育的蒙藏教育司，负责拨发边疆教育专款。1933年马步芳立即指示青海蒙藏上层人士洛桑香趣、阿福寿呈准蒙藏委员会设立青海蒙藏文化促进会，同年7月14日，青海蒙藏文化促进会正式成立，马步芳任理事长，洛桑香趣、阿福寿、祁建昌、夏鲁哇、华宝藏等15人为理事，内设总务、组训和编译等股。促进会以"唤醒蒙藏同胞，普及蒙藏教育，维系蒙藏生存"为宗旨[①]，在全省各地积极开展办学活动，从1935年到1937年间，农业区各县如化隆、湟中、互助、乐都、大通等地和牧业区重点地区设立蒙藏小学15所。1934年，马步芳以青海南部边区警备司令部的名义，附设蒙藏学校一处；1937年，改称为附设蒙藏初级中学，马步芳自兼校长，洛桑香趣为副校长。1940年，蒙藏中学合并到青海省地方行政干部训练团，称之为蒙藏语文班。1943年，青海蒙藏文化促进会迁至玉树，所属各小学交归各县管理，改为乡镇中心国民学校和保国民学校即一保之校。

总之，民国时期无论是马麒、马麟主政还是马步芳执政，都比较重视发展多类型、多层次的地方教育事业。在积极发展普通初等教育、中等教育的同时，努力创办师范教育、职业教育、成

---

① 《新青海》，1934年第2卷第3期。

第四章 民国时期的青海回族

人教育、女子教育等，尽管受时势局限，发展步履维艰，毕竟从无到有，由小到大，一定程度上开创了青海教育格局的新局面。

（五）骑一师参加抗战

"西安事变"后，国共合作，抗日民族统一战线形成。1937年4月，蒋介石命令马步芳派兵参加抗战。在全国人民抗日救国呼声的感召下，马步芳顺应潮流，对抗日的态度发生了积极的变化，采取措施扩编军队，整编一支部队赴中原参加抗战。以原青海南部边区警备司令部第一旅、第二旅各一部分为基础，同时征调大通、互助、湟源三个县的民团并协同马步青抽调了原驻防在河西走廊一带的马步青部骑兵第五军第二旅马禄部和第二团马秉忠部以及第一〇〇师部分士兵，组成了一支有8 000人的骑兵师。有回、汉、藏、撒拉等各民族人民，其师、旅、团、营、连、排官长和士兵以回族为多。1937年8月，国民党军事委员会颁令其番号为暂编骑兵第一师，辖3个旅，正式任命马彪为师长，马元祥为第一旅旅长，马禄为第二旅旅长，马秉忠为第三旅旅长。由于骑兵师是临时整编组成的，所以武器装备不足，马步芳报请国民党军事委员会予以补充，得到准许。

1937年9月1日，马步芳率军政要员和西宁各族各界群众隆重集会欢送，以壮士气。马彪师从西宁出发，经兰州、平凉，到达陕西乾县，沿途受到群众的热烈欢送，部队官兵精神抖擞，以高昂的士气开赴中原抗日前线。

1. 河防初战告捷

暂编第一师进入陕西后，即隶属当时的第八战区和西安行辕指挥。1938年2月，奉命调驻临潼，担任陇海铁路关中一段的护路任务。其间，该师部分骑兵小队奇袭运城的日军，并消灭了出没于这一带拦劫车辆、抢夺物资的白莲教顽匪，确保了潼关的安全。

1938年7月，骑兵师第二旅（马禄旅）被调赴开封以东的兰封、商丘一带，堵击西犯日军；9月，全师奉命调赴河南许昌待命；1938年冬，又被调往黄泛区的尉氏、扶沟、鄢陵和西华等县，担负这一带的河防任务。在驻守河防期间，第二旅三团排长马元林（哥老会分子）与河东伪军相勾结，枪杀了一营营长，并带走了几十名士兵叛变投日；不到1个月的时间里，马元林与日本侵略军的一个中队及伪军千余人，偷渡黄河，悍然侵占了河防的七八个村寨，并扬言要西进夺取洛阳。马彪当机立断利用严冬之机，出动两个旅的兵力，连续收复被日伪军侵占的村寨，其余溃退伪军数百人一半被歼灭，一半跳河溺毙，无一生还，马元林也被马彪部生擒，将其斩首示众。骑兵师大获全胜的消息传到该防区后，群众无不欢欣鼓舞，并给马彪师长赠送"万民伞"，对抗日将士表示崇敬与慰劳①。

2. 血战淮阳

1939年春末，经过补充的马彪师全师调驻河南省东南部周口至界首一带的黄泛区，主力驻守项城，以防御淮阳的日军。淮阳是苏、鲁、豫、皖边区日军的主要据点，马彪师所驻河防，是华东、华中战略要地。对淮阳的日军，该师常以轻骑不断加以袭击，日军不敢轻举妄动。同年八九月间，马彪师各旅常以"小骑群"的游击形式渡过颍河袭击淮阳一带的日军，而主要任务是侦查淮阳一带的日军敌情。后马秉忠全旅人马渡河进驻宝塔孔庄一带，挥师围困了淮阳城并占领了城西关。日军不甘失败，从开封

---

① 参见王亚森、姚秀川：《青海三马》，中国文史出版社1988年版，第148页。

第四章 民国时期的青海回族

调来100辆大卡车的援兵,淮阳日军以坦克和大炮、步兵配合,大举进犯我河防阵地。马部全旅将士奋勇迎击,短兵相接,白刃而战;旅长马秉忠一马当先,与敌激战,不幸中弹,为国捐躯;即由四团团长韩某代为指挥,坚持浴血苦战,全旅人马伤亡惨重。马彪师长严令血战到底,并派一旅旅长马元祥率部分部队渡河支援,马元祥身负重伤,骑一师以轻骑迂回敌后奇袭,致使日军腹背受敌,终于溃退。这次战役中,共消灭日军1 000多人,俘虏数十人,骑兵师伤亡2 000余人。日本中国派遣军总司令官冈村宁次日记称此为"恶战马回子军"(日本人沿用中国清朝统治阶级对回族的侮称,多用"回子"称中国回族——著者)。

淮阳战役结束后,国民党军事委员会、第一战区长官部及青海当局都发来唁电,西宁地区各族各界也召开追悼会,沉痛悼念抗日阵亡将士。暂编骑一师全体将士在马秉忠等烈士为国捐躯英勇事迹的鼓舞下,增强了打击日军的信心和决心。在以后的几次战役中,打死敌骑兵500余人,缴获战马数十匹,其中还挑选了20匹送往青海报捷。日军恼羞成怒,抽调重兵,配以优良武器,以炮兵和坦克掩护,向宝塔一带马彪师发起猛攻,马彪师百余名将士背水而战,在弹尽援绝的情况下,因不愿被俘受辱,全部投河壮烈殉国。

3. 整编为骑八师至抗战结束

1940年7月,全师调赴皖北的临泉及豫皖边界的沈丘两县,并整编为骑兵第八师,取消了原有的旅、营建制,改为新的团、大连编制。全师共编为三个团,一、二两个团为骑兵团,第三团为步兵团。此外还有师直属营、连等,马彪继续担任师长。整编后,仍属第一战区战斗序列,同时接受第五战区李仙洲集团军的指挥。同年8月,骑八师又调赴皖北的涡阳、蒙城、怀远等县,驻守涡河以南、沙河以北三角地带，牵制津浦铁路蚌埠沿线的日军，经常出其不意地破坏敌占区的铁路、公路、桥梁等以断敌交通，使其运送物资困难，并牵制了敌军的行动。9月，骑八师工兵连和一个步兵大连，进驻怀远县境涡河北岸的重镇龙岗镇，修筑防御工事，埋设地雷，与日军展开激战，屡挫敌军锐气，使敌军遭受了重大损失。经过龙岗战役，皖北一带的日军如惊弓之鸟，再也不敢轻举妄动。"马回子军"的声威传遍皖北敌占区。

1941年，第一战区长官卫立煌命马彪兼任何柱国所属骑兵第二军副军长，并有升任六十四军军长传说，于是有人向马步芳说马彪有脱离青海之心。马步芳深恐骑八师的兵权完全落到蒋介石中央军手里，即于1942年夏飞抵重庆，面陈蒋介石后，即任命马步康（马步芳的堂兄，时任第一〇〇师二九八旅旅长）接任骑八师师长之职。马彪含愤未回青海，以中将参议职闲居西安。

1943年到1944年之交，日本侵略者发动最后的进攻，掀起了中原大会战。先攻占了河南洛阳，后打通平汉线，占领该线水陆码头的漯河据点，调坂垣师团主力围攻漯河外围的阜阳。为了保卫阜阳，苏鲁豫皖边区总部调骑八师赴颍上一带作为侧翼掩护，参加了阜阳保卫战。骑八师与友军密切配合，经常出其不意地对日军进行偷袭，使敌人付出了惨重的代价。后来骑八师司令部暂驻后方的一个村子，因汉奸告密，日寇派飞机空袭，副师长卢广伟和一个士兵被炸牺牲。

1945年，日本投降后，骑八师与其他友军奉命开往徐州"接收"。因当时中央军视骑八师为地方杂牌军，只准驻扎在城郊，不准进城执行接收任务。1946年3月，调驻甘肃永登，重新归入马步芳军事集团序列。

骑八师官兵在师长马彪的率领下开赴中原抗战8年，不畏牺

第四章 民国时期的青海回族

牲,与日寇展开了英勇顽强的作战,"马回子军"的威名传遍苏鲁豫皖边区,使日寇闻风丧胆,给鲁豫皖日伪军以沉重的打击,钳制了日军的力量,为争取抗战的胜利作出了贡献,马彪师也付出了巨大的牺牲,先后伤亡近万人。马彪在给马步芳的信函中表示"恨不得马踏倭鬼,给我已死先烈雪仇,与后辈争光"①。另外,从日本方面提供的资料表明,1935年一名日本间谍刚到青海就被捉拿;1937年日本军方的代表与马步芳接洽,提议建立盟约,但马步芳拒绝接受②。联系到日本曾图谋在西北回族聚居区策划建立一类似"伪满州国"的傀儡政权以分裂中国,马步芳所取立场表明了回族在中华民族危急存亡关头与汉族等同仇敌忾的民族大义。从上我们不难看出,马步芳虽然是反动军阀,但在日本对我发动侵略战争、亡国之祸迫在眉睫的关键时刻,奉命派兵参加抗日,加入到抗日民族统一战线的行列中,表现了坚定的爱国思想和民族意识,客观上对保证西北抗日后方的稳定起到了积极的作用。

(六)权倾西北

1. 控制省内国民党党务机构

1926年11月,国民党西宁县党部成立,之后发展比较缓慢。黎丹建议马麒控制筹备委员会。1929年11月,马麒主持召开各县党部常务委员联席会议,成立了青海省党部筹备委员会,自任主任委员。1931年5月,蒋介石为了加强对青海党务的控制,通过国民党中央组织部派人到青海建立起"国民党青海省党务特派员

---

① 杨效平:《马步芳家族的兴衰》,青海人民出版社1986年版,第161页。
② [美]默利尔·亨斯博格著,崔永红译:《马步芳在青海》,青海人民出版社1994年版。

办事处",派来的人多为国民党特务组织CC系的成员。他们一方面监视调查在青海的进步分子以及国民党内部的"不忠分子",另一方面也是为了削弱马氏家族的权力。马步芳表面上佯装应付,暗中却使用各种手段设置障碍,迫使特派员办事处的人自动离青。同时,马步芳积极利用本地籍CC系人员马绍武培植青海省党务亲信,这样既可以排斥蒋系渗入青海的势力,又可以通过马绍武与国民党中央周旋。从此,马步芳成为国民党青海省党部的领导人,党内事务则由马绍武负责。

1938年11月,国民党青海省党部执行委员会正式成立,蒋介石指派马步芳任主任委员,以马绍武等6人为执行委员。1943年,陈立夫指派马绍武为青海省党部监察专员,成立监察专员办事处,与委员会分庭抗礼。1943年3月,国民党中央改组青海省党部,马步芳、马绍武等9人为执行委员。1945年3月,青海省第一次国民党党代会召开,出席会议的代表基本上是马绍武一派,其次是地方势力的少壮派。马步芳决意全力支持少壮派,排斥CC系势力。在1946年召开的青海省第二次国民党党代会上,第二届执、监委员全部由马步芳的亲信担任,中央派全部退出了青海省党部,马步芳最终实现了集青海党政军权于一身的目的[①]。

2. 操控青海省参议会

1938年初,国民政府决定设立国民参政会,饬令马步芳着手筹备青海省临时参议会,借以标榜民主。经国民政府核准公布魏敷泽、杨希尧、邵鸿恩、马步瀛等20人为临时参议员,马永龄等9人为候补参议员,魏敷泽为议长,马步瀛为副议长,马继援为秘

[①] 主要参考王亚森、姚秀川:《青海三马》,中国文史出版社1988年版,第185~192页。

第四章 民国时期的青海回族

书长。后因马继援身兼数职,遂改姚钧为秘书长。

1945年1月,国民政府责令马步芳正式成立青海省参议会,经马步芳当年8月报送国民政府批准后,12月召开了第一届参议会第一次大会,会上选举出马步芳事先指定的马元海、高文远为正副议长。

3. 与新疆、西藏、甘肃的关系

(1) 新疆方面

1944年9月,新疆省伊犁、塔城、阿克苏发生阿合买提江领导的革命,国民党中央派吴忠信担任新疆省主席,三区革命军进逼乌鲁木齐,吴力主马步芳调派武力进入新疆。1945年,蒋介石以新疆局势危殆,急电令马步芳派军队入疆增援,马步芳即派马呈祥率骑兵第五军入新。骑五军到达新疆后,分驻在迪化、奇台、阜康、昌吉等地。1946年,国民党中央和新疆当局,决定组织回、汉、蒙古、哈萨克四个民族团,虽然是针对三区革命,但客观上对于遏制东突分裂主义发挥了积极的作用。回族团以骑五军军官循化回族绽福寿为团长,该团有士兵1 000余人,军马2 000匹;该团成立后,为扩大马呈祥在新疆回族中的影响做了许多工作,同时,也增强了马步芳在新疆的势力。

马步芳在拥护吴忠信的基础上,支持麦斯武德担任新疆监察使。1947年,麦继任新疆省主席,马步芳保荐马呈祥兼任政府委员,并在军事物资上予以支持。这一时期,配合国民党驻新疆军队镇压了吐(吐鲁番)、托(托克逊)、鄯(鄯善)事变。骑五军马希珍连驻守中蒙边境要塞北塔山,英勇抗击蒙古边防军一个混成营并有5架飞机配合的入侵,以蒙古军死20余人,马部伤亡10余人,挫败入侵告终,受到国内舆论的热烈赞扬。这两次事件后,马步芳十分重视骑兵第五军在新疆的部署,虽然第五军属新疆警备司令部领导,但重大军事行动必须得到马步芳的同意。之后,骑五军改为新疆骑兵指挥部,马呈祥任指挥,郭全梁为副指挥,所属部队改编为骑兵第六、七两个旅。1949年夏,马步芳任西北行政长官后,密令马呈祥乘机负责处理新疆全省军政事务,以扩大在新疆的权力。

(2) 西藏方面

马步芳主政后,通过政治手段加强与西藏的关系。1934年,马步芳派黎丹组织西藏巡礼团赴西藏考察,黎丹在西藏历时三载,足迹遍历前后藏,结识了许多西藏地方政府的上层人士及著名的活佛等,对进一步疏通青海与西藏的关系起了促进作用。1933年10月,第十三世达赖喇嘛圆寂。1937年,在青海寻访到了转世灵童,经马步芳作主确定湟中县祁家川红崖子拉木顿珠为十四世达赖喇嘛。马步芳电请中央政府准派马元海为护送专使,于1939年7月由西宁随行入藏,同年10月到达拉萨,并在国民政府代表、蒙藏委员会委员长吴忠信主持下,举行了隆重的坐床典礼。马元海又积极展开活动,使西藏上层与马步芳家族进一步密切了联系。

与此同时,马步芳还组织青海商务队,往来西宁、拉萨,贩运英、印和青海方面的物资,在印度的噶伦堡和中国拉萨、西宁分设商务办事处。1940年12月,马步芳与西藏多方商议,在西宁成立了"青藏商务联合办事处",由冶成荣负责。1941年,陈彦率领商务队赴藏,并由马建业驻印度加尔各答,与英、印商人直接接触,加强了与西藏和英、印的商务。

(3) 甘肃方面

青海建省后,马步芳以巩固后方防务为借口,立即剪除凉州等处的残余军阀马国礼,派原第九混成旅第一团马驯进驻凉州,

第四章 民国时期的青海回族

为进而占据整个河西走廊,牵制皋、榆峡谷地区奠定了基础。同时令原第九混成旅第二团马为良驻防河州,与河西、青海形成犄角之势。当时马麟在兰州任甘肃省保安司令,马廷贤部由天水向兰州进犯,马麟命马继融率部由临夏经兰州迎击,经定西一战打垮了马廷贤部。随之马步青接替马麟任甘肃骑兵暂编第一师师长,由永登移驻凉州。

1937年,马步芳奉命在甘肃河西走廊阻击红军,进一步控制了河西走廊一带,引起蒋介石的警觉。1942年,蒋介石命令马步芳将第一〇〇师韩起功部由甘州、肃州撤回西宁,同时把马步青部也由凉州调驻青海,河西走廊由蒋介石嫡系部队接防。

4. 出任西北军政长官

多年来,蒋介石一直把宁夏的马鸿逵和青海的马步芳严格控制在地处边陲、人口稀少的宁夏和青海两省,表面笼络,内存戒备。西北军政长官和甘肃省主席两个重要的职位也由其嫡系担任,不许两马染指。1949年4月人民解放军解放了南京,继续向华南、西南进军。在西北战场,解放军相继解放了西安、咸阳及渭河以南的广大地区。蒋介石决定利用两马在西北作垂死挣扎,授意两马一任西北军政长官,一任甘肃省主席,条件是二马各派一个兵团,组成"宁青联合兵团",进犯西安,东出潼关,以钳制南下的解放军。马步芳自恃自己势力大于马鸿逵,既想当西北军政长官,又想让其子马继援出任甘肃省主席。马鸿逵则认为长官一职非自己莫属,这样宁夏省主席的职位就可由自己的儿子马敦静担任。1949年5月上旬,马鸿逵携带当时任副长官临时代理长官职务的郭寄峤致马步芳的亲笔信,从兰州到青海民和县的享堂与马步芳会晤,双方表面上相互谦让,并约定互为推荐。

享堂会晤后,马鸿逵即致电国民党中央,表示拥护马步芳出任西北军政长官,同时以所属十一军(军长马光宗)和一二八军(军长卢忠良)组成宁夏兵团,由卢忠良任指挥官,向甘肃平凉一带集中。当时的青海兵团辖八十二军(军长马继援)、一二九军(军长马步銮)、骑兵第八旅(旅长马英)、骑兵第十四旅(旅长马成贤)。这样宁青联合兵团由以上4个军、2个骑兵旅组成,马继援任指挥官,卢忠良任副指挥官。5月18日,国民党政府任命马步芳代理西北军政长官。24日,马步芳即率领青海省政府秘书长马骥、建设厅长马禄和国民党青海省党部主任委员马绍武等,离青赴兰;25日,马步芳在兰州宣布就职。马步芳任西北军政长官后,首先对长官公署中原有的高级人员作了调整,改组了行政、财经和建设等委员会,对其亲信均作了安置;并把驻扎在兰州一带的中央军部队进行调防,以第一二九军杨修戎为兰州警卫部队警备司令,旋改任原驻兰州办事处处长为警备司令。青海省政府秘书长高文远带领400多人的青海代表团赴兰州表示祝贺。7月27日,国民党政府正式任命马步芳为西北军政长官,宁、青两马之间的矛盾表面化。8月14日,马步芳、马鸿逵和胡宗南赴广州参加"西北联防会议",针对两马矛盾,行政院院长阎锡山做了一番说服和折衷工作,以马继援为西北军政副长官,马鸿逵继任甘肃省政府主席。8月17日,人民解放军进攻兰州,马步芳急向宁夏求援,马鸿逵不应;不几日,马步芳仓惶离兰回西宁。

(七)覆灭

1. 出兵陇东

1947年,国民党对延安和陕甘宁边区发动进攻,蒋介石首先命令胡宗南率军大举进犯延安,同时命令马步芳、马鸿逵分别组成青海兵团和宁夏兵团开赴陇东接替胡宗南所遗防务。马步芳接到命令后,于3月26日令其子马继援率整第八十二师由西宁进驻

第四章 民国时期的青海回族

平凉，以配合胡宗南部和宁夏兵团。1948年4月17日，我西北野战军自陕西宜君、马栏镇等地南下，横跨泾渭河谷，从胡宗南和马继援防区的空隙长驱直入，一度攻克宝鸡、邠县、长武、扶风、武功等12个城市，西安、兰州为之震动，这就是名震一时的"西府战役"，又称泾渭河谷战役。4月23日，马继援奉西北行辕之命，图谋堵击南下宝鸡的人民解放军，并将防务重新作了调整，兵力主要集中在西峰、平凉。在屯子镇等地战斗中，马继援部共死伤官兵700余名，战马200余匹；解放军也有200余名指战员被敌所俘①。4月23日，南京解放。西北战场上，第一野战军（即西北野战军）攻取西安。1949年6月初，胡宗南集团与宁青二马组成的"宁青联合兵团"联合作战，开始了进攻咸阳、收复西安的行动。1949年6月，宁马、青马军队分三路由平凉向咸阳推进时与解放军前哨部队发生激战，解放军主动撤退。马继援命令一九〇师、二四八师、一〇〇师和骑八旅越过宁夏兵团防线，率先单独进攻咸阳，从三面迫近城根。解放军主力部队从西安驰援咸阳，向青马军发动了猛烈的进攻。青马官兵死伤600余人，只得撤退。1949年7月19日，第一野战军制订了"钳胡打马"的陇东追击战和平凉决战的作战计划。毛泽东批准了这个作战计划，并电示"只要平凉战役能歼两马主力，西北战局即可基本上解决，往后占领甘、宁、青、新，基本上只是走路和接管的问题"②。7月24日，马步芳派西北军政长官公署副长官兼参谋长刘仁在甘肃静宁召开军事会议，决定青马、宁马和陇南中央军各

---

① 韩有禄、马尚武文，载《青海文史资料选辑》。第4辑。
② 杨得志、李志民：《毛主席和彭总的又一杰作——西北战场的决战》，载《兰州战役》，甘肃人民出版社1983年版，第9页。

-199-

部协同作战，在平凉、三关口、固关一线阻止解放军西进。7月25日，解放军左路一兵团一军、七军在王震率领下由八渡镇地区向固关镇方向挺进。马继援则在固关、关山岭一带部署了骑八旅、骑十四旅共8个骑兵团的兵力固守，并集结了5个师的兵力准备增援。28日，解放军向固关发动了猛烈的进攻，骑十四旅不支，骑八旅见死不救，而宁夏兵团也从平凉撤退。青马军孤军作战，节节溃退。1 000余名官兵被俘[①]，旅长马成贤带伤逃遁，马继援不得不撤退兰州。7月30日，人民解放军解放平凉。8月3日，解放天水。

2. 兰州战役

陇东战役后，宁马退回老巢，青马败退兰州，双方各自为战，为人民解放军彻底解放大西北提供了有利的条件。中共中央确定了先攻打青马，即可解决西北问题的战略决策。8月4日，人民解放军第一野战军司令员彭德怀发出了进军兰州歼灭青马的命令，许光达、王世泰率领第二兵团三个军，杨得志、罗瑞卿率领第十九兵团两个军，王震率领第一兵团三个军从东、南、西三面完成了对兰州的包围。8月11日，马步芳急飞广州与蒋介石、李宗仁、阎锡山召开紧急军事会议，制订兰州决战计划。19日，马步芳飞回兰州，以西北军政长官的名义对青马军进行布署，也在兰州市东、南、西三面布置三大阵地。8月21日，解放军向兰州发起进攻，激战两天，双方均有伤亡。22日，临夏解放，守兰青马军军心动摇。马步芳深感兰州难保，急令西北军政长官公署秘书长马骥亲赴宁夏求援，但马鸿逵却坐视不救。24日，委刘仁代

[①] 马尚武：《马步芳部骑兵第十四旅固关被歼记》，载《青海文史资料选辑》，第1辑。

理西北军政长官,自己仓惶返回西宁。8月25日,解放军向兰州发起总攻。兰州陷入大规模阵地战中,作为攻坚战,双方争夺十分激烈。解放军二兵团首先攻占了沈家岭、狗娃山、营盘岭,十九兵团又攻占了豆家山、古城岭、马架山以及东岗坡和飞机场一带的阵地。青马军全线溃退,从三大主要阵地退守到城防区域。马继援与马步芳通电话后,与各部将领商议决定撤退。青马军随即从黄河大桥败退,各路官兵纷纷夺路逃命,桥上拥挤不堪,以致车压、马踏、人踩及落水而死者不计其数。解放军连夜攻入城内,青马军在巷战中死伤惨重。西北军政长官公署率一二〇师、九十一军残部向河西走廊逃窜。26日,兰州解放。在兰州决战中,人民解放军第一野战军集中优势兵力歼灭青马军主力27 000人,为彻底解放大西北奠定了坚实的基础①。

3. 人民解放军进军青海

兰州解放后,人民解放军第一野战军即决定分兵三路向青海、河西走廊、宁夏挺进,从而解放大西北。1949年8月27日,驻扎在临夏的左路军第一兵团接到进军青海的命令。司令员兼政委王震命令一军军长贺炳炎、政委廖汉生率部从永靖渡黄河,取道民和、乐都,沿湟水以南向西宁进发;二军(军长郭鹏、政委王恩茂)在王震的直接领导下,由临夏西进循化夺取古什群峡桥,过黄河,取道甘都,进军西宁。为了不给青马军残部以喘息的机会,一军即选派600余名侦察员组成的骑兵先遣侦察队,向西宁奔袭。一路上几乎没有经过战斗,于9月5日进占西宁城,西宁正式宣告解放。

马步芳惊惶失措,急作退逃准备,8月27日携眷乘陈纳德预

---

① 崔永红等:《青海通史》,青海人民出版社1999年版,第637页。

备的飞机逃离西宁，飞往重庆；同机逃走的还有马步青、马步瀛以及省党部主任马绍武、西北长官公署秘书长马骥等。马继援原拟准备收集残兵败将到河西走廊，等待新疆骑五军入关。8月27日与马步芳取得联系后，便放弃抵抗计划，令八十二军副军长赵遂将残部带到大通、湟中上五庄整编。8月31日，马继援自带40名卫士由永登取道互助返回西宁，立即在湟中大厦召开紧急会议，布置疏散善后事宜。9月1日，马继援与一二九军军长马步銮、新编步兵军军长马全义、骑八师师长马步康、一师师长马璋、青海省政府代秘书长高文远等乘飞机离青。随机带走黄金31箱，白银121箱①。

9月8日，在人民解放军的军威震慑下以及王震司令员派出的劝降代表的政治争取下，青马军第八十二军副军长赵遂、参谋长马文鼎率残部在上五庄向解放军缴械投诚。9月11日，青马军第八十二军第一九〇师师长马振武、三五七师师长杨修戎、骑八旅旅长马英及其残部2 000余人在海晏三角城向人民解放军投降。9月26日，青马新编骑兵军军长韩起功从祁连到达张掖，向当地解放军投降。9月25日，新疆警备总司令陶峙岳将军通电起义，驻新疆的青马骑五军接受和平改编，原骑五军军长马呈祥出走国外。10月6日，参加新疆起义的骑五军一师师长韩有文代表全师青海籍官兵致电廖汉生主任表达敬意，廖汉生复电嘉勉。10月25日，马步芳集团残留青海的最高官员、青海省参议长马元海（马步芳之表兄）率所部少将军官马元祥、马仲彪等百余人从乌兰县希里沟到共和切吉投降。溃散在甘肃境内的马步芳残余部队也向

---

① 青海省委党史资料征集委员会、青海省军区政治部编：《解放青海·概述》，青海人民出版社1987年版，第6页。

第四章 民国时期的青海回族

当地驻军投降①。

4. 回族人民热烈欢迎和帮助人民解放军

1949年9月8日，西宁解放的第三天，毛泽东同志在为中共中央起草的致前线各野战军、南方人民武装及各界人民的祝捷电中，谈到全国人民对人民解放军的热烈欢迎与大力帮助时，还特意提到"甘肃和青海的回民同胞"，赞扬他们"和汉人同胞一样，表示热烈欢迎和帮助人民解放军"，鼓舞了人民解放军全体指挥员、战斗员为解放全国人民、统一全国领土的伟大的神圣的使命而英勇战斗。

毛泽东同志之所以特别赞扬甘、青两省的回民同胞，是因为西北战场上第一野战军在贯彻毛主席、朱总司令"向全国进军的命令"时，就十分注意党的民族平等团结政策的贯彻执行。第一野战军政治部在进军途中发表了《告甘宁青新回蒙藏同胞书》，颁布《八项规约》，在进军青海的时候，更是恪守"三大纪律"、"八项注意"，"不拿回蒙藏人民的一针一线"。各族人民对于人民解放军军纪严明、秋毫无犯的模范行为，耳闻目睹，深受感动，自然而然地有口皆碑，遐迩传颂。于是，人民解放军指战员所到之处，各族人民皆箪食壶浆，像迎接亲人一样……

1949年8月27日，循化县商会会长马瑞斋（回族，商号吉福祥，青海歌唱家马文娥祖父）和当地绅士周文焕等人牵着披红的老花牛，抬着西瓜，盛情地迎接了解放循化的二军五师指战员。马瑞斋老先生旋即被委派为循化县副县长，动员群众，编扎排筏，支援大军渡河北上。

8月28日，临夏回族绅士马良、马丕烈、马全钦等先生，应

----
① 崔永红等：《青海通史》，青海人民出版社1999年版，第642~643页。

王震将军之邀，和徐委之、祁子厚等人一起组织劝降团，飞渡黄河，深入险地，苦口婆心劝晓已陷绝境的青马残部赵遂、马文鼎等人放下武器缴械投降。

大约是同日晚，在永靖莲花池渡口架设浮桥的八名人民解放军指战员被黄河急流卷走，危急关头，被下游二十多里外的一位迄今不知姓名的回族同胞搭救上岸，使其重返战斗岗位。

9月2日，青马一二九军三五七师师长杨修戎等部将炸毁享堂大桥和民和军火库的爆炸声尚未停息，熊熊烈火还在燃烧，上川口回族绅士马克成等人就带领群众，保护东垣粮仓，并于当天渡过大通河，欢迎正在永登前进的二兵团三军一部指战员解放民和县城。马克成先生在解放不久，也担任了副县长职务。

9月5日，化隆县甘都回族群众马玉龙等人泅渡黄河迎接解放军。循化人民更是争先恐后拥军支前，仅乙麻回庄的水手在这一天就拉纤、划船，在二里宽的河面上往返十余次。撒拉族水手马光蛟、韩拉巴札等5人牵着战马，浮水渡河，一天就送过了三四十匹，虽然他们被马踢得遍体鳞伤，但能为解放青海贡献自己的一分力量，他们感到由衷的高兴！

一军二军渡过黄河后，在向西宁的进军中，更是受到了沿途各族群众和回民同胞的热烈欢迎，化隆回族妇女排着长长的队伍盛情欢迎解放化隆的人民子弟兵；年逾古稀、居住湟中唐隆台（今属平安县）中庄的马朴老先生，还翻山越岭到化隆扎巴镇迎接解放军。西宁临时治安维持会内回族望绅马辅臣、马乐天等也都在解放前夕四处迎接解放军。9月5日，西宁解放，75岁的回族老人胡锦云感慨万千，当即赋诗一首："马到青海四十年，人民苦死万万千，解放大军来征剿，至是拨云见晴天"，进一步表达了各族群众和回民同胞对中国共产党和人民解放军的无限爱戴和崇高敬意①。

第二节　民国时期青海回族的社会经济

青海回族社会经济因受特定历史地理环境和生产生活条件影响，既有与全国回族和青海世居民族经济生活方面的共同性，同时也形成在某些经济门类方面典型的行业特点，甚至表现为诸如在牛羊屠宰行业的垄断性，皮毛行业的专长性，清真餐饮行业的独特性，以及生产经营上的精明性。因此，回族传统行业不仅在本民族社会经济中占据很大的比重，而且也成为回族经济生活明显不同于其他民族的一大特点。

一、手工业

民国时期，是青海回族传统手工业工艺逐渐发展和成熟的时期，这一时期比较出名且驰名河湟的回族手工业工艺有康城靴、桥尔沟沙罐、藏刀、紫羔皮筒。

1. 康城靴

康城靴是民国时期青海藏区牧民穿用的一种藏靴，也是青海回族的一项传统民族手工业制品。这种藏靴主要出产于康城川（今湟中县大才乡的康城、汉东、措隆、冰沟、前沟、后沟村等回族聚居的山川，方志旧称大、小康缠）的回族鞋匠之手，以其加工精细、样式美观大方，尤其防寒防潮、经久耐用的特点而闻名，深受农牧民青睐，当时在青海牧区上到千百户下至普通牧民若能拥有一双康城靴即成为身份地位的象征，堪称当时青海地区

---

① 张博：《毛主席特别赞扬甘青回胞》，载中共青海省委组织部、宣传部、纪委主办《党的生活》，41~43页，1986年第5期。

同类用品中独一无二的名牌产品。

屠宰和皮革加工是回族手工业中密不可分的链条式传统行业，一直延续至今，有屠宰便有皮革加工，皮毛、皮革等均是屠宰业的副产品。根据史料，明末清初已有内地匠人来青海将牧区的牦牛皮鞣制成靴，回族将牦牛皮加工成靴的时间不迟于清中叶。到了清末，外省的靴匠将更为先进的制靴工艺带入青海，使得康城川回族的制靴技艺更加精湛，到了民国已经形成了回族传统的制靴工艺。其加工程序大致为：收购牧区牛皮——泡——刮——用麦草灰薰三遍——晒。然后，将晒过的皮子，厚者不上颜色作为靴底，薄者上颜色（一般是黑色）为靴腰，最后缝制成靴。每一道工序都经严密把关，以确保质量。1937年前后，湟中鲁沙尔镇已成为康城靴的加工销售中心，有靴匠81家，其中比较有名气的回族靴匠有李家、妥家、虎家等，还有湟源的张家。

2. 桥尔沟沙罐

驰名河湟的桥尔沟沙罐是青海回族传统手工制品。这种沙罐出产于大通县良教乡的桥尔沟村，据《大通县志·民族》记载桥尔沟回族烧制沙罐始于明代。另据口碑资料，原先青海大部分的沙罐主要出产于黄家寨村，桥尔沟的回族村民留心揣摩学习他们的制罐技艺，经过几代人的努力改良终成具有回族传统工艺的沙罐制做技术。

桥尔沟村位于蕴藏着丰富的用于烧制沙罐的天然红土的娘娘山脚下，制作沙罐的主要原料青泥就在村口，大通煤更是烧制沙罐的上等燃料……得天独厚的地理位置，使得桥尔沟村产生和形成了烧制沙罐的特殊条件。经过回族匠人的改良，桥尔沟的沙罐不仅制作工艺更为先进，而且制作精良，质量上乘，使用方便，深受广大农牧民的喜爱。到了民国初期，桥尔沟沙罐已经驰名河

第四章 民国时期的青海回族

湟各地。20世纪二三十年代,桥尔沟村几乎家家都有沙罐作坊,产品除有大、中、小三种沙罐外,还有沙催催、醋壶、双耳煮肉大罐、沙火锅、做饭锅以及坛、盆、碗、药罐等30多个品种;贩运者人挑畜驮,到各地交换麦子、青油、家禽等。沙罐是陶瓷的一个分支,因皮层较厚,不易传热,温度均匀,恒温性强,具有耐高温、耐酸、耐碱、耐腐蚀、韧性好、不炸不裂等特点,使它拥有了诸多独特的用途。由于沙罐煮茶烧汤别有风味,尤其在气候干旱寒冷的高寒地区,用沙罐熬的茶、煮的饭、炖的肉可以起到提精神、助消化、保健康的作用,因而逐渐成为青海东部农业区各族群众家家喜欢的主要用具。

3. 藏刀

藏刀又名腰刀,是青藏高原极富有代表性、普遍性的民族手工艺品之一,藏族、蒙古族群众几乎人手一把,平时作为一种装饰品,吃牛羊肉时用它剜割。其制作工艺要求高,刀刃部选用优质复合钢,刀把一般用牛角等镶嵌而成,刀鞘多为铜、银。据说,青海回族的一部分先民是元朝时期成吉思汗西征后被俘的西域回回色目工匠的后裔,传承了阿拉伯精良的制刀工艺。元代,回族中已出现一种木柄皮鞘刀,随着工艺的改进,刀的品种随之增多,制作工艺也因地制宜,为适应藏蒙牧民普遍佩用刀具的习尚,在藏刀的设计、选料、锻打、淬火、镶嵌、砸铆、抛光等工序上都有了突破。到了清代,回族制作的藏刀开始在广大牧区享有声誉。解放前夕,在化隆甘都、湟源城关镇、湟中鲁沙尔镇、大通桥头等处都有回族制作的藏刀。其中化隆甘都回族制作的藏刀,垒花刀把,刀刃锋利,工艺精巧,深为藏、回等农牧民喜爱。大通县深沟村的藏刀也驰名河湟。民国时期,西宁"马国祯藏刀"最为有名。

4. 紫羔皮筒

皮筒就是用珍贵的皮毛加工而不挂面的的皮衣。早在清朝前期，青海较为珍贵的皮毛——貂鼠、白狼、艾叶豹、猞猁狲、元狐、沙狐、鹿、麇①等被河湟回族皮匠加工精制成社会富有阶层所需的"领袖、缘裘、褥"等，转向内地寻求高价，其中的褥"可避诸虫，其香虽久不散"②，成为那一时代省内各族富豪阶层和中原官绅人家争相购求的穿戴用料，其市场广阔，经久不衰，可谓是独特的民族手工业制品。到了民国时期，青海回族皮匠精心加工的紫羔皮筒已名扬海内外。羊羔产后不超过1个月即行屠宰剥皮，称紫羔皮，用藏系绵羊黑色羔皮缝制成的皮筒称为紫羔皮筒。配上绸面料可制成高档皮衣和裘皮大衣，每件皮筒大衣需紫羔皮30多张，足见其价值，尤其是紫羔皮筒花纹精密、卷曲均匀、色泽鲜艳、板毛轻软，以及保暖耐穿等特点深受海内外人士的喜爱。精美华贵的紫羔皮筒在当时是青海的一张"金名片"，而民国初期由于紫羔皮筒的高利润更成为洋行重点收购的商品。

二、皮毛加工业

民国时期繁荣的皮毛生意已成为青海回族的地方民族性行业，进而逐步形成了皮毛的收购、加工、贩运、销售一条龙的特殊自发流程。

1. 皮毛的收购、销售

民国时期，青海回族参与皮毛生意的商人按经济实力可分两种，其一是小商小贩，他们农忙时节务农，农闲之余便自发三五

---

① [清] 梁份：《秦边纪略》，卷一，青海人民出版社1987年版，第78页。
② [清] 梁份：《秦边纪略》，卷一，青海人民出版社1987年版，第78页。

第四章 民国时期的青海回族

成群以小本或牧民需要的农产品,深入牧区收购、换取牧民的皮毛,然后将换来的皮毛带回自己居住的城镇如湟源城关、湟中鲁沙尔、大通桥头、贵德河阴等,转手交售专门从事皮毛生意的大户,获利不多,风险较小,处在皮毛生意的最底层。其二就是处在皮毛生意中间阶层的回族官绅和大商人,在拉卜楞"各商号资本在十万元以上者,皮毛商品十分之四,资本十万以下者,皮毛商品甚多,约一百三十余家。此项皮商多系青海及临夏回民官绅经营"①。青海官僚资本各大商号都从事皮毛生意,当然在官僚资本以外也有资本较为雄厚的大商人参与其中。"至于交易之情形,多由临夏、临潭、贵德各地之汉回商人,运输茶、布、杂货、面粉等物,到达各地易换皮毛等畜产品,蒙藏人即按其需给,以其剩余之皮毛与商人交易,此种交易,纯为以物易物制,从不以银做价,此种交易,尤以商人预先放贷定货,到皮毛生产期即往收集之,而蒙藏人亦与预先放货,以应彼之需给者,认为有交情,互相交易,从无纠纷,惟须商人处处表现信实,则蒙藏人甚所信赖也"②。贵德"出产以皮毛为大宗。每年羊毛集中于此者,一百五十万斤。羔皮十万张。……民(国)元(年)以来,临夏县商人到此营商,年有增加,直至现在约数十家。多投资于皮毛,而设立国货庄,以通有无,每年运往上海、汉口、四川、天津……各地销售(每年回民贸易约在三十万),从事是业者必须熟习番话,驮粮赴帐房一带(游牧番民),购皮易物"③。

---

① 陈圣哲:《拉卜楞经济概况》,载《甘肃贸易》,1943年第2、3期。
② 张元彬:《拉卜楞畜牧》,载《方志》,1936年第九卷,第3、4合期。
③《突崛》,第2卷第6期。

2. 皮货加工[①]

青海是我国五大牧区之一，盛产绵羊、山羊和狐、狼、豹、猞猁等，且因地处高原，气候寒冷，人们在冬春季需要裘皮衣着，以御寒冷，给皮货业提供了良好的条件。据调查，解放前西宁东关及城内有150多家皮货作坊，由于大小皮货业的兴起、竞争，在西宁先后开设了许多皮行业字号，而且有众多从事皮货业加工的能工巧匠，有专做羔皮的，有专做野生动物皮的，有缝缝补补的毛毛匠，有专门做反缝老羊皮大衣的，还有专做藏民皮袄（熟拉）的，等等。他们的劳动创造和积极经营，不但改善了自身生计，也为城镇贫民提供了从业机会，而且满足了社会不同需求，从而促进了地方经济的发展。但由于官僚资本的倾轧，以及法币贬值等原因，到解放前数年，西宁皮货业陷于萎顿境地。

西宁皮货业作坊鞣制皮货产品种类繁多，但以绵羊羔皮为主。野生皮则是皮货作坊家的附庸产品，因其价值高昂，做工精细，一般人穿不起，社会需求量不大，只供少数"达官贵人"穿着。皮货产品的价格涨落无定，随行就市，产品上涨，原料也涨；产品跌价，原料也跌价。皮货的工艺流程相当复杂，劳动量也很大，简单地讲要经过这样几道工序：（1）洗净，将原皮以淡水洗，用木棒捶打或者脚踏，将污泥洗净；（2）日晒，洗完后将皮展开，先晒皮面，后晒毛面，否则就会脱毛；（3）进缸，将原皮泡在大桶内，加上专用皮硝等用人工或机械反复揉搓，致使皮毛内的油污除尽，恢复鲜艳润滑的天然毛色；（4）铲皮，用大铲刀将皮面上的脂层剥去，这叫水铲；（5）煮，将料水烧

[①] 此小节为穆建业（1905~1998年）《回忆西宁皮货业作坊》一文，个别有删节。

第四章 民国时期的青海回族

开后把皮子一张张放入锅内,用手慢转几分钟后拉出水面仍铺于大缸内,再撒上黄米面粉,每二三天煮一次,这就叫攀皮,是最关重要的一环;短者七天,长者十天后即出缸日晒,干透后再铲,这一次铲也叫面铲;(6)将面铲后的皮子一张张用细小的木棍抖打硝面,使毛花疏散干净。将皮子加工成产品的过程:首先把熟好的皮子按毛色,花纹的粗细,毛的长短,皮张大小配好,然后皮匠裁制,用杀毛剪杀平,用铣抓子扣散,再用皮硝、面粉、盐水调好花子,最后打包起运或是入库待售。西宁有150多家皮货业作坊,而十五六家皮行集中在以东关大街为中心的花园北街、北关街、南小街、北小街等处,如米木沙为经理的福兴隆,苏子贞、林子明合伙经营的泉泰涌,沈临瀚独家经营的隆泰兴和王玉玺负责的皮行等商号;还有的不在街头设店铺,而把带来的百货批发给零售商而得利,如刘雨村、马长麟、马廷令、苏香亭等人。东关南北有好几家中等皮号也出售狻猊、貂皮、岩貂(也叫扫雪皮)、水獭皮等兽皮。总之,西宁市皮货业作坊家大部分是自产自销。

3. 毛纺制品

民国时期,青海回族的毛纺制品主要有毛毡、毛帐房、口袋、毛氆氇和一种称作褐子的面料。毛毡以牛羊毛为原料,用手工擀制而成,毛毡可以铺床、做靴、做帽等,其防寒、防潮的特性在青海使用较为合适。民国时期青海化隆县的毛毡较为有名,用当地土种羊毛擀制,柔软而富弹性,色白似玉,色黑如墨,表面光滑,牢固耐用,同样也是驰名河湟。

三、运输业

在没有现代化交通工具、交通极不发达的旧时代,商业贸易的繁兴,带动了河湟地区特有的交通运输行业——驮运业,其中包括脚户、车户、筏运。

1. 脚户

"脚户"是旧时西北地区以驮队形式从事贩运的一种行业。在河湟历史上,脚户主要以回族为主。早在清朝前期,各条商道上,回族"脚户"来往驮运各种物品,由于道路遥远崎岖,运输费用较高,故而"货价每增于运脚焉",又因运输工具的不同,路道危易不同,以及市场需求之不同,驮价也各异。清末以来,被强迫迁徙偏僻荒凉地区的大部分青海回族,普遍地少且贫瘠,农业生产的收入远远不能满足实际生活的需要,乃至出现"半年种地半年跑,半年不跑吃不饱"的情形,为此,回族饲养牲畜用来驮物以作贴补。商人运货需要雇牲口,驮运货物的骡马驴等牲口需专人赶往运货地点,赶牲口的人一般跟在牲口后面,既吆喝牲口,又照看货物,只能用脚赶路;他们没有本钱做买卖,豢养一二牲口,靠受雇微薄收入糊口,于是出现了脚户这一行业。乡村脚户除农忙时节在家务农外,其余大部分时间都是以户为单位,带着牲口从事贩运。民国时期有的地方匪盗成患,商旅风险甚大。因此,脚户们往往组成一个集货物运输与商业贸易为一体的驮队集体远行。

在漫长的岁月里,脚户们逐渐创立了驮队的制度,维护了脚户的共同利益,基本上保证了商旅活动的正常进行。驮队的组织结构由掌柜的、揽头和脚户这样三种成分组成①。掌柜的,集运输与贸易于一身,也被称为行商,是驮队的雇主,一个驮队往往是临时搭帮而成的,"掌柜的"负责货物交易时的定价,还负责处理旅途中的各种突发事件;"揽头"是从各驮帮的脚户中推举

---

① 严梦春:《关于河州脚户的调查》,载《民族研究》,2004年第4期。

第四章 民国时期的青海回族

出来的赶骡能手,其具体职责是率领头帮骡子行进,同时还负责指挥整个驮队;"脚户",是驮队中的普通劳力,在驮队中主要负责牦牛、骡子、马、驴的喂养、使用和照看,一名脚户必须学会几手过硬的本领,如收拾鞍鞯、编制笼头和鞭子、钉铁掌等,还要具备一定的兽医知识,为确保路途上的安全,脚户必须具有健壮的体力和很强的应变、协调能力,"自内地运入本境之货,运货皆资马驮,车亦罕有用者"①,而且有些路段牲畜驮着货物无法通过,只好由年轻力壮的脚户将沉重的货物扛在肩上,两侧各扶一人,侧身而行。此外,为避免发生意外,每当遇到狭窄路段,都必须由走在前面的脚户大声吆喝,让对面来的驮队暂且等候,以免狭路相逢,进退维谷。青海回族脚户同云南回族马帮,是回回民族在艰难时世顽强生存的真实写照。

2. 车户

回族车户的发展则与车道的改善是密不可分的。民国时期青海的车户主要为大马车车户,民国前期即开始施行"修路以便运转"的举措,青海的车道逐步得到改善。当时的车道可分段通行大马车,山岭地带是难以通行的。车户一般都集中在各城镇郊区,"在西宁近郊'三司令'(马步瀛)置有油坊水磨,配备有与众不同的运输大套车"②,西宁、大通和湟中的回族农民一般家中多有马车,农忙务农,闲时跑运输。当时的马车有两种,一种为能充气的轴承胶轮车,行驶较快,称"拉拉车",通行于城

---

① 马麒:《奏筹办青海各项折文》。
② 马俊寿:《马步瀛欲建高楼大厦的前前后后》,载《西宁城东文史资料》,第1辑。

-213-

镇新修公路；另一种是大木轮车，因其轮有大铁钉，不允许行于新修公路，因而不能进城。传有逸事一则：有大通马车需进西宁为居民运送燃煤，用废胶轮胎钉于木轮上，交通管理人员不便作主，报于主席，据说，马步芳听知，为之解颐笑说："这是'杠骚'来了。"于是木轮车被允许上公路进城。"杠骚"是西宁一带土话，意即耍赖讹诈，后来西宁人便称这种钉有胶皮的木轮车为"杠骚车"。

到了民国中后期随着青海公路的修建与完善，有的青海回族工商业者开始投资于青海的汽车运输业，如回族工商业家马辅臣即拥有汽车在甘青两省间经营运输业。

3. 筏运

回族在运输行业方面，除常见的车户、脚户外，在回族聚居的化隆、循化、民和、门源等地，回族利用黄河、湟水、大通河的天然航道，在各个渡口上用皮筏担负运渡——即筏运，时称筏客（即筏工）。

据《后汉书》记载，早在东汉时期，就已存在称为"浑脱"的囫囵羊皮褪毛充气后用作载人渡河的器具。近代出现将单个皮囊（有牛、羊两种）以每排6只共5排扎于木架上，称为皮筏，用作河上运输工具。但在漫长的历史长河中，皮筏只是用来载客渡河，而用以载货搞货运，则是清末民国间的事情。清光绪二十一年（1895年）左右，英国买办在张家口开设洋行，并通过甘肃的驼帮大量采购青海羊毛，"套毛中西宁毛在中国羊毛中纤维最长，有八寸，在套毛中居首，且有光泽，与外国羊毛交织，则为最适原料，每年

第四章 民国时期的青海回族

输出甚多"①，故国际市场上"西宁毛"名噪一时。英、美、俄、德等国商人接踵而至，在青海设立洋行由买办为其收购羊毛，并由西宁扩延到湟源、贵德、俄博（祁连）等地，数年间增至近30家。"根据当时一些畜牧业产品的销售数额推算，清朝同治、光绪年间，青海每年销售羊毛共达八百五十万斤左右。"②羊毛、皮张集中西宁后，商家雇用筏子运往包头，继而通过公路、铁路运往京津出口，由于皮筏运输成本少，载量大，运价低廉，各外商均能获得暴利。此后，河湟本地的商人主要是回族商人也纷纷参与羊毛生意，"每年出口定买羊毛者，踵相接也"③。第一次世界大战后的几年里，因羊毛生息利大，河湟的回商利用传统经商优势竞争于羊毛的收购和外运上，开始垄断河湟羊毛生意，如在拉卜楞毛商"营此业者回商占十之八九"④。河湟的洋行则陆续撤走，而转坐天津、张家口等地从事收购。在这种高利润的刺激下，由于皮筏运输成本少，其它运输方式无法与其竞争，毛商们多雇佣皮筏贩运皮毛，随之产生近代具有地方民族性的一项专门的水上交通运输行业——筏运。

筏运业主要集中在民和川口地区，当时约有筏户五六十户，大致分布在川口东街、张家户、王家户、南庄子、吉家堡、米拉沟、享堂和马场垣等地，其中6户拥有大筏（由120个皮囊组成）10多个，以当时每个皮袋值十二三元（银元）计，其资金在万元以上。资金少的，只要能凑足三十个皮袋，也可承载运输⑤。在

---

① 王自强：《中国羊毛之探讨》，载《新青海》，第二卷第10期。
② 《青海畜牧业经济发展史》，青海人民出版社1983年版。
③ ［清］张庭武修，杨景升撰：《丹噶尔厅志》，卷五。
④ 丁明德：《拉卜楞之商务》，载《方志》，1936年第3、4期。
⑤ 张仕全：《川口的筏运行业》，载《青海文史资料选辑》，第13辑。

20世纪20至30年代,正是筏运业兴旺发达时期,筏户、水手增多,业务繁忙,来往奔走于西宁、兰州、包头之间。据青海考察团于民国22年调查,化隆有皮筏300张,循化有皮筏200张,每张可载货15 000斤左右。当时西宁市东关栈房及滨河路一带,有筏子和羊毛、皮张的堆垛多处。

20世纪30年代后期,官僚资本企业垄断了青海的畜产品购销业务,水运业也为其垄断,"德兴海"组建有庞大的筏运机构,拥有木筏四五十架,皮筏百余张,员工178人。抗日战争爆发后,包头沦陷,此路筏运一度中断,只走西宁至兰州一程。除运畜产品外,还将青海一些原始林区伐木捆扎成木筏,顺水筏运至兰州等地。抗战胜利后,筏运业再度兴起。后因羊毛贸易衰落,公路的修建及汽车运输的兴起,到解放时青海回族已无人从事筏运业。

四、采矿业

青海各地蕴藏着极其丰富的矿产资源,但在漫长的历史发展中,由于青海地处边陲,交通不便,人们对矿藏的开发缓慢。早在明朝时期,就有史料记载回族已参与了青海矿藏的开采,但是只是自发的零星开采。在长期的开采实践中,青海回族与全省其他各族人民不断地掌握开采技术,到了民国时期,安定的社会环境,青海回族的采矿业逐渐成为全民族传统的行业,成为青海回族弥补农业收入不足的重要的经济活动,青海回族的采矿业主要集中在采金和采煤上。

1. 采金

至14世纪中,已有关于回、汉人民开采祁连野牛沟及门源天桥沟沙金的记载[①]。祁连因富产"金玉宝物"而称八宝;门源有

[①] 翟松天:《青海经济史(近代卷)》,青海人民出版社1998年版,第132页。

第四章 民国时期的青海回族

沙金山,"因其皆赤色,下产金沙,故名。"既知产金,至迟从明中后期开始,民间小规模淘挖沙金已经出现,和其他民族一道共同开采黄金。清乾隆年间,西宁地方官吏采取"官督商办"的方式,招商承开金矿,回族商人积极参与其中,而且规模最大的就在门源县境内的札马图金矿,雇有矿工500人。

民国时期,回族采金的人数和规模大增。虽然青海的大部分金矿被马氏政权控制,但民间采金也是相当盛行,当时湟中县"大才乡的一二行政村,有百分之九十以上的农户从事挖金,冰沟村农民挖金者占80%以上。贾尔沟全村都是挖金者或小商贩,土地成了半荒状态"①。大通县回族村庄"挖金生产占当地回民经济生活的50%"②,青海其他地方的回族村庄亦是如此。

采金的组织结构由金头和金夫(当时称"沙娃")两部分组成。金头是经济势力较大者,拥有资金,要备齐采金的马匹、帐房、粮食、工具等,还要有能力组织自卫武装,拥有小型武器。金夫的来源有三种:一种是那些无地农民,他们自愿受雇而来;一种是负债的农民,失去了人身自由,为了还债不得不去为金头挖金;还有一部分农民则是被大大小小的金头强抓去的。金夫的雇期为8个月,工资每人银元100左右,由金头一次交清③。

当时按照行规,金头和金夫之间要订一个合同,大概如下:(1)要是金夫外逃,必须追回,按日退赔工资;(2)若因疾病

---

① 《青海湟中县回族社会历史调查报告》,载《青海回族调查资料汇集》,中国科学院民族研究所,青海少数民族社会历史调查组编,1964年。

② 《青海大通县回族社会历史调查报告》,《青海回族调查资料汇集》,中国科学院民族研究所,青海少数民族社会历史调查组编,1964年。

③ 翟松天:《青海经济史(近代卷)》,青海人民出版社1998年版,第139页。

或意外工伤事故而死亡者，金头只在经济上负担一定的补偿，不负刑事责任等。从中可知，此合同并非劳资两利合同，具有很大的不平等性，只有利于金头一方。因此，在当时淘金这一行业充满血和泪，故而民间流传有"沙娃死了没埋，煤娃埋了没死"的说法。

2. 采煤

民国时期，青海回族在采矿业中从事采煤的比重也是很高的。青海的煤矿较多，但由于资金、技术等因素的限制，青海回族的采煤业主要在大通县，主要开采者也为这里的回族。

大通的煤矿"自明代，本地汉回集股开采"①。到了明末，产煤量逐渐增大，并把煤销售到西宁地区，"西宁北川口外白塔地方，出产石煤，系附近汉、土、番、回民人挖取贩卖，以为生计。每驮纳税钱三十文，西宁府委员收解充饷，约计每年收银一千九百余两"②。

民国初期，大通矿区共有12个窑主开采，开窑12个，后增开3个，共15个，其中回族窑主占大半。1935年，马步芳派牛、聂两位副官来到大通矿区，在私窑中间开掘直井4口，成为官窑；1938年，马步芳就任青海省政府主席后，授权常驻大通县的骑兵旅长马步奎（马步芳堂弟）亲自办理煤矿事宜。同年4月，马步芳来到矿山，收买了当时产量最多、质量最好的喜鹊山煤窑；1939年，又用36 000元买下了矿山的12家私窑，并在此基础上，于当年成立了官办的"大通公平煤窑"。自此，大通煤矿就从私窑的自由竞争阶段转变为官僚资本的垄断经营了。

---

① 刘郁芬：《甘肃通志稿》，卷二十八《民族八·实业》。
②《清世宗实录》，卷一一五。

第四章 民国时期的青海回族

回族除极少数能成为窑主外,大部分贫困农民都是煤窑的工人。工作一般分为三种:成年工、童工、盲人工。成年工在井下采煤,童工在井下背煤,盲人工一般在井上绞辘、拉煤和排水。工人们的劳动时间长,强度大,工具极为简单。煤矿工人大部分是受饥寒所迫无法维持日常生活的贫苦农民,一些则是破产的小手工业者,除此之外,还有一些农闲时自带干粮,至窑上劳动,以换取微薄收入的临时雇工。煤窑所产之煤运往本县及西宁、互助、乐都、贵德、湟源等地销售,还有少量运往兰州出售。当时,各地每天来矿山拉煤者,马车有约200辆,驴骡约千头。运输主要依赖畜力车,当时畜力车,多为木轮木厢结构,每车由1~2头牲口牵引,可载500~800公斤,城镇用煤多由当地"脚户"承运;乡民自用煤,大多是自备牲口驮运。

五、饮食业(清真饮食)

回族善于经营的特长因特殊的风俗习惯,在城镇形成并发展为别具一格而同时为各族人民乐于享用的清真饮食,世人以为"汉回多从事商业,务农者较少,通行大道,开旅店和饮食店者甚多,均于门首悬一小木牌,题曰'清真',或更于其上绘一碗,以示售卖茶饭"[1]。除清真饭馆遍布城乡外,西宁传统清真小吃酿皮、甜醅、烤羊肉等相继形成。"万盛马"糕点、"马如意"包子、"马存寿"杂碎世家以及湟源马进福的"湟源陈醋"均是百年来颇享盛名的老字号。

1. "万盛马"糕点

万盛马糕点是民国时期西宁回族食品业中的最负盛名者。万盛马始创于1889年,到民国时的马纪良已是第三代。到"于民国

---

[1] 魏崇阳:《西北巡礼》,载《新亚细亚》,1934年第八卷第5期。

七年（1918年）七月二十日在西宁东关马麒公馆（今白玉巷省军区招待所所在地）对面坐南向北，开设两间铺面。当时在西宁东关地区经营民族食品糕点的还只是'万盛马'一家。后来'生盛钰'、'文盛魁'、'马玉山'各家相继开业，但上述各家的点心匠人，大半都是从万盛马字号中学出来的"[①]。当时万盛马糕点店为了取得社会声誉，打开销路，与淘金老板挂钩，签订产销合同，同时大力提高糕点质量，增加花色品种，采用红色木匣包装，分一斤装、半斤装等规格，按合同批发给当时的沙娃食用。糕点匣所装的品种、花色、片、块一样，数量一致，保质保量，色味俱佳。于是，万盛马糕点销路大畅，声誉鹊起，成为西宁市清真糕点行业中的"老大"和青海糕点业名牌。

2."马如意"包子

据西宁东关老者回忆，20世纪30年代初期，马如意的包子在西宁古城曾经名噪一时，家喻户晓，老幼皆知，只要清晨铺门一开张，人人争先恐后，一尝为快。因此，马如意包子曾被当作社交应酬的时髦食品，又是待客的佳餐。马如意原先经营清真小吃摊，后因同行中相同的面食小吃过多，他改行做包子。到了40年代初期，马如意的包子味鲜可口，已在群众中赢得口碑。不久马如意入伙陈吉发在花园北街开设的"福盛馆"清真餐馆，在专营炒菜、卤面、炒面片等菜食之余，又推出"包子粉汤"配套饮食。当人们知道马如意的包子小摊进入了饭馆时，争趋光顾，先吃为快，门庭若市，盛况空前，竟至人们忘却了"福盛馆"，反而顺口直呼"马如意包子"或"如意儿的馆子"。当时顾客盈门，

---

① 陈新泰：《传统民族糕点"万盛马"》，载《西宁城东文史资料》，第1辑。

每日满座,成为西宁市东关地区的著名饮食店之一。

马如意包子的特点是肉嫩馅软,选料肥瘦比例合适,肥而不腻,且较之别人的包子,个型大小一致,皮薄底不厚,不沾笼屉,面细皮白,馅酥味好,色型俱佳。

3. 马存寿杂碎世家

西宁地区的精品清真杂碎是马存寿的祖父马尕芳(人称芳爷)在清朝末年创立的。"马尕芳认为经营牛羊杂碎大有发展前途,他就在东关大巷道(今南小街东侧——著者)开设铺面两间,早在清朝末年就开始经营牛羊杂碎,供应市场,维持生计。"①马尕芳经营的牛羊杂碎,选料精细,洗的干净,头、肚煮的熟而不烂,肥而不腻,味美可口,食客盈门,生意兴隆,可维持一家人的生活。后其子马龙、马昌、马胜继承家传,掌握了加工制作牛羊杂碎的独特手艺后,于清末民初时期就分开在西宁经营。马昌和马胜在府门街一东一西开设铺面2间,独自经营牛羊杂碎。马尕芳1914年病故后,马龙继承父遗店铺,不久将铺面搬迁到城内大新街扩大经营,继续经营牛羊杂碎,马龙1952年病故,由其子马存寿继承经营。

马存寿的牛羊杂碎继承了祖先传统的加工制作牛羊杂碎的独特手艺,从选料、清洗、炖煮上都讲究,无内脏异味,口味浓香,其蹄筋的柔嫩、腱子肉的好吃、头皮的烂嫩、肚子的脆劲、肠子的肥软、口条的香嫩,在杂碎饮食业中无出其右者。

到解放初期,西宁除了马存寿杂碎世家外,还有城东玉带桥根的"马杂碎"和城中的"王羊头",也是经营牛羊杂碎的名家。

---

① 张维珊:《杂碎世家马存寿》,载《西宁城东文史资料》,第6辑。

4."湟源陈醋"

"湟源陈醋"现已是青海省家喻户晓的调味品,民国时期在湟源陈醋的酿造中,青海回族也是占有一席之地的。

清末,在湟源已形成了陈醋房(业主陈林甫)、马醋房(业主马进福)、简醋房(业主简有才)、林醋房(业主林有端)的四大陈醋酿造作坊格局,其中马醋房的业主马进福便是回族。湟源陈醋始于清乾隆年间,已有近300年的历史了。当时正值民族贸易的兴起时期,各族商人、手工业者纷至沓来,湟源的民间贸易火爆,其中便有湟中鲁沙尔的陈醋匠人被吸引至此,他不仅开作坊精工酿醋,而且也将祖传秘方传授他人,到了清末就形成了陈、马、简、林四大醋房。

六、牛羊屠宰及牛羊肉售卖业

清真牛羊肉,已是民族传统餐饮业的重要组成部分,也是青海回族的垄断行业。由于回族恪遵伊斯兰教各项教规,其饮食禁忌及许食畜类须经诵真主之名屠宰成为严守不渝的民族风俗习惯;屠宰许食畜类必诵真主之名,必带"阿布代司"(大小净),而带"阿布代司"者只能是穆斯林,这就限定了施行屠宰者首先必须是穆斯林。当回族先民形成聚居情形后,首先是衣食住行的需求,聚居到一定规模,出现穆斯林自己经营的餐饮业,伴随餐饮业的出现,供应许食畜类肉食的行业也相应产生,又因穆斯林许食畜类首选牛羊,且牛羊饲养最为普遍,于是牛羊屠宰连带售卖就成为城镇回族专门行业,其出现至迟在回族正式形成前后。如湟中的回族"卖牛羊肉者五六十家,几乎均为回民,汉民仅一二家"[①]。时至今日,民族交往日益密切,不

---

① 青海省编辑组:《青海省回族撒拉族哈萨克族社会历史调查》,青海人民出版社1985年版。

第四章 民国时期的青海回族

同民族穿插居住比以往更形普遍；以西宁市而言，回族历来聚居的东区其人口比例仅三分之一左右，但牛羊屠宰行业全系回族，售卖牛羊肉的店铺也基本是回族。1949年前，有类似于现在专业户的世代经营屠宰及牛羊肉售卖的人家，专事屠宰者被称之为"膻巴"。解放后实行统购统销政策，由国家统一经营。

七、半农半牧和园艺业

民国时期的门源、化隆、大通、湟中、民和等县的回族都主要从事农业生产，兼营家庭饲养和手工业，其中民和、化隆气候较好的河谷地区的回族则兼营园艺业。门源回族的农业生产历史悠久，从西域回回屯垦在浩门河畔开始，到清末的难民，都在门源从事农业生产，油料作物是门源回族的主要经济作物。门源草地辽阔，水草丰美，自古回族在这里发展畜牧业。大通的回族主要从事农业，大通天然草场广阔，水源充足，牧草丰茂，畜牧业生产历史悠久，历代曾在此建有牧马场，军马场。家畜主要有马、牛、骡、驴、羊等。

由于民和上下川口地区和化隆靠近黄河的甘都、群科地区气候温和，有黄河的灌溉，水源充裕，农耕历史悠久，到明朝时农业、园艺业已相当发达，尤其到了民国时期这里已是"枣梨成林，膏腴相望"。民和在青海素有"瓜果之乡"的美称，而经营瓜果的又多为回族。在漫长的历史中，回族培育的瓜的品种有甜瓜、西瓜、籽瓜三大类，果品更是多达二三十种，其中冬果梨、薄皮核桃驰名省内外，"三红"苹果色泽鲜、味香浓、质细腻。化隆的酥梅、贵德的长把梨和接杏，民国时期也是很知名的水果。

另外，值得一提的是，在回族的园艺中都普遍种植花椒，且栽种历史悠久，尤其贵德产的花椒个大粒饱，皮色鲜红，芳香浓郁，含油量高，品质佳。

第三节 青海回族商业的兴起

民国时期,青海回族商贸既有传统方式的延续,又有近代资本主义商业因素的不断增长,呈现出一种多样性和异乎寻常的发展态势。在羊毛贸易的刺激之下,西宁吸引了大量的从事羊毛交易的商人,他们的纷至沓来为近代西宁带来了资本主义的因素和商业生机。民国时期,在近代资本主义商业因素影响下,回族官僚资本逐渐兴起并逐步垄断商业。

一、回族官僚资本的形成

马麒、马麟、马步芳家族相继统治青海40年,凭借军事、政治权力,建立起了青海全省范围的官僚资本,主要用于筹集军政费用,稳固在青海的统治。最初的德顺昌、义源祥商号虽然兼营军用物资并享有某些特权,但在市场上则与其他商号一样按市场规则进行经营。随着协和商栈、德兴海的兴办,则垄断了青海市场,1946年成立的湟中实业有限公司则达到了青海官僚资本的顶峰时期。

1. 官僚资本的雏形——德兴店

马麒在逐步实现青海的军政统一过程中,为了维持日益扩大的宁海军的军费开支,并为青海建省做准备,不得不开辟新的财政收入渠道。先是"马麒之弟马麟1892年(清光绪十八年)在家乡经商"[1],1900年以后,马麒家族即在河州(今甘肃省临夏市)先后开设德义恒、步云祥等商号,开始到青海地区经营皮毛贸易[2]。1912年马麒任西宁总兵后,德义恒商号开始统购青海羊毛,运至

---

[1] 王亚森、姚秀川:《青海三马》,中国文史出版社1988年版,第97页。
[2] 《青海历史纪要》,青海人民出版社1987年版,第118页。

第四章 民国时期的青海回族

天津售给英商兴隆、利济、安利等洋行，换取枪支、军火、布匹、百货等①。1915年，马麒在西宁东关开设了"德顺昌"商号，其经营中心由河州转移到了西宁，大量贩运羊毛、皮张出省，购进大批布匹、百货、茶叶，且规模远远超过了德义恒商号，由宁海军军需处长任经理，宁海军的财务和粮饷都由德顺昌经管，可见官僚资本直接为宁海军军费开支服务，开始把商业和政权结合在一起，形成了官僚资本的雏形。1930年，马麒任青海省政府主席，将德顺昌在西宁的总店改为德兴商店，扩大经营范围。到了1931年8月马麒过世之后，其弟马麟接任青海省政府主席，德兴商店由马麒的三子马步瀛接管，除直接经营羊毛、皮张、布匹、百货、茶叶等贸易外，所有入省大宗货物，统由其经营批发。至此，青海地方官僚资本初步形成。

德顺昌和德兴店作为马氏家族最早的官僚资本性质的商业机构，一直存在到民国末年。据青海省商会档案，民国25年《青海省西宁县商会会员名册》，德顺昌和德兴店同时存在。民国27年、民国32年12月改组后的第二届青海全省商会联合会，德顺昌与德兴店的代表同任理事，据西宁商界老人回忆，德顺昌于民国末歇业②。

2. 马步芳起家的经济基础——义源祥

在马麒经营德顺昌商号的同时，"约在1920年前后，我省巴燕戎镇有个颇具规模的私人合资商号，经营皮毛山货兼售日用百货，顾客盈门，生意兴隆。这就是当时甘青地区依赫瓦尼著名阿訇马禄等合营的'义源祥'商号"③。1926年，马步芳部驻扎化

---

① 《青海历史纪要》，青海人民出版社1987年版，第118页。
② 翟松天：《青海经济史（近代卷）》，青海人民出版社1998年版，第232页。
③ 马俊寿：《青海义源工厂简介》，载《西宁城东文史资料》，第2辑。

隆，以委托经管其部队官兵粮饷并向义源祥投资银元3万合资经营的办法，遂将义源祥加以调整组合，逐渐控制义源祥的经营，扩大经营范围，除经营羊毛、皮张、布匹、百货、茶叶等贸易外，还低价收购县城附近油坊15座，垄断了化隆一带的油菜籽收购以及油料、粮食的购销，兼营药材、木材、金沙买卖。

1929年马步芳升任青海暂编第一师师长，进驻西宁。在化隆的义源祥商号随即在西宁东关设立总号，经营规模更加扩大，先后在湟源、化隆、贵德、同仁、大通、互助、门源、循化、乐都等地设置分号，扩大收购羊毛、皮张、金沙、甘草、大黄、麝香、鹿茸、虫草、羌活等商品，在天津设代理处，采办英、日等国的丝、毛、棉织品、百货及武器运回青海。此时，青海的皮毛虽仍自由经营，"马步芳乃利用其政治力量，从事羊毛贸易之独占，他把蒙藏民族对他应缴的租税，折为羊毛，这批羊毛收入，就有可观的数量，其次他在几处产毛地的地方，独占式的收买，一般私人当然不能和他竞争"[1]。1930年，马步芳为了改善部队装备，在义源祥商号附设义源工厂，主要"加工生产部队所需被服、鞋、靴、袜、皮件、鞍辔等军用产品"[2]。1933年，马步芳亲赴上海，携带沙金十袋，在上海金店兑换，并与杜月笙结识，为青海地方官僚资本打入上海市场进行疏通。"据统计，公元1935年（民国二十四年）青海入省物资约值银元六百二十万元，出省物资约值银元一千四百万元，其中大部分均为义源祥商号所经营。"[3]

---

[1] 范长江：《中国的西北角》，中华书局1980年版，第92页。
[2] 马俊寿：《青海义源工厂简介》，载《西宁城东文史资料》，第2辑。
[3] 《青海历史纪要》，青海人民出版社1980年版，第121页。

第四章 民国时期的青海回族

3. 协和商栈和德兴海

马麟继任青海省政府主席后,于1932年在西宁开设协和商栈,经营皮、毛及药材等土特产贸易。

1938年,国民政府颁布了在抗日战争期间防止重要物资资敌的法令,此法令给了马步芳的官僚资本以历史的契机,他立即宣布对青海的大宗商品羊毛和各种皮张、药材等由政府统购统销。1938年末,马步芳将协和商栈收归省政府秘书处领导,并制定《青海协和商栈组织规程及统营皮毛药材暂行办法》,规定全省所有出产皮毛、药材统归协和商栈收买,各种统制物资的收购价格由协和商栈确定,协和商栈总经理由政府秘书长兼任。协和商栈总栈设在今城东区周家泉,总栈直辖毛顺工厂、皮张仓库、羊毛仓库、皮张作坊、青海羊肠公司和皮筏队;下设湟源兴海、循化统盛、贵德生成、同仁兴隆、共和隆海、同德协永、上五庄济成、鲁沙尔集成、什藏寺益成商栈,以及乐都、民和、大通、互助、化隆、海东、八宝、贵德、兰州、成都、松潘等分栈。兰州分栈负责向财政部贸易委员会所属的复兴商业公司西北分公司交售羊毛,运销苏联等国;成都分栈负责办理青海南部皮毛、药材等外销业务[①]。

在改组协和商栈后不久,马步芳又将义源祥号更名为德兴海,扩大经营范围。德兴海总店设在今西宁东关大街,主营布匹、百货、茶叶、粮食、食盐、沙金、木材等。除义源祥原有的分号外,在农业区的民和川口、马营,湟中上五庄,大通桥头,循化白庄等地增设分号,在牧区的共和恰卜恰,兴海大河坝、羊

---

① 翟松天:《青海经济史(近代卷)》,青海人民出版社1998年版,第234页。

曲、同德拉加寺、什藏寺，都兰香日德、察汗乌苏、希里沟，德令哈，玉树结古，祁连八宝、俄博等地也增设分号，各县德兴海分号兼营皮毛、药材。德兴海先后在兰州、西安、老河口、汉口、天津、上海、西康甘孜设置办事处。在松潘分号，转运四川商品和以青海土特产品换取川茶及民族用品。在兰州设立东方木厂，销售青海的木材。在此期间，青海省政府组建了"青海商务队"，配备犏牛1 000头，往来西宁、拉萨之间，以银元和青海的土特产品，换取英、印的布匹、百货等。1940年，经与西藏方面协商，在西宁成立"青藏商务联合办事处"，并先后派青海省田赋粮食管理处副处长陈彦和马建光往来于拉萨和印度的加尔各答之间，直接在国外市场购销商品。

总之，马步芳控制下的协和商栈和德兴海在青海省内和全国各地广设分支机构，建立起遍布省内外的官僚资本商号网络，垄断进出口商业。从上文可知两大商号在经营业务上各有侧重，协和商栈主要统购统销全省畜产品，即输出青海的羊毛、皮张等；德兴海则主要经营百货、布匹、粮食、食盐、沙金、木材、药材等。除经商外，协和商栈监管全省草头税（后改称建设费）的征收，德兴海兼营课金的征收和金账贷放。两大商号还代政府征收其他税捐。

4. 湟中实业有限公司

1946年2月，马步芳将协和商栈、德兴海与原分散经营的工厂、矿山、盐场、伐木厂、牧场等合并，成立湟中实业有限公司，达到了官僚资本的顶峰时期。公司董事长自然为马步芳，董事26人有马继援（马步芳之子，国民革命军陆军第82军军长）、马元海（马步芳表兄，省参议会参议长）、马步銮（马步芳堂弟，82军副军长）、马骥（青海省政府秘书长）、冶成荣（青海省财政

第四章 民国时期的青海回族

厅厅长兼田赋粮食管理处处长）、韩起功（青海省保安处处长）等，清一色为马步芳家族的重要成员和省军政权贵。

湟中实业有限公司的旧址在今西宁东关大街（今义东商厦），总经理为冶成荣（后兼该公司董事长），下设三部：商务、工矿、林牧，另外银行归其管理。商务部以原协和商栈、德兴海在省内外的70多处分支机构为基层组织，名称未变；在省外增设包头办事处、宁夏办事处、康定支号、邓柯支号、泾阳茶庄、郑州转运站、汉口转运站、老河口转运站和上海海虹商栈；在印度加尔各答也设立经理处。工矿部下属"八大工厂"、大通煤窑、窑洞口瓷器厂、桥头石灰厂、互助北山焦炭厂、烤胶厂、鞍鞯厂、门源铁迈炭厂、西宁小峡瓷器厂、哈姜盐场、茶卡盐厂，以及数目、地址不定的金场。八大工厂为：火柴厂、三酸厂、玻璃厂、制磷厂、修配厂、洗毛厂、纺织厂、皮革厂。"从青海地区历代经济发展情况来看，可以说八大工厂的兴建是个大飞跃，而且从工程技术人员、管理人员到普通工人，都已初具规模，有些机器设备还是从国外进口的，并以电力、水力、火力为动力，生产硫酸、磺磷、赤磷、硫化磷、火柴、皮革、烤胶、肥皂、玻璃、毛巾、白宽布、地毯、陶瓷、煤炭、电、服装、毛毡、马鞍、洗净毛等工业产品。应该说20世纪40年代在青海地区所建的这些工厂，是现代工业的萌芽，如果把它们都说成是'手工工厂'或青海只有'八大工厂'，是不符合历史事实的。"①青海湖以"公德堂"的名义，在国民政府工商部领取产权执照，开办了富海渔场。林牧部下设两部：林业部和畜牧部。林业部总设东方木场，按森林区及销货地分设木场，有互助北山、同仁县麦秀、大通县鹞子沟等木

---

① 张维珊：《"八大工厂"考》，载《西宁城东文史资料》，第5辑。

场;畜牧部下辖9个牧场、1个奶场和西宁东关肠衣厂。

湟中实业公司还"代管"各地农场,如互助县曹家堡滩、北山后及芳惠渠、贵德县莫渠沟、循化县古什群硖口新村、化隆县甘都西滩、乌兰茶卡等,还有德令哈和化隆班珠哇两垦务组。1948年8月,湟中实业有限公司进行机构调整,将其他各部撤消设立子公司,原有湟中实业公司以商业为主,有西北畜牧公司,地址在西宁市大教场,经理马得福;昆仑工程公司,在原昆仑中学内,经理马丰先;湟中实业公司,经理孟全礼。

据1947年湟中实业公司董事会年报称,当年进省物资总值5 580万元(银元),出省物资总值8 200万元,合计达13 780万元。

二、民间商业

回族商业资本的出现首先是民国建立后青海地区相对安定的政治环境和资本主义介入河湟的必然产物,外国资本主义的直接、间接参与皮毛生意便开了青海近代商业的大门,带动了青海近代的商业经济的发展,促使青海社会发生了巨变,更为重要的是羊毛贸易给河湟"善营利"的回回人以新的历史机遇,回族社会不失时机地把握了这一历史机遇,并显示了巨大的潜能。尽管存在官僚资本,但事实上垄断贸易引动的相关连锁性行业,为民间贸易提供了契机和空间,在谋求生计的本能和积累财富的冲动下,涌现出了一批商业资本,包括经营规模不同的数十上百家商号。到了民国23年(1934年)统计,当时河湟地区大的商业资本家就有25家,全系回族,资本金额约1 500万元,中等商人107家(回七汉三),资本金额约570万元[①]。

---

① 翟松天:《试论青海解放前的社会性质》,载《青海社会科学》,1987年第4期。

第四章 民国时期的青海回族

1. 马辅臣"矿务"工商实业的兴起

回族大商人的崛起和河湟回族军阀的出现是有着直接的关系,河湟回族大商人一般都是依附于回族军阀的,或者他们本身就属于马氏家族中人。马辅臣祖辈务农,10多岁以贩运马驴从事小本经纪,往返于甘南藏区及西安、包头等地,逐步培养了善于经营的特长。后来马辅臣投靠舅父马麒,1913年以干炼的胆识和精于枪法受舅父马麒的赏识,被提拔为矿务马队管带,这个职务,便奠定了他此后大半生经营工商业的基础①,不失时机地扩大和开拓了自己的商业、企业。马辅臣在定居西宁和一度移居临夏的前后30年致力于工商业活动中,曾屡经挫折,而心志不摧,终究富甲一方。

任矿务马队管带后,马辅臣负责监管青海境内所有金矿和柴达木地区盐矿,"马矿务"随即成为他在青、甘、宁地区妇孺皆知的名号。青海建省后任青海省榷运局局长,仍主要从事工商业,协助政府经营矿务、盐务。马辅臣积累了相当数量的资金后,生意蒸蒸日上,逐渐走上了独立发展的道路。他在西宁周家泉设立骆驼场、货场,以其雄厚的资金在省内外专运专卖青盐,同时将茶叶、布匹、青稞运销牧区,将牧区大宗羊毛、皮货运销天津等地,其商运业远至西藏并及印度,所设商栈,遍布甘青,远及包头、天津等地,尤其在天津开设德义恒商栈,将青海大宗的羊毛、皮货等运往天津等港口向外销售。1940之后,他在兰州又兴建汽车厂,主要在甘、凉、西宁一线经营运输;不久在临夏筹办了一个发电厂。此时,马辅臣已一跃成为一个拥有百万家财

---

① 李文实:《怀念马辅臣先生》,载《青海文史资料选辑·缅怀集》,1989年。

的大工商业资本家,除了几座工厂,十多部汽车外,还置有好几处田庄和几百亩良田,以及成群的牦牛和骆驼。当时甘青两省的百姓说:"马步芳的权,马矿务的钱。"据估计到解放后在工商业方面的流动资金达100万(银元),加上房产、土地、磨房及其他家产,总计约在150万元(银元)以上。

马辅臣虽然在民国时期亦官亦商,成为青海巨富,但他在大力发展工商实业同时,也直接做了许多社会公益事业,这在当时是难能可贵的。马辅臣在临夏堡子兴办完全小学一所,一应经费包括书本费和教师工资,均由他本人供给。另外,他还有一所私立新华小学,马辅臣以校董事的名义,资助经费达5 000元之多(银元),又捐赠土地40亩,作为该校校产以充实经费;给临夏中学捐资2 000元,添置了桌凳,增办了高中班,所有高中班师资所需经费,均由他按月支付。在伊斯兰教事务方面,他先后在西宁、湟源和临夏修建清真寺六七座,自己两度赴麦加朝觐。在民国的30多年里,他陆续创办火柴厂,筹建民生水力发电厂,为交通不便之地出资修桥筑路,积极热心地方公益。

作为一个开明的资本家,在解放初期,他还积极支援国家的经济建设事业。在这一阶段,他在临夏继续投资兴建发电厂、糖厂、养蜂厂;电厂公私合营后成为临夏地区电力系统的重要组成部分之一,为临夏人民的照明用电和工业用电,解决了不少困难问题。

总之"这位由农民和小商户起家的大商人,在他的前半生亦官亦商的生涯中,居然能斥资巨万,为地方创办不少公益事业,这在旧社会中的边僻地区,实属鲜见,堪称为是一位为地方造福的工商业家"[①]。

[①] 李文实:《怀念马辅臣先生》,载《青海文史资料选辑·缅怀集》,1989年。

第四章 民国时期的青海回族

2. 民间商人及商号

苏兆泉（1860~1923）和"泉泰涌"商号。苏兆泉，字心源，青海西宁人，系道光年间举人苏绍武后裔。清光绪二十一年（1895年）因河湟事变，逃往甘肃平凉，在一私人皮坊当学徒，数年后返回西宁，在东关大街进化巷开设"泉生涌"皮坊，授徒传艺，学徒多至百人，后人尝有东关皮匠尽出苏门之说。后不断扩大投资规模，专做马褂、皮衣，闻名海内外，"后又在西宁东关南小街口占店铺面五间设立'泉泰涌'国货号，专门经营京、津、沪、汉的绸缎、呢绒、布匹、五金、钟表、自行车等百货，并在京、津、沪、汉设立分号"[①]。抗战期间，在上海皮货行业纷纷倒闭情况下，又在贵德设立分号，经营皮毛生意，在西宁销售给津商，并由皮筏运往包头再转天津，对西宁的皮毛业发展作出了贡献。

马肇业（1888~1983）和"福泰祥"。马肇业，河州人，曾任马麒秘书。自幼念经，后进私塾读书，20岁时在马麒部先后任"甘边宁海巡防马步全军"机关枪营营长、十四营营长、军需处处长、湟源县税务局局长、西宁县县长等职。1932年任青海省政府财政厅长，并被推选为青海回教教育促进会执行委员。1936年和马麟同赴麦加朝觐，回国后专务工商。活动范围远至北京、天津、武汉、上海等地，开设福泰祥信托旅店，创办金场、陶瓷厂、煤矿等。1938年被选为省参议会参议。1946年西宁东关清真大寺进行三次重建和扩建，马肇业为主持人和总监工之一，并先后捐资15万银元。1950年捐资修建了城东区北小街小学，同年支

---

① 苏昌滋：《东关"泉生涌"皮毛庄创始人苏兆泉轶事》，载《西宁城东文史资料》，第2辑。

援抗美援朝捐资3000银元。后将两院房屋捐给东关清真大寺作为"外格夫"。

马应昌（1901~1991）和"福盛昌皮庄"。马应昌，西宁人，14岁时拜西宁皮毛业缝制技术超群的海家为师学艺。他勤奋好学，技术上精益求精，经过五年的刻苦学艺，在皮毛行内的声望日盛，成为海家的名徒。后海家和米家合资开发皮毛业，聘请其经营。他于是到各地收购原料，协助师傅加工制作各种皮革产品，并跟着马帮把产品销往内蒙古、山西、河北等地，进而开发东三省市场，使海家的生意越做越大，由经营单一的皮毛产品发展到经营布匹、日用百货、茶砖等，销往牧区。1923年，他在师傅和米生寿的资助下，创办福盛昌皮庄，经营皮毛业，产品销往哈尔滨、沈阳、长春和内蒙古等地。1957年，马应昌响应政府号召，带头创办了西宁第一个皮毛业生产合作社，第二年改为西宁皮毛厂，任技术厂长。

沈临翰（1898~1969）西宁人，其父为清末西宁回族中知名的绅士，18岁其父突亡，沈临翰继承父亲的旧业，从事商务活动。由于其经营有方，在此后的几十年中不断将业务扩大，成为青海较为知名的工商业者，并被推选为西宁商会会长。同时被马步芳任命为西宁第三区区长。1932年，被推选为青海回教教育促进会执行委员。

马子文（1893~1983）西宁人，清光绪十九年（1893年）出生于西宁东关一个小商贩家庭。1922年随同赛特呼图克图在北京、天津等地经商，后在北平蒙藏学校任职。由于他善于理财，通晓藏语，在西北地区的少数民族中有一定声誉，深得骑五军军长马步青的青睐；1934年任骑五军上校交际处处长，并在武威开办毛纺厂、电厂及地方水利工程等实业。1942年，马步芳将自己

第四章 民国时期的青海回族

的巨额动产和不动产托付他管理。

者正祥（1907~2000）西宁人，十几岁在德盛魁商铺当学徒，不久自己独立经商，开办杂货铺。

马国祯（1894~1980）"手牌藏刀"创牌人。原籍甘肃临夏，1929年逃荒到西宁，在北小街口开设铁匠铺，以煅打藏刀为生。他所打藏刀有5寸、7寸两种规格，刀把有牛角花纹，配有十分讲究的刀鞘，具有刀口锋利不卷刃、小巧玲珑、携带方便等特点，深受藏族和蒙古族牧民喜爱。因刀面上有一个手掌标记，故被称作"手牌藏刀"（亦被称作马国祯藏刀）。1956年加入西宁铁工生产合作社。

郭生禄（1918~1988）西宁人。17岁时开始随岳父马德林学习制鞋工艺，擅长制作松紧布鞋和鸡窝棉鞋，也能做皮鞋。他做的布鞋式样美观，穿着舒服，不走样，不绽帮，经久耐用，据说脚户们穿他的鞋走长路脚不起泡，远近驰名，自产自销，供不应求。1955年在西宁皮鞋厂当师傅，1980年退休。

当时，回族的十五六家皮业商号集中在以东关大街为中心的北关街、南小街、北小街等处，如米木沙为经理的复兴隆，沈临瀚独家经营的隆泰兴等商号，他们将皮货销往上海、武汉、成都、天津等地，回来带上布匹、绸缎、丝织品等在西宁出售。土产杂货类经营方面，凡品种齐全者多为东关回族，这一情形时至今日仍然存在；当时西宁和东部农业各县均有许多民间商号，如西宁有德盛魁、德兴连。还有的不在街头设店铺，而把带来的百货批发给零售商而得利，如刘雨村、马长麟、马廷令、苏香亭等人①。

---

① 穆建业：《回忆西宁皮货业作坊》，载《西宁文史资料》，第1辑。

3. 回族小商小贩的空前活跃和繁荣

回族小商小贩在整个经济贸易的链条上处于最底层,而且也是人数最多的一个阶层。无论是河湟各城镇、农村,还是在茫茫的草原上都有他们繁忙的身影。

回族小商小贩的经营形式可以分为两种:其一,是有固定的店铺,或在固定的地点露天摆摊营业,此类商贩一般都在河湟各城镇的集市上,大都专营一类或两三类商品,如清真食品、杂货、粉醋之类,农村小商店多设在交通便利的较大村落,经营的商品除生活用品外,还有农具;其二,就是没有固定营业地点的流动商贩,又称为"货郎";还有一种"叨郎子",他们一般都在寺院城镇和牧区以低进高出的手段,与藏蒙牧民做小买卖,他们精通藏蒙民族语,能说会道,能见机行事,从坐商处赊欠批发一些布匹、粮食、小百货、农产品等后,交换藏蒙牧民的皮毛,再将毛皮售给皮毛商。在河湟城镇农业区担箱、驮箱、背箱装载民用小百货,走乡串户的小商贩称为"货郎子",即《秦边纪略》所称"负提辇载"之类,在前述持续性贸易市场衰落后,为维持生计,这类最小本经纪者转向更广阔的城镇街巷和农村庄户;他们走到哪里就在哪里营业,手摇特制的如普通碟盘大小的"拨浪鼓",以其清脆悦耳的响声招徕众人,携带的商品多为妇女用的小百货,如针线、头绳之类,也有专门卖一种货物的,如食盐。他们经营的范围很广,凡农牧民日常生活、生产所需的,几乎无所不包,不仅销售而且还收购农牧品,可以用现金购买,也可以用从农区收买的粮食、鸡蛋等产品换牧区的皮毛畜产品,或用牧区的畜产品换农区的农产品,如果长年奔走于自己熟悉的商道上遇见熟悉的人还可以赊欠。他们态度平和热情,经营方式灵活,那怕一个鸡蛋换几枚针或一个顶针,也是欢欢喜喜成交,因而颇

第四章 民国时期的青海回族

受大众欢迎,在亲切的手摇鼓声中,人们特别是难得出门的姑娘媳妇们换(买)得自己需要的小日用品,货郎们也在这种细碎交易中有蝇头小利可赚,在他们是聊以糊口的生计,而对平民大众则弥补了日常需求的不足。

第五章 文化、艺术与体育

第一节 文化

一、文学

由于中国回族自形成后,举族通用汉语文,并且在大分散、小聚居分布格局下主要与汉族杂居,也就是说从一开始,在汉文化的汪洋大海中,回族兼具异质文化与中国传统文化的特点,并在历史的演进中,不断碰撞、交融,形成了自己独特而又鲜明的文化传统。也正是在这种文化传统的制约与影响下,形成了回族稳定的民族心理,当然也影响和制约着回族文学的内容和发展,并表现出鲜明的民族性、历史性、时代性等特征。

(一) 作家文学

青海回族因受自身文化教育发展水平和居住环境的影响,1949年以前的青海回族文学没有专业的回族作家留下的作品。值得一提的是1933年,青海回族学生穆建业、高文远、穆成功联络求学南京的甘肃回族青年马继周、西康回族青年马俊荣、马裕恒

第五章 文化、艺术与体育

等，在南京创办了以发表回族言论为中心的《突崛》月刊，旨在"唤醒中国回民，阐扬回教教义，倡导回民教育，联络回教民族"①。《突崛》创刊于抗战时期，针对当时的现状，发表了一些有价值的文章，1944年停刊，但发挥了思想文化先驱的重大作用。

当代青海回族文学从严格意义上说，没有自己的作家文学，也没有自己的专业文学作者，只是一些回族文学爱好者在各个时期创作的文学作品，如小说、诗歌、散文等。比较有代表性的有马文卫、韩玉成、绽玉霞、马钧等。马文卫的作品充满了浓郁的回族乡土生活气息，以青海回族农村为背景，用青海回族语言来抒写在作者身边发生的改革开放之初的人和事，读之让人感觉很亲切，而且有些用词也只有熟悉这些语言的人才能读出其韵味；散文游记《尊贵的旅程》对心理的描写、场景的描写非常到位，称得起真正意义上的回族文学。韩玉成的小说内容基本上都取材于青海本土的乡村故事，乡土气息和地域色彩极为浓厚。马钧，"在坚守文艺评论阵地的同时，涉足诗歌创作，并从一开始就站在一个高度上，起手不凡；以诗的方式关注人类的命运，并从宏观的视角去观照人类自身的痛苦与缺陷，因而他的许多诗寓意较为深刻"②，代表作如《时间的游戏》、《现实一种》、《居室》等。但是真正描写青海回族生活气息浓厚的作品并不多，仅有马文卫的《左邻右舍》一部而已，同青海80万回族的现状很不相称。

---

① 穆建业：《回顾〈突崛〉》，载《青海回族》，1995年。
② 冯国寅主编：《青海当代文学50年》，青海人民出版社1999年版，第145页。

(二) 民间文学[①]

民间文学，是一种口头语言的艺术，它与作家文学的语言比较起来，有着更加广泛的群众性与真实性。回回民族虽然由于历史的原因，将汉语作为民族共同语，但在口头语言方面，仍保持着自己鲜明的特色。而这种特色，很大一部分来源于伊斯兰教，在回族民间文学作品中，这个特点十分显著。这种特点表现在大量具有伊斯兰意蕴的波斯、阿拉伯语词汇的使用上，因而在回族民间文学作品中经常出现的"无常"、"归真"、"知感"等；这些词汇，虽以汉字组成，由汉语变化而来，但它表示着特定的民族与宗教生活内容，是别的词汇所难以替代的。

青海回族民间文学大致可分为神话、民间传说、民间故事、民间叙事诗、歌谣、民间谚语、谜语、歇后语等多种体裁。

神话 青海回族中流传着许多神话故事，其中流传比较广泛的有解释人类起源的神话，如脍炙人口的《阿丹与海娃》：真主造了人祖阿丹圣人，不久又用他的肋骨给他造一个配偶，她就是海娃。阿丹和海娃起初遵守真主的禁规不吃天堂的麦果，但后来他们在伊布利斯[②]的引诱下盗吃了麦果，被真主赶出天堂；后来蒙真主饶恕，并规定了四大"法日则"[③]：即洗脸、洗头、洗手、洗脚，从此开始有了人类，穆斯林洗大小净即源于此，从而培养了穆斯林讲究卫生的良好习惯。此外，还有《人祖阿丹》、《洪水泼天》等。《洪水泼天》生动地叙述了真主造人创世的传说，

[①] 主要参考青海民族学院民族研究所编《青海少数民族·回族篇》，青海人民出版社1987年版。穆赤·云登嘉措主编《青海少数民族·回族篇》，青海人民出版社1995年版。

[②] 阿拉伯语音译，意为"魔鬼"、"恶魔"，又译为"易卜劣斯"。

[③] 阿拉伯语音译，意为主命，必做的事。

第五章 文化、艺术与体育

为人们展现了一幅荒蛮时代的人祖与大自然斗争的奇瑰图画。反映伊斯兰教创立、圣战等方面的神话有《蜘蛛鸽子救穆圣》、《七人一狗》、《古尔邦的来历》、《天仙与圣人》，等等。虔诚的回族对待这些神话故事，铭记在心，代代相传，而且还被阿訇和老人们作为劝化人心的生动题材，伴随着宗教的传播而流传于回族中，在流传的过程中又经回族劳动人民的艺术加工，赋予了许多本民族的特色；有关自然的神话，如《阿丹寻火种》、《插龙牌》、《李郎降龙》、《玛乃与穆萨》、《太阳的回答》等。

民间传说 从一定意义上讲，青海回族民间传说是"口传的历史"，她伴随着回族的形成和发展的整个过程，为人们了解回族的历史发展、劳动生产、风俗人情、地方特色等提供了丰富的鲜活资料。这些传说可分为以下几种：（1）族源传说。在众多传说中，诸如《回回的来历》、《青海回回南京来》等，是广泛流传在回族口头上的族源传说。这些作品，一般都通过对历史上真人真事的夸张和渲染，表现了回族最早一批先民初来中国留居和生活的史实，从各个角度展现了古代中国和阿拉伯人民友好往来的生动画面，具有一定史学价值。（2）人物传说。在回族的民族史及其所信仰的伊斯兰教史上，曾经产生过许多著名的人物，他们在各个不同的历史时期，对自己的国家、民族和宗教有所建树，所以人们一直把他们记在心里，并编成故事，代代相传，延续至今；这类传说，开始以伊斯兰教的创始人穆罕默德及其子弟的事迹为题材，描绘出创教的艰难历程和在中国传教的一部分片段故事，如《宛嘎斯的故事》、《蜘蛛鸽子救圣人》等；回族历史上一些文臣武将、英雄人物不断涌现，在被人们所肯定以后，这些人便成为民间传说中的主角人物；另外还有些是各教派创始人的故事，如《马来迟的传说》、《杨保元》、《鲜美珍》

等；以上传说都以一定的历史人物或历史事实为背景，赋予每个主要人物以神奇超人的力量，明朗独特的性格，使传说中的英雄人物更加理想化。（3）关于地方风物、风俗习惯和动植物的传说等；（4）还有许多反映清代回民反清起义的传说，如《光绪二十一年》、《水咕嘟巷》、《黑城子起义》、《马文义》等；在这些传说中，编创者以一定的历史事件或人物为背景，赋予每一个故事以引人入胜的传奇色彩，赋予每一个历史人物以神奇超人的智慧和力量。

民间故事　回族在长期的劳动生产和社会生活中创作了许多民间故事，反映了他们在各个时期的生活与斗争。表现了他们的精神世界和思想风貌的各个侧面。从内容上可分为以下几类：一是表现劳动人民反抗压迫剥削的故事。在这些故事中，塑造了许多机智灵敏的人物形象，用想象、夸张、嘲讽等手法，鞭挞了统治阶级的丑恶行径，歌颂了回族劳动人民的机智、勇敢、善良的本质，如流传于青海、甘肃一带的《阿布杜的故事》，就塑造了一个聪明机智，敢于同恶势力斗争的回族劳动人民的典型代表，其故事内容与维吾尔族中流传的阿凡提的故事有些类似；还有《国王、木匠、和尚》、《五只羊》、《松子克买香》等，这一类型的故事在回族民间故事中占有很大比重。二是反映青海回族男女青年追求美好的爱情和家庭生活的故事。这类故事多反映了回族人民对美好生活的渴望与企盼，以无比丰富的想象，借助人、神，甚至小动物的帮助，来成全人间有情人的好事，如《阿里和他的白鸽子》、《天鹅和猎人》、《白鸽子姑娘》、《蜜蜂当媒》、《金口弦》、《尕女婿》等。三是以自我教育为主要内容的家庭故事，如《孝顺的媳妇》、《聪明的儿媳》、《长信与短信》、《奶盆里喂蛇》等。四是揭露、嘲笑敌人的讽刺故事以及富有童话趣

第五章 文化、艺术与体育

味的动物故事,如《吃人婆》、《碎钉子换饭》、《猫与狗》、《锅漏》、《熊阿舅》等。青海回族民间故事蕴藏量大,形式多样,其内容几乎渗透到社会生活的每一个角落。

儿歌 在回族民间文学宝库中,青海回族儿歌像一颗晶莹的宝石,以其玲珑剔透的美感和朴实无华的内容,吸引着广大回族儿童世代传唱,经久不衰,使之成为回族学龄前儿童的良师益友。在传唱中,他们从心灵深处享受到了欢乐,丰富了自己生活的小天地,同时也受到了德的熏陶、美的哺育和童心的启蒙,从而促进了他(她)们身心的健康成长。

青海回族儿歌节奏明快,其中特有的生活内容带着浓厚的地方特色,整个儿歌的语言不仅顺口,而且形象、生动、风趣,使儿童学得快,记得牢。如游戏儿歌,在幼儿游玩时,由大人或儿童自己吟唱简单有趣的歌,唱歌不但能使游戏增加内容和欢乐的色彩,而且其节奏可以作为游戏的指挥,统一动作,如《打罗罗》,大人和孩子互相拍掌玩:

打罗罗,喂面面,
阿舅来了散饭饭,
啥饭?豆饭。
啥豆?黄豆。
啥黄?米黄。
啥米?小米。
啥小?蚂蚁虫儿的蛋小,
弹下个窝坑儿了泥漫掉。

一问一答都表现了儿童的好奇心,特别是"蚂蚁虫儿的蛋小"既形象,又贴切。

也有教育儿童从小了解生活常识,例如:

今天吃散饭，
明天吃搅团，
后天吃长饭，
各样调和都齐全。

再如：

日头儿日头儿红烙烙，
我给你烙给个油馍馍，
你吃着，我晒着，
阳洼旮旯里种菜着。

"日头儿"是太阳之意，"阳洼旮旯"指阳光充足而避风的地方，这些语言所表达的内容，都有着生动诙谐的情趣。

民间谚语、歇后语 回族民间谚语、歇后语内容和语汇呈现出鲜明的民族、地域特色，它一般以本民族最熟悉的事物为依托点，通过谚语的形式表现出来，其中所包含的内容有许多是与回族的日常生活、生产习俗和经营方式等密切相关的，如"大买卖不要宰牛，小买卖不要贩油"等；有的谚语反映了本民族的民族感情和心理特征，如"老回回没有隔夜的仇"、"天下黄土，埋天下回回"等；有些谚语教人勤俭节约，如"细水长流，断顿难挨"、"靠千座金山，不如靠两只手"等。歇后语的内容，无论是描绘生活情景，还是劝导人心，都是非常生动、意蕴深刻的，如"骆驼装进匣子——全是故事（骨尸）"、"穆民没有伊玛尼——丢了根本"，等等。青海回族平时十分重视语言艺术，移借并创造了大量的谚语，每一条谚语都充满生活的哲理，这是回族人民用自己的思维方式和语言特点，来反映生活经验、生产经验、历史经验等方面内容的艺术语言，它是回族民间文学的精华；是回族人民在长期的社会生活实践中积累和传承下来的不成

第五章 文化、艺术与体育

文的道德标准。谚语的内容包括时政、事理、修养、社交、生活、自然、生产、文化教育、宗教信仰等;具有语言简练、比喻形象、生动活泼、哲理性强、韵律严格、富有节奏感等特点。在日常生活中,人们无论是替人说合婚事,还是排解两家纠纷,都大量运用谚语和歇后语,以增强说服力;形式有单句谚如"会水的鱼儿浪打死哩",两句谚如"人情一匹马,买卖争分毫"。由于回族的日常生活中大量使用阿拉伯语、波斯语,使得回族谚语很有个性特色,而且在与各兄弟民族交往过程中,青海回族人民学习、吸收了汉、藏等民族的不少优秀谚语,有的加以改造,有的原样照用,从而丰富了青海回族的谚语宝库。

二、花儿

花儿是产生和流行于甘肃、青海、宁夏以及新疆等省(区)部分地区的一种以情歌为主的山歌,是这些地区的回、汉、土、撒拉、东乡、保安等民族以及部分裕固族和藏族群众用汉语演唱的一种口头文学艺术形式,在青海也称为"少年"。花儿有自己独特的格律和演唱方式,演唱时即兴编词,有抒情和叙事两种,以抒情短章为多,根据其格律声腔等分为河湟花儿和洮岷花儿两大系列[①]。

河湟花儿形成于明代,当代中国文坛最负盛名的作家之一的张贤亮,认为花儿的高亢曲调和赤裸裸表达男女情爱的语言风格显然具有异民族特点,其形成很可能同先民们来自于中西亚一带的回回人有关。在花儿的海洋中,回族花儿具有其鲜明的民族特色,表现在内容方面,她真实地反映了青海回族在各个历史时期的社会生活、劳动生产、历史传统、风俗习惯、自然环境等,成

---

① 赵宗福:《花儿通论》,青海人民出版社1989年版,第24页。

为反映青海回族人民心声的一支永不凋谢的艺术花朵。表现在语言方面,青海回族花儿运用了大量经堂语,如一首花儿所唱的:"胡达的拨派应受哩,赛拜布要个家行哩;三岁上没娘的耶提目,顿亚上受活罪哩。"其中"胡达"、"拨派"、"赛拜布"、"耶提目"、"顿亚"等均为经堂语,在日常生活中是大量使用的,而运用于花儿中,使得民族特色更为浓郁,艺术效果更为强烈;即使是同一首花儿,回族和其他民族在演唱时风格迥异。

由于花儿是山歌的一种,又称"少年"、"山曲"、"野曲",且以情歌为主,所以多在田野山间演唱,一般忌讳在村庄、家庭以及与自己有血亲关系的人一起唱,正如一首花儿所唱:"花椒树上你耍上,树上的倒刺儿挂哩;庄子里有人你耍唱,你唱时老汉们骂哩。"改革开放后,花儿逐渐进入家庭,以歌手为主录制的磁带广为流传,但回族老人们仍然不许在家中唱或听花儿。

三、宴席曲

宴席是青海回族婚礼程序中最热闹、最富喜庆气氛的中心环

宴席曲

第五章 文化、艺术与体育

节,因回族禁绝烟酒,为增加喜宴欢乐气氛,于是一种为回族所特有的说唱娱乐形式——回族宴席曲就应运而生,有论者认为,宴席曲是从元曲脱胎演变而来的说唱表演,是最具民族特点的艺术形式[①],是回族丰富、乐观、豪爽精神生活的展现。主要流行于化隆、门源、大通、民和、湟中等回族聚居地区。青海东部农业区回族群众在为儿女操办婚事时,把宴请亲邻称为办宴席,亲邻接受宴请前来恭喜称为吃宴席或有宴席,在宴席期间歌唱的歌曲叫宴席曲。宴席曲因为只能在家中或村中演唱,故又叫家曲,属于民歌中的小调。宴席曲由举办婚宴喜事的人家作东安排,所邀请的唱把式,也叫曲把式,是婚宴喜事中唱宴席曲及表演的主角,均系男性;参加婚宴喜事的主要是本村村民,"一家有喜事,全村男女老少都来闹婚宴",他们在宴席曲中的作用主要是伴唱或当观众。在宴席曲中,参与人越多,唱把式越多,则表明喜事办得越好,该家在村中的名气就越大。

回族宴席曲大致可分为说唱曲、散曲、叙事曲三大类。从唱词内容上讲,宴席曲涉及的范围十分广泛,主要包括向主人家道喜的恭喜歌;赞美新人、亲家和答谢媒人、东家的赞美歌;反映农事活动、四季风光等的生活歌;规劝父母疼爱子孙、儿女孝敬父母、邻里亲近等的劝喻歌;记述为谋生终年在外奔波历尽艰辛的出门人的歌;描述旧时代征兵从军、离别出征等的出征歌;反映兵荒马乱时代妻离子散或闺房思夫的歌;表现历史事件的叙事歌,等等。回族宴席曲的歌唱形式比较简单,一般包括独唱、对唱、独唱加合唱、对唱加合唱四种形式。在宴席曲的演唱过程

---

① 马志荣(马戈):《筵席曲:幽婉的心歌》,载《青海广播电视报》(专版),2007年第34期,第23页。

中，一般是独唱、对唱、合唱穿插在一起，此起彼伏，以增强宴席曲的艺术感染力。

回族宴席曲以歌唱为主，有时还伴有舞蹈，民和、化隆等地曲把式们还简单化妆，其特色是舞蹈动作并不表现歌词内容，只是在唱曲的衬托下表达欢乐情绪的形体语言；其舞蹈特征与音乐形式一致，表演者边舞边唱，一般无伴奏音乐。宴席曲上的舞蹈以男子双人舞为基本形式。宴席舞曲目也多以鸟类动物命名，如《噗噜噜飞》、《绿鹦哥》、《白鹦哥》等。

此外，回族人民还把他们喜爱的传统武术中的拳术动作融入宴席曲中，增加了舞蹈的表现力和观赏性，使宴席曲充溢阳刚之气；其舞蹈名称几乎都借用拳术套路命名，如《黑鹰展翅》、《老爷抽刀》、《三道步》、《鹞子翻身》、《雁落平沙》、《四门斗子》、《大小梅花》、《虎展腿》、《犀牛望月》、《凤凰点头》等；在表演时，随曲调的变化不断交换位置，脚掌先落地，屈膝半蹲，膝部屈伸，使身体如波浪起伏，与头部的摆动、颤动相协调。整个舞蹈显得刚劲挺拔、潇洒豪迈，反映了回族人民自古以来流存的尚武风气。近年来由于旅游业的发展，门源等地正致力于恢复这一民间艺术。

第二节　艺术

青海回族的艺术，有着鲜明的民族特色和地域特点，是具有典型性、代表性的回族区域性艺术。她与青海回族人民的生存和生活密切相连，并且贯穿、依附、渗透在回族群众的生活中。

一、书法艺术

（一）阿文书法

第五章 文化、艺术与体育

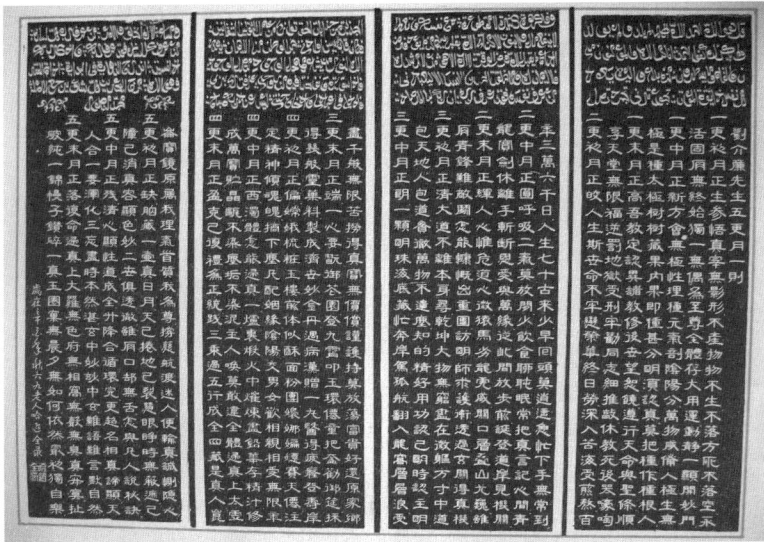

回族阿汉合璧书法作品《五更月》

阿文中堂书法艺术，在伊斯兰造型艺术中占据重要地位，被誉为世界上最优美的书法之一。随着伊斯兰教在中国的传播，我国回族中的一些著名阿訇和回族阿文书法家，早在元代就已熟识和掌握了阿文精妙的行文，经过世代相传，现在已形成了秀美、独特的艺术特色①。在回族聚居区，穆斯林普遍有挂阿文中堂的习惯，其书法体为阿拉伯库法体。库法体，源于库法城，哈里发阿里时期，伊斯兰教的首都从麦地那迁至库法，从事阿拉伯文学和阿拉伯书法的艺术家也随之来到库法，后来，将这些阿拉伯书法家的艺术作品汇集发展形成了一种规范的字体，以库法命名②。

在我国回族当中，库法体得到广泛的传播和应用。除用库法

---

① 王正伟：《回族民俗学概论》，宁夏人民出版社1993年版。
② 王正伟：《回族民俗学概论》，宁夏人民出版社1993年版。

体书写《古兰经》经文和清真寺、拱北建筑的匾额以及墙壁、梁柱和大门两侧的楹联外，还大量地用库法体书写回族家庭的阿文中堂。回族的阿文中堂一般为有饰库法体，采取了许多变体，即在库法体的字距行间，以线条为主，饰以各种花草的枝、叶、茎、花于一体，有的以字组画，做到字中有画，画中有字；有的既有用阿文组成的盆花，又有用阿文组成的汉字，如"忠"、"孝"、"节"、"义"等，给人一种整体的造型美。这种阿文中堂，有的乍看似花草，细看才分清花草饰阿文字。这种库法体艺术使人感到柔和优美，富有神秘色彩。回族阿文中堂的书写，除了选用笔、墨、纸（白、黄纸）外，还要准备直尺和三角板，用来画字母上下走动的准线和水平线①。

青海历史上阿文书法家及其作品因无记载，加之战乱等多已湮没无闻，当代有周启库、马贵良阿文书法较有造诣。现在，阿文书法已用来书写清真牌和书、报、刊、广告、商品等，在清真寺的殿堂门楣上，或是回族人家屋内、清真饭店的墙上，人们都会看到或张贴或悬挂着的醒目的阿拉伯文书法作品，回族人称之为"经文"或"经字画"。

回族书法艺术家用阿拉伯文书写的伊斯兰教经典中的警句、格言，是伊斯兰教传入中国后阿拉伯文书法在他们生活中的具体运用和发展。元代吴鉴撰《重修清净寺碑记》称阿拉伯书法为"书体旁行，有篆、楷、草三法"，足见这种书法在元代就已经流行于世。经过长期的实践，阿拉伯书法博采汉字书法之长，从原来的库法体、苏鲁斯体、波斯体等演变成具有中国特色的"中国体"。中国体阿文书法在书写技巧上集阿拉伯书法与伊斯兰装饰

---

① 王正伟：《回族民俗学概论》，宁夏人民出版社1993年版。

第五章 文化、艺术与体育

于一体,并吸收了汉字书法的布局、格式、间架、笔法、墨迹、印章等特点,书写与组编极为丰富多彩,每个字、每个词、每句话都要精心设计和构思,字的组合、排列及整体选型以及笔画的粗细、长短、曲直,运笔的轻重缓急都要配合得体,自然浑成,使笔墨浓淡不一,飞白相间,表现出与汉字书法艺术相类似的风格。在装饰形式上常以汉字书法常用的中堂、横幅、匾额、对联、四扇屏等为表现形式。阿文书法艺术品,书写的内容大都是《古兰经》和圣训中的警句、格言,或是伊斯兰教有关行善止恶、扶危济贫之类的话语,有一句话为一幅的,也有几句话为一幅的;对联的内容也往往是对称的,或是完整的两句名言,有的用竖写方式草书阿拉伯文,有的用阿拉伯文组成汉字或各种花卉图案,充分体现出中阿合璧的书法艺术。

阿文书法用的笔不是毛笔,而是硬笔,主要是草茎笔、麻秆笔、竹条笔、木板笔等,一般都是书写者就地取材,自己制成。

青海阿文书法,现已将书法、装饰设计、绘画、木雕融为一体,构思巧妙,远看是幅画,近看是阿文书法;或将中文套进阿文之中,或将阿文套入中文以内,远看像中文,近看是阿文,达到异曲同工的效果。阿文书法扎根在回族人民的生活中,备受推崇,深得喜爱,同时,也是伊斯兰的标志,人们一看就明了,形成中国回族伊斯兰文化中最具有特色的一门艺术。

(二) 汉文书法

回族自先民时期开始即已学习使用汉语文,其从文入仕者书写汉文由来已久,宋元间涌现的著名回族画家们同时兼具很高的书法造诣,延续至明清,如清末至民国间,马福祥出身将门,身膺军职,晚年从政,颇擅长书法,作品为西北收藏界甚是看重,尤其一笔虎,隐透勇武气韵,难有及之者;清季西宁回族苏绍武,也是一时名家,曾为西宁东关清真大寺题写有"精一"匾额,惜被毁,其事迹亦不可考。至20世纪后期,文化教育事业蓬勃发展,民族文化素质显著提高,书法爱好者不断涌现并形成群体,但仍受自身学养不足,且因商品化社会浮躁浅露风气影响,称得起书法家而广泛博得社会普遍认可者毕竟无多。唯米德寿、王维仁、买锦轩、马学良颇为青海书法界推重。

(三) 回族古玩收藏

回族古玩字画收藏兴起于改革开放后,随着物质文化生活水平的改善,民间喜好古玩字画者逐渐增多,但因受文化素养和商品化社会货币增值影响,收藏种类、规模、档次方面值得称道者无多。1998年西宁东关清真大寺曾举办省垣回族书画收藏展,展现回族收藏总体数量弥足可观,成为省垣书画界一大盛事,受到省内诸多书法大家的赞赏。

马星一 (1917~),祖籍甘肃河州,为华寺太爷马来迟四房之后。父亲于马麒时任省政府参议。幼时在化隆县扎巴镇入读私塾和新式小学,中学在西宁昆仑中学就读。高中一年级时到甘肃肃州和甘州的回族小学当语文教员;1941年在青海运输处任秘书,开始涉足文物收藏。到新中国成立时已收藏了不少珍贵文物,收藏的43件宋元明清名贵字画在"文革"中被付之一炬。改革开放后,又开始了心爱的古玩收藏,藏有不少珍品精品,其中《文征明小楷醉翁亭记》、《宋代拓·传圣教序》两部藏品参加2005年"CCTV首届民间藏宝展(赛宝大会)"获奖,是青海省为数不多的古玩收藏家。

陈德祥,酷爱奇石,社会上、藏石界以"石人陈德祥"、"陈石头"等称之,痴心藏石20余年,曾收藏"鳄鱼头"、"猿人头"等许多珍贵奇石,享誉省内外,并多次应邀参加全国性各种奇石展览；在青海省博物馆新馆举办江河源奇石展，以所珍藏的部分精品供省内外广大石友欣赏品玩。

二、回族绘画艺术和摄影

青海回族群众素有在箱柜上画装饰画，以此来美化室内环境的习俗。这类装饰画由民间画匠绘制，其艺术风格有两种：一是黄栲打底，素描山水，淡雅秀丽，多绘于门箱、炕柜之上；二是红漆彩绘，画花卉，色泽艳丽，富丽堂皇，多绘于衣箱、面柜之上。回族群众喜爱室内墙壁悬挂玻璃彩绘条屏，多绘制青山流水、小桥人家、亭台楼阁、梅兰竹菊等图案，这类玻璃画出自民间画匠之手，民国时期以西宁市东关"三山"中的马青山、冶品山的作品最为有名。

马文奎（1894年~1973年），笔名华轩，原籍湟中鲁沙尔。幼年读私塾，稍长，跟随姑夫（十三世达赖喇嘛之画师）学绘画、泥塑、书法。18岁学成后到化隆县巴燕镇定居，后迁居尕西沟村。先后在夏琼寺、尕西沟庙、巴燕娘娘庙等绘画、泥塑，是化隆早期较为有名的职业艺人。其技法容藏传佛教艺术、传统中国画艺术于一体，雕塑、绘画手法达炉火纯青地步，在佛教寺院、汉族庙宇中的作品均被视为上乘之作。民间家具油画技艺纯熟，尤其擅长工笔，作品线条细腻刚劲，敷色浓重绚丽，形象生动传神，多被民间视为珍品收藏[①]。

高曦峰，青海西宁人。1983年毕业于西北民族学院艺术系美术专业，进修于西安美术学院中国画系，为青海省美术家协会理事。作品曾参加全国第二、四、五届山水画展，并荣获"新世纪

---

① 化隆回族自治县地方志编纂委员会主编：《化隆县志》，陕西人民出版社1994年版，第744页。

中国山水画四百家"荣誉奖；《春山图》获"第三届国际书画艺术作品展"优秀奖；《走进高原》获"第五届国际书画作品展"金奖；《春归图》获"中国西部书画大赛及展览"三等奖。作品曾在《书与画》、《美术家》、《国画家》中专题介绍。

王成友，母亲原为红四方面军战士，原籍四川。偶然的一次拍照过程使他与摄影结下了不解之缘。20世纪80年代末，王成友同一支科考队一同进入可可西里，登上海拔6 000多米的格拉丹东雪峰，拍下了《寻找黄金的人》等组照，被《人民日报（海外版）》刊用，并成为第一个进入可可西里无人区的业余摄影者。在他的大多数作品中，都弥漫着各族人民和睦团结、欣欣向荣的景象，散发着浓烈的高原气息和人文关怀，如《民族的祖光》、《神奇的太阳》、《藏族妇女》、《摔跤》、《可可西里太阳湖》等，多次获奖，被收入各种画册并在欧、亚、非等国家展出。

三、回族刺绣艺术

青海回族由于受伊斯兰文化艺术的影响，民间刺绣以其独特的风格，广泛流传，受到人们的青睐。回族民间刺绣题材广泛，形式多样，多见于日常生活用品，有衣裙、腰带、手帕、枕头、荷包、香包、针线包、花鞋、裹肚、布袜（底和后跟）、鞋垫等。针法有平绣、结绣、盘绣、扎绒绣、补花、拼贴、掏花等多种。无论哪种针法，都以细密精致、纹样

刺绣

清晰活泼为特点。色彩冷暖相照,对比鲜明,在色彩的运用上,其换色、变色,追求大平面色彩对比效果的丰富手段,堪称一绝。浓,则浓致饱和;艳,则艳到极致;亮,则亮中见喜;雅,则雅致富丽。回族妇女喜欢以黑、白、藏青、深紫色作为底色,将红、黄、蓝、绿等作为花色,用色大胆新奇,使作品具有饱含大自然光与影的印象派绘画之意境,从而形成了独特的风格;刺绣阿拉伯文时,则重素雅,但也强调色彩对比,如绿与白、蓝与白等,因而具有较强的质感,显得比较厚重。在纹样选材上,植物花卉以牡丹、茶花、夹竹桃、鸡冠花、梅花为多,动物以蝴蝶、蜜蜂、喜鹊、孔雀、凤凰为多,这些图案都吸收了传统刺绣内容,如象征吉祥的"凤凰来仪"、"孔雀开屏"、"百鸟朝凤"、"狮子滚绣球"等,象征爱情的"蝴蝶双飞"、"蜜蜂采花"等,从中可见回族妇女心灵手巧之一斑[①]。

青海回族妇女的刺绣,不仅表现自然美、生活美,而且还艺术地表现其宗教信仰。当回族姑娘或媳妇买回一块干净的布料后,洗完大小净便请阿訇书写上阿文中堂,然后便不分昼夜,千针万线地刺绣。绣完字,一般还用传统的阿拉伯几何图形或云纹样绣上花边,挂在墙上,颇受人们的喜爱,充分体现了回族妇女丰富的审美情趣。

四、回族建筑艺术

青海回族的建筑工艺由于受回族形成的历史特殊性、宗教信仰、社会环境等方面的影响,在满足一定实用性的基础上,也体现了回族一定的生活价值观、审美理想及艺术情趣,可以说它是青海回族物质生活和精神生活的形象体现。

---

① 王正伟:《回族民俗学概论》,宁夏人民出版社1993年版。

(一) 清真寺建筑艺术

随着伊斯兰教在我国的广泛传播，回族的清真寺，以独特的风貌，遍布于祖国东西南北。回族的先民由于分海路和陆路来到中国，定居以后，因地理环境和建筑材料有别，以及受中阿文化的影响，其清真寺的建筑结构和式样丰富多彩。从建筑艺术风格看，主要有三种类型：一是阿拉伯式风格；二是中国传统的古典式建筑风格；三是阿拉伯式风格和中国传统古典式建筑风格相结合的建筑。

回族的清真寺院肃穆庄严，古朴典雅，寺内不供奉偶像，也不用动物图形装饰，墙壁上绘有各种花卉图案，殿门多是古体字《古兰经》浮雕、阿拉伯文匾额、图案绘画装饰，反映了回族不避世俗、注重现实的人生志趣。

西宁东关清真大寺内景

西宁东关清真大寺是西宁回族聚居地最有特点的标志性建筑，它既是中国古典建筑艺术，又有阿拉伯建筑风格，还有现代建筑特色融为一体的混合建筑群。清真大寺的建筑大体上由前三门、中五门、宣礼塔、正门主楼、北侧商贸大楼、南侧宿舍和教室大楼、南淋浴室和礼拜堂楼、南北厢楼、礼拜大殿及北跨院等十一个部分组成，建筑面积为18 428平方米。首先由临街的一座欧洲罗马式风格的三进大门把市井与寺院分开，外面是喧嚣的闹市，里面是宁

第五章 文化、艺术与体育

静的寺院。进大门后的第一个院落东面是高大的水磨砖墙,正面是九级花岗石台级,三角形外院场用不同形状的青石板铺就,整洁素雅,清朗凝重,与花岗石台阶和周围砖墙色调和谐。西面的石级上一座五券洞的欧式座门,端丽挺拔,拾级而上,似有脱俗之感,与座门连接的是两端的宣礼塔,西式的砖石塔体上筑有六角攒尖顶亭,过此门便是一块占地2 800平方米的开阔场院,地面铺满大青砖,古朴庄重,一尘不染。院正面二重平台上是一座中国宫殿式单檐

平安县洪水泉清真寺天落伞

歇山顶礼拜大殿,飞檐斗拱,雕梁画栋,雄浑庄严,肃穆端凝。整个大殿分前卷棚、大殿、后窑殿三部分;构架采用重檐歇山式,斗拱屋顶飞檐高翘,真可谓明卷横卧,势如游龙。大殿前卷棚南北两侧的墙壁上嵌以精雕细刻的砖雕九扇屏,各有9组浮图,山石透玲珑之姿,花木呈葳蕤之状。与大殿毗邻的是南北两座厢楼,为中国传统的歇山卷蓬顶廊柱式结构。两座厢楼与大殿互相呼应,浑然一体。另外大殿顶脊上装有甘肃拉卜楞寺僧侣赠送的三个藏式镏金经筒(中为鎏金宝瓶,两侧各置如意法幢),两座宣礼塔的塔尖顶上装有塔尔寺赠送和后来扩修时由大寺依样定做

—257—

的两个精巧的镏金小经筒，清真寺融入藏式装饰物，这在国内是独一无二的。近一个世纪以来，象征民族团结的五个经筒，展现了大寺在全国清真寺建筑艺术中的独特风格。

在青海地区，自20世纪80年代后改建、重修清真寺较多采用阿拉伯建筑风格，如门源南关清真寺、化隆西关清真寺和其他的一些清真寺等。其共同特点为：都有高耸的尖塔，半圆形拱门，有绿色圆形拱顶，顶上有一颗象征伊斯兰教特征的新月直冲蓝天，周围有四个小穹顶环抱。寺内墙壁、窗棂、屋檐相连。大殿内的"敏白尔"（讲台）、"米拉哈布"（凹壁）都富有精美的工艺造型①。

此外，青海地区还有大量的古建清真寺，普遍为中国传统古典式的建筑。这类清真寺从结构上看，多采用木结构体系和砖木结构体系。从布局上看一般为"三堂一院"：即礼拜堂为正殿，南北厢房为经堂和澡堂。建筑艺术的特点是雕梁画栋，飞檐四出，角亭对立，气魄雄伟。但这类清真寺的碑柱、门窗以及室内装饰上又呈现出了阿拉伯建筑风格。外部造型为中国宫殿式建筑，巍峨壮丽。整座寺院布局合理，宽敞明净，优雅美观。天花板藻井与木雕阿拉伯文、花卉和抽象的几何图形，均系明清精品。同时，这类清真寺还很讲究砖、石雕，注重整体艺术，如平安洪水泉清真大寺，其建筑从整体上看采用了中国传统艺术，照壁、房墙、大门入口等地方有精美的砖雕；寺门前入口处对面有一照壁，为水磨青砖砌成，一面中间刻有一幅"月藏松柏"砖雕图，一面为百花图，生动形象，熠熠生辉；厢房的里山墙壁、码头以及大殿前的八字墙，还刻有青竹、荷花、梅花、牡丹等图案

---

① 刘致平：《中国伊斯兰建筑》，新疆人民出版社1989年版。

和阿拉伯文字,将伊斯兰文化艺术与中国传统建筑风格珠联璧合地结合在一起,巧夺天工,精雅绝伦。

(二)民居建筑艺术

青海回族传统民居是平房、土木结构,房屋不挂瓦,有热炕,是共同之处。城镇一般为四合院,房屋前部装有板壁,中间留双扇门,两旁为花格窗,糊白纸挡风采光。北屋和西屋阳光充足为正房,有台地;东、南房因阴潮,因而平民人家修建的较北、西房间架窄浅;角落修建厨房、储藏室等,门道处或东南、西南角修厕所。富户人家院中修有花池,植有果树花木。缙绅和家道殷实人家修砖大门,饰以砖雕、影壁;一般平民修土大门,不事修饰,故在结亲选择上,民谚说"砖大门对砖大门,土大门对土大门",

回族民居

透露出择婚讲究门当户对的传统观念。人口较多的大户人家,房屋互相连接,构成一进二院或一进三院的院落群,这类民居在西宁以东关周家、穆家为代表。青海回族官绅府邸或称公馆,清初马进良以提督致仕荣归故里,在西宁周家泉修有府第,规模自然非同寻常,惜未得留存,世人皆以"马府里"称当初府

-259-

第所在。民国间马麒、马步芳父子主政青海期间，在上五庄修水峡公馆，化隆修甘都公馆，西宁先后有白玉巷、馨庐，以及马步瀛和马辅臣弟兄公馆，现馨庐得到保护，另有马辅臣弟兄原在中庄的一处公馆，迁之于北禅寺顶。乡村中筑有院墙的民居，称为"庄廓"，内建有卧室、厨房、草房、牲口棚圈、厕所等，财主大户人家修砖大门或车门。多数房屋的屋梁担在山墙上（叫"土担梁"），庄廓院落较城镇四合院宽大，中间连接东或南墙辟作小园地，种植本地花草果树，及自家食用蔬菜。化隆卡力岗等山区的回族居民保留了许多藏式民居的特色，如围墙高而厚，屋顶一角建有角楼，"锅台连炕"，以木板做成推拉式窗户板等。

五、回族雕刻艺术

回族的雕刻艺术，可分为石雕、木雕、砖雕和灰泥浮雕四种类型。回族擅长雕刻，他们把生活中的美雕刻在砖石上、硬木上，甚至在葫芦上，形成回族特有的雕刻工艺。砖雕在回族雕刻工艺中最有特点，也最有影响，在我国的砖雕艺术史上亦占有一定的地位。回族砖雕的历史，最早可追溯到唐、宋；元时回族先民们所建清真寺和他们墓地的建筑中，如杭州真教寺大殿砖砌的墙面上伊斯兰风格的砖雕，非常精美，显示了回族先民们高超的砖雕艺术。明清以来，回族在吸收我国汉族传统的砖雕艺术的基

砖雕

第五章 文化、艺术与体育

础上,在实践中不断创新和发展,形成了自己独特的民族风格,它将阿拉伯文字图案与中国山水画巧妙地结合在一起,创造了具有回族特色的艺术。回族的砖雕主要用于回族的清真寺、拱北以及住宅建筑。

青海回族建筑砖雕多采用最为有名的河州砖雕,其制作方法分担活(先用配制好的粘土泥巴,用手和模具捏成龙、凤、狮、虎及各种花卉鸟虫等图案,再入窑焙烧成砖,然后装饰于古典建筑的屋脊飞檐之上)和刻活(在烧成的青砖上用刻刀制成各种浮雕图案和画幅,然后块块对接,形成画屏)两种。河州砖雕广泛运用于甘青宁新等地的回、汉、藏各民族的寺庙观庵、官衙府第、商绅住宅、拱北园林等的山墙影壁、屋脊栏杆、甬道门廊等,因物设图,巧施雕镂。

平安洪水泉清真寺的照壁砖雕是青海回族砖雕中的代表作。照壁高24尺,其顶为仿宋建筑结构,壁正中为浮雕"黑龙三观",壁左右为"凤凰来仪",象征着盛世一派升平景象。西宁南山拱北、大通后子河拱北、平安巴藏沟拱北的砖雕多表现在照壁以及亭堂八字墙上,以立意新颖、构图严谨、造型生动、雕工精巧细腻见长,并且吸收了绘画、木雕等艺术特长,多采用高浮雕的手法。20世纪40年代,马步芳在西宁建造的砖木结构的私人官邸——馨庐公馆,规模宏丽,院内亭台楼阁,曲径回廊,都用砖雕图案装饰。

六、回族面花艺术

回族的面花艺术,以其制作工艺精湛,花样繁多,成为人们日常面食首选,吸引了各族群众和不少中外游客品尝和欣赏。

面花,以麦面为主要原料,通过丰富的想象,巧妙的构思,精心加工制作出既可食用,又可观赏的回族面食造型工艺品。据回族民间传说，面花艺术早在元代就已流行。在继承阿拉伯传统饮食工艺的基础上，又吸收了兄弟民族饮食工艺的一些手法，经过代代相传，形成了回族独特的面花造型和风味。现在回族面花艺术的品种达百余种，一品一形，百形百味。特别逢回民过节、婚嫁、待客等重要的喜庆场合，只要你留意，就会看到那加工精细、千姿百态的面花，使你一饱眼福。

回族面花的造型大多源于自然界和社会生活中的各类花草、蝴蝶、鸽子等形态，同时，还大量地采用阿拉伯的卷草形、云纹形等几何图形。根据不同的需要和场合，通过擀、切、揉、捏、搓、挟、挤、压、画、点、染等多种手法，制作出形式多样的造型，并用炸、蒸、烙、烤等烹饪技术，使形、色、香、味集于一体。如炸货类里有油香、馓子、蜜馓、花花、油酥花茧、油酥脆花、油圈等，仅麻花一项可制作出三股麻花、大麻花、果料麻花、芝麻麻花等。蒸货类里有千层饼、开花卷、红花绿叶等。烤货类里有云纹岁糕、卷草形馄馍等。即使是汉族原有面食种类如猫耳朵、搓鱼，在回族巧妇手中也可制作到极致。在西宁，回族面食店铺遍布全市，各族群众一般喜欢选买他们的面食；城镇人家现已很少有自己蒸、烙馍馍者，回族经营制作的各式馍馍以卫生、味香深受欢迎，其中用青稞面制作的大小焜锅，也越来越成为面类美食。近几年，回族的一些面花还大胆采用象征、变形、夸张等艺术手法，使其花纹巧妙，绚丽多彩，并赋予一定的意义，成为回族文化百花园中一朵引人注目的奇葩。

七、回族剪纸艺术

青海回族民间有首"花儿"唱道：

莲花山上大雾绕哩，

冬虫夏草有人找哩，

第五章 文化、艺术与体育

维尕妹子手要巧哩，

万样子花随心者铰哩。

剪纸，这朵瑰丽的回族民间艺术之花，以旺盛的生命力深深扎根于回族民间艺术土壤之中。在青海回族聚居区，回族妇女的剪纸内容丰富，生活气息浓厚，无论在窗户上、墙壁上、顶棚上，还是箱柜上，随处可见她们的作品。

回族妇女具有剪纸的传统习俗。一般女孩到了七八岁，就拿起剪刀开始剪，一直剪到六七十岁。农闲之时，饭余之后，心灵手巧的回族妇女，便用一把剪刀、几张彩纸，随心所欲地表现自己的想象力和创造力，剪出各种各样的作品，以美化和点缀生活。有时邻里乡亲们还坐在一起相互观看学习，互相馈赠作品，特别是逢回族举行婚礼等喜庆活动时，便剪出寄托她们理想的作品，增加生活的新鲜色彩和欢快的气氛。回族妇女的剪纸有着独特的审美意识。在民和县有"五谷丰登"、"农家乐"、"瑞雪兆丰年"、"吉（鸡）庆有余（鱼）"等作品，既不是传统观念的自然的模仿，也不是现代观念、自然形态的夸张变形，而充分表现了回回民族的心理意识和朴素、大方、自然的审美观[①]。

回族剪纸还自由地、纯真地表现回族人民的感情，如她们剪的花卉，特别是牡丹、荷花等，都是意念中的，不受时间、空间的约束。有许多作品还寄托着回族人民追求美好生活的愿望，有着较为深刻的寓意。随着社会的发展，回族妇女的剪纸艺术在不断翻新花样，如青藏高原的朵朵山花，争奇斗妍。她们往往撷取大自然中各种不同的植物，构成自己想象中的花草树木，枝与叶、花与蔓和谐地统一，有点像汉族人刺绣图案中的百花百果一

---

① 王正伟：《回族民俗学概论》，宁夏人民出版社1993年版。

棵树的艺术构思。

第三节 体育

一、武术

回族武术起源于13世纪初的回回先民。他们被蒙古征服者编为"探马赤军"后，南征北战，练就一身刀法和拳术，如长矛、弯月刀、回回弹腿、回回七势等。落籍青海后，他们一面耕种，一面习武，生生不息。明、清时期，回族仍"高上气力，以射猎为先，以兵马为务"①，少林派、八门拳派、翻子劈挂派、查拳、弹腿等在民间广泛流传。明弘治三年（1490年），回族武林高手马健中武举，随之西宁马洪绩、乐都马耀、门源马占魁、循化马文魁等也先后中举。清代名将马进良、高天喜、马彪和民间拳师马允升的出现，体现了当时青海回族武术的最高水平。民国时期，武术活动从民间扩展到学校军队，并成立国术馆大力倡导，省内甚至省与省之间经常举办武术比赛、表演、讲学等活动，大大推动了回族武术的发展，涌现了一批著名武术人才，如马登云、苗玉龙、马玉龙、马中保、马精才、马子珍、马之才、马怀德、赵万英、马凤图等。新中国成立后，成立了青海省八门拳研究会和青海省穆斯林武术馆，对八门拳、查拳、翻子劈挂拳等武术套路进行了广泛的传播与教习，许多回族青少年参加了健身练武活动。据统计，在全省武术界，一批武功出众的回族武术工作者受到省和国家的奖励。

---

① ［清］杨应琚：《西宁府新志》，卷八《地理·风俗》，青海人民出版社1988年版，第249页。

第五章 文化、艺术与体育

世居青海的回族群众历来爱好武术，用它来保家卫国，强身健体，修炼意志，陶冶情操，增进友谊，参加竞技和娱乐，在青海体育史上留下了光辉的一页。

明清时期，青海回族的武术也有了较大的发展。明孝宗弘治三年（1490年）西宁兵部副使柯忠将原创儒学中的"堂斋"（课堂）、号宇（宿舍）、射圃（射箭场）等修饰一新，并通过科举，将回族马健等选为武举人，科举选拔为武术人才的涌现创造了条件。冶土司家族应召参加明廷在青海的几乎所有军事活动，练兵习武更是其职责，《西宁府新志》"忠节"列冶鸾、冶国器祖孙分别以守备和副总兵战死疆场。随着民间武术活动的不断开展，历史上先后出现了2名武进士，49名武举人，如马洪绩（西宁）、马耀（乐都）、马占魁（门源）、马文魁（循化）等人。民间拳师马允升（马健之子）虽非科班，但自幼习武，弓马娴熟，是青海回族武术著名传人。特别是清康熙时的回族名将马进良，乾隆时的回族名将高天喜、马彪等人，武艺高强，胆识过人，统兵打仗，精忠报国，官至提督，成为一代名将[①]。马进良之子马龙也习武立功累官至总兵，其他以习武担任都司、千总等以下职务者更多。

民国时期，青海回族武术较为盛行。省主席马麒推行"崇文尚武"的方略，一方面在军界、教育界开展国术活动；一方面兴办国术馆。经省务会议决定，聘请黎丹、王玉堂、马凤图等五人为筹备委员，由王玉堂负责筹建青海省国术馆，馆址设在西宁民众娱乐场，民政厅拨付经费购置器材，1930年7月正式成立。先由民政厅厅长王玉堂兼任馆长，后由回族武术家马凤图代理民政厅长并兼任国术馆长。马登云（字香山，青海民和人）为干事，

---

① 《青海百科全书》，中国大百科全书出版社1998年版。

从北平聘请刘陆隐担任教练。馆内陈设刀、枪、剑、戟、链架棍棒等各种武术器械。在建馆之际，马凤图还将有"马侠客"之称的胞弟马银图请到西宁作精彩表演，之后又请北平武术家鲁忠义来青海任教练，为回族学生教授武术。自此青海军界、学校、民间习武成风，军队多以大刀棍棒为操练器械，一些学校把国术列为体育课目，聘请社会名家开设武术课程，培养了众多的武术爱好者。在1931年和1933年的青海省第一、二届运动会上设有武术表演，特别是民间的知名回族拳师踊跃参加，苗玉龙的醉棍、流星锤，马登云的戚门枪、劈挂拳，马之珍、赵万英的八门拳、枪术受到了广大群众的热烈欢迎和赞誉。武术家马凤图也乘兴上场献技，他表演的八极拳功力淳厚，劲道快脆。1936年5月15日，刘希古接任青海省武术馆馆长一职，农历四月八在北门外举行庙会之机组织200余人的表演队进行表演，4万人口之市，观众达5 000余人。同年5月23日，甘肃省国术馆长于学忠为促进武术交流，在兰州五泉山举行国术表演，青海回族拳师苗玉龙、马登云等人应邀参加。6月，青海国术馆在西宁举行国术比赛大会，约300名武术赛手参加。经过角逐，青海回教教育促进会中心学校学生马德禄的双刀获刀术冠军，马成福、韩福祥的拳术对打获拳术冠军，促进会第一附小学生马生福的戚门棍获棍术冠军。1941年青海国术馆举行第一次年会，参加的会员约32人，其中有回族名家苗玉龙、马登云、马之才等人参加[①]。

明、清时代和民国时期，在回族中流传的武术主要流派有少林派、八门派、翻子劈挂派，除此，回族直拳、弹腿仍有流传，其他流派的拳种不断传入青海，在回族拳师中传播。青海回族武

---

① 《青海百科全书》，中国大百科全书出版社1998年版。

第五章 文化、艺术与体育

术在这一较长时期的发展有以下三个特点:第一，民间回族武术走上了科举制度的道路，回族武术人才有了报效国家的机会；民国时期以健身、表演为主，军队中则以"惯勤肢体，活动手足"及学会"搏斗制胜"为主要手段；第二，民间的武术活动进入了学校课堂，列为学校教育内容，直接为学生的健身服务；第三，有了武术组织机构，推动了回族武术的发展。

新中国建立后，在党和人民政府的亲切关怀下，这一优秀的民族传统得到蓬勃的发展，成为社会主义体育事业的一个组成部分。在省、市体委的领导下，回族武术爱好者积极参与比赛和表演。1953年，全国民族形式体育运动会上，青海老拳师苗玉龙表演的醉棍获奖，并在北京中南海为毛泽东等中央领导人表演。1990年后，西宁地区还成立民间的青海穆斯林武术协会。

1986年挖掘整理的武术套路中，较为完整的流派有八门拳、查拳、翻子劈挂拳、心意门等。这些流派中包括了较为丰富的徒手拳和器械类，特别是八门拳在回族群众中流传时间长，范围广，深受回族群众的喜爱。青海省八门拳研究会（在青海省武术协会中称分会），现有会员近百人，专门培养青少年开展武术活动，并开展研究工作和竞赛工作，推动国家全民健身计划的实施。据普查材料统计回族武术家、拳师、运动员、武术工作者、武术爱好者约占全省习武人数的三分之一。已载入中国武术人名大辞典的人员有：苗玉龙、马登云、马凤图、马怀德、马天武、马蕴甫、马成乾、赵万英、马呈祥、马岭、马兴隆、马生贵、冶国福、者青、周生祥、马玉忠、罗世清、马忠山、妥文洲、脱华、马吉青等人①。

---

① 马明达：《试论回族武术》，载《回族研究》，2001年第3期。

二、射箭

射箭在青海农业区回族中有着广泛的群众基础,既是回族先民行军打仗所遗留下来的尚武风气,又受到周围藏族爱好射箭活动的影响。清代和清代以前,射箭是习武者必练的武艺之一,现代以来则成为喜闻乐见的群众性竞技活动。

每年农历正月、六月的射箭比赛,是我省化隆、民和、湟中等县的回族人民所喜好的一项传统民间体育活动。比赛是在村与村之间进行的(包括汉族村和藏族村)。赛前,主办赛事的村先选定受邀对方,然后派两名精干人各带一对羽箭,去对方村里拜访该村的"箭头儿",对方同意后就收下送来的两对羽箭,并款待来使,言定比赛日期。比赛日程确定之后,主办一方开始发动全村人打扫庭院,办置食物,迎候来宾;射箭场里,按宾左主右的习俗布置桌椅,设接风箭仪,并就地支锅,准备茶水,指派专人,办置箭靶。箭靶用杨柳枝编成,中间涂以一碗口大的红心,称为"月儿",靶顶插4~6缕彩穗,以辨风向。顶插彩旗,迎风招展,还拣来茶碗大小卵石若干,分放两堆,以备中靶后记分之用。箭手出发之前,身穿崭新的白布汗衫、青布坎肩,头戴黑缎子顶帽(夏天);或身穿大领子皮袄,头戴藏式狐皮帽(冬天),并精心打扮自己的坐骑,汇集在村口齐声呼唤三声,便扬鞭催马,与众人一道向赛场飞驰而去。到了赛场村口,受到对方箭手及众人的热烈欢迎,接着双方商定各自对手,选定4名(双方各2名)监靶人,于是主客队就座,比赛开始。按俗,比赛顺序是客先射,主后射;命中红心者举杨柳枝为号,投石子记分,这种记分法俗称"赶羊儿"。从每一个射手举弓搭箭起,整个场上欢呼雀跃,"欧儿"、"欧儿"的声浪此起彼伏。一箭命中,射手像脱缰的马似地跑到靶前,一手举弓,一手插腰,高呼跳跃不止,

第五章 文化、艺术与体育

本村的箭手也情不自禁地一拥而上,手舞足蹈,甚至抬起射中箭垛的箭手在人群中抛扔。上午,随着比赛进程的发展,整个比赛逐渐趋向高潮。这时,双方的优秀箭手纷纷登场,箭箭中的,精彩动人,俗称"盖靶"。待所有比赛项目结束,胜败揭晓,双方箭手在欢乐的"花儿"声中,互致谢意,依依话别。

射箭在回族中如此普遍地被爱好,自新中国成立后正式列为体育项目后,即有韩有录曾多次在全国和全省比赛中取得好名次,赢得荣誉,成为20世纪50至60年代全省最优秀的射箭运动员。继之而起的回族新秀杨海玲、许艳萍和汉族选手孔亚萍等连续多年保持全国前三名水平。

三、赛马

马术在旧中国是习武者必须具备的基本功之一,与武术和射箭相得益彰,策马扬鞭,驰骋疆场,为国家建功立业;而在北方民族历史上除杀伐征战,即使平常生产生活中,也几乎离不开马。因而马术逐渐成为草原及半农半牧地区藏、蒙古和回族共同爱好的又一群众性竞技活动。

人们养一匹好走马,不仅用它作为赶集赴会、出门游玩的乘坐工具,还为了参加一年数度的赛马会,以求得名次,终身荣耀。

由附近几个庄子、几个民族参加的赛马会,往往在每逢一年一度的农历六月六等农闲季节举行。届时,全村男女老少身着盛装,簇拥着村里精选并精心打扮的骑手和走马,向共同约定的赛马场涌去,以观赏精彩的赛马会,并为本村的骑手呐喊助威。经过激烈的角逐,捷足先登的人和马,均受到披红戴花的礼遇,同时按传统习惯的赛马奖励办法,还要奖励茯茶乃至活羊等奖品。赛马,一种是赛"走马"(即赛马的对侧步),另一种是赛速度

(也有称赛"跑马")。前者以平稳健美的步伐和速度的领先为第一；后者只求激烈速度上的领先，首先到达目的地者为第一。赛走马和赛跑马的距离，前者较后者短。赛马多在春、夏或节日期间举行，马不备鞍，青少年骑手为多，女子不参加比赛。赛马结束，有为获得名次的马挂红、为骑手奖茯茶之惯例。

四、木球

木球是回族群众所喜爱的一项体育活动。据考证，此项活动起源于我国宁夏吴中地区民间的"打篮子"游戏，已有一百多年的历史。"打篮子"，青海一带称"打梭棍"、"打哨棍"，即选用一粗树枝或折损的农具把，去打置于地上的"木段"的民间体育活动，借以消除疲劳，增添欢乐气氛。在劳动间隙，因地制宜选择场地，在各自的赛场挖一小土坑，里面灌入水，称之为"涝坑"，双方依次用木棍将"木段"打入对方的涝坑内者即得分，入坑多者为胜。由于这项活动不需要特殊的设备和器械，随时随地即可进行，因而很快就流传开来，随着越来越多的人的喜爱和不断改进，"打篮子"活动逐步演变，哨棍改为木板，"木段"改为椭圆的木球，涝坑改为球门。参赛人数有了明确的规定，场地的规划和比赛方法亦有了具体的细则，于是木球作为一种民间体育运动正式形成了。青海地区的回族青年都喜爱这项活动，各个中学和许多乡里村间都有自己的木球队，涌现出一批技术过硬、战术多变的木球代表队，每逢农闲季节都要组织木球友谊比赛。

五、儿童文体

青海回族传统的儿童体育大都为游戏，其中稚童游戏一般为简单的游戏动作，并伴有谐趣合韵的儿歌，儿童边唱边玩，反复进行，既活动筋骨又开发智慧。在民间比较普及的有打罗罗、抢老窝、翻油饼、打石镖、打毛蛋、踢脚板等；少儿游戏具有一定的规则与技巧，有单独演练或与同伴比赛，常见的有跳房房儿、跳绳、玩绷绷、耍活络、打木猴儿、滑溜儿、打抛儿、丢岗儿等。

六、其他

1. 弹口弦 青海回族妇女和撒拉族妇女一样，喜欢弹奏口弦。在闲暇时节，或在闺房，或相聚在一起，吹奏口弦，嘤嘤如私语，抒发幽情。口弦多以黄铜、红铜或白银制成，形似当今妇女们常用的钢发卡。中间安有一根极其细薄的铜片，是发声器。口弦大小不一，有约寸半长短的，也有比其小的。吹奏时将口弦横噙口中，以舌尖或手指轻轻拨动发音簧片，同时以口形的变化、呼吸气量的大小来调解掌握音程及音量。

咪咪

口弦

2. 拔桩 青年人互相两手掬腰而斗力，有如鲁智深倒拔杨柳树之状，故谓之"拔桩"。看谁能将对方"拔"起，而不是摔倒，角力的结果，以双脚离地的一方为败者。

3. 立马桩 农村青少年喜欢在打麦的场面上、草地上进行"手倒立"的活动，谓之"立马桩"。初学者依靠墙根，在他人保护下进行，先双手撑地、勾头，然后双脚蹬离地面，靠抵墙上，倒立就算成功了，开始时只能坚持十几秒到几十秒，以后逐渐至几分钟到十几分钟，待到在墙根倒立的基础打好后，即可作头、双手三点式无依托倒立和双手无依托倒立的练习，最后在双手无依托倒立的基础上，进行倒立行走。待技能熟练，则可举行倒立耐力比赛和倒立行走比赛，看谁倒立的时间长，看谁走得快，走得远。比赛时，场面甚为活跃。这种运动不仅锻炼臂力和平衡能力，还可有助于治疗胃下垂、脑贫血等疾病[①]。

---

① 《青海省志·体育志》，中华书局1999年版。

第六章 宗教信仰

回族信仰伊斯兰教,据《甘宁青史略》记载:伊斯兰教于"唐天宝后,由西域流入甘肃"。早在8世纪,即有中、西亚穆斯林商人和宗教职业者活动并留居于河湟谷地,伊斯兰教从此传播于青海。元代,回回人不再是只局限于沿海城镇从事贸易活动的客商或外侨,而是深入各地,遍布城乡,兵、农、工、商、仕各行各业应有尽有的社会力量,这种社会力量的一个内在共同点是他们都信仰伊斯兰教。长期处于大分散状态的回回人,在与各族群众和睦相处,在发展融和过程中,始终融而不化、合而不流。例如服饰、语言文字等方面完全可以适应所处的客观环境,但在思想信仰、风俗习惯、婚丧礼仪、饮食禁忌等方面,则坚持并恪遵伊斯兰教教义教规。

第一节 伊斯兰教在青海的传播和发展[①]

早在唐代,回族的先民们已经在青海河湟流域一带活动和留

---

① 本节的写作主要参考喇秉德:《伊斯兰教在青海的传播和发展》,载《青海社会科学》,1986年第3期。

居，同时也将伊斯兰教传播到了这里。唐代，从陆路即陆上丝绸之路来到中国的大食军队、外交使团主要活动于以长安为中心的西北地区，阿拉伯、波斯的穆斯林商人也多往来于这一路。根据民间口碑资料，唐代中亚商人越过葱岭和祁连山，到达青海河湟一带，进行商业贸易，继从事耕作；现在西宁回族中的哈、白、穆、丁等姓的先祖，据说就是当时移居到此的波斯人，他们成为伊斯兰教在青海的最早传播者。与此相关联的是，甘肃临夏回族中关于唐代曾有伊斯兰教的十大"上人"到临夏居留直至终老的传说，与"先有哈家坟，后有枹罕城"的古谣有相同之处。到了宋代，仍旧"还有大量的阿拉伯、波斯以及中亚其他地区的穆斯林继续从陆上沿丝绸之路进入新疆，到罗布泊附近，因为这时河西走廊为西夏所据，他们要去宋朝辖地进行外交、贸易活动，无法通过，就东南入柴达木盆地，经青海湖北岸，过西宁，循湟水谷地到洮河流域，走临洮，再由陇南进入关中平原，东去洛阳、开封"①。特别是在北宋收复湟州、洮州以后，青海路被视若通衢，而往返于这一路的穆斯林使者、商人等就更多、更经常了。他们也免不了因宋与吐蕃、西夏等国在政治、经济、军事上的冲突或缓解，不得不经常在沿途各地滞留，而当时处于宋、吐蕃、西夏及金等势力交接要冲的鄯州（今西宁），这种滞留的情形就可能更为经常，这无疑对包括西宁在内的河湟地区伊斯兰教的传播和发展是一个较大的推动。同时，宋代的青唐城（今西宁）已经成为中亚、西域各地商人进行贸易的重要集散地，直至南宋绍兴三年（1133年），大食进奉使节仍沿青海路经西宁到熙州（临

---

① 马士年：《伊斯兰教在陕西的传播发展与演变》，载《清代中国伊斯兰教论集》，宁夏人民出版社1981年版。

第六章 宗教信仰

洮），前后历时达一百余年。青海路的开辟与西宁成为这一孔道上的重镇，使不少穆斯林商人留居下来。公元11世纪以青唐城为中心建立的唃厮啰政权所统属的部众中有回纥数万，足以说明当时居留在青海的回族先民其规模弥足可观。据陶宗仪《说郛》、李远《青唐录》记载，当时的青唐城的东城居住着"陷羌及陷人之子孙，夏国降于阗，四统往来贾贩之人数百家"。当时的青唐城与今西宁市的城区相近而偏南，其东城与今东关一带邻近并相接，这一带一直是回族居住比较集中的地区。到了元朝初年，马可·波罗来到西宁时仍然看到"西宁境内管辖的城市和堡寨，同样划归唐古忒省的疆界之内，属于大汗的版图。这个国家的居民大多数都是佛教徒。不过也有一些伊斯兰教徒和基督教徒"①。这些伊斯兰教徒不仅仅是随蒙古人西征而来的回回人，恐怕主要还是当地原来的穆斯林。清代同治年以前，城东北一带有回族居住，今西宁市第一中学所在地原有一座规模较大的清真寺，同治年间西宁回民起义后被清军所毁。

元代，伊斯兰教在青海有了更进一步的发展。元初，天方圣裔故土布·览巴尼·尔卜都莱海麻尼（穆罕默德二十世孙），在成吉思汗征服撒马尔罕等中亚地区后，由伊拉克来到中国，先去云南，继又率从者来到西宁从事讲经活动，"复命归真"后，当时坐镇西宁的西宁王速来蛮特地为其在西宁凤凰山修建拱北，并立碑以志纪念。另据传说，现在西宁的北关、南关和白玉巷等清真寺，就是元代修建，清代被毁后于近、现代才修复的，这说明在元代西宁已经有相当规模的穆斯林居民，而且已经有了公开集体进行礼拜等宗教活动的场所——清真寺和拱北。另外，随同成吉

---

① 《马可·波罗游记》，福建科技出版社1981年版，第69页。

思汗东来的"西域亲军"（主要是被签发的葱岭以西的阿拉伯、波斯和中亚信仰伊斯兰教的各族人）连同随军的工匠和妇孺等，大部分或以驻军，或从事屯聚牧养于西北各地。于是，形成了"元时回回遍天下，及是居甘肃者甚多"的情形，现今青海回族主要居住的省内东部农业区，在历史上正属于甘肃的一部分。

明、清时期，不仅是回族在青海地区发展、壮大的时期，也是伊斯兰教在青海进一步广泛传播和发展的时期。有明一代，将"移民实边"作为一项国策，数度移民青海，使得大批江南居民，包括大批回族陆续被迁移到青海。明初，归附明朝的西域回回薛都尔丁，仍授原职（元朝末年被封为甘肃行省佥事），受命率部众驻米拉沟（今青海民和），后封土司，世袭罔替，历明清两朝数百年，冶土司及其部属之世居此地，使民和成为伊斯兰教在青海传播发展的一个重要地区。洪武年间，回族大将沐英经略青海，两次来西宁，应回族上层人士的请求，奏准朝廷，在西宁重建了规模宏大的东关清真大寺。到明代中、后期，西宁、大通、民和、循化等地相继建立了一些规模不等的清真寺。清真寺的建成，标志着伊斯兰教在该地区的传播和发展具有广泛的影响和一定的社会基础。到了清代，由于极其复杂的社会历史原因，以各种形式来到青海的回族较前代更多。清初甘州米剌印、丁国栋领导的一度席卷西北的回族反清起义失败后，曾有一部分起义者为逃避镇压屠杀携眷翻越祁连山来到门源、祁连一带落户，他们中的一部分曾依附于蒙古人托茂公，受到庇护并娶蒙古女子为妻，在后来的发展中，形成既有蒙古族的某些习俗，又保留伊斯兰教信仰的青海托茂人。雍正三年（1725年），罗卜藏丹津事件平息后，仅修建大通卫（包括今大通、门源、祁连三县）所属大通、白塔、永安等三处城堡，即从山西、陕西、甘肃、北京等地迁来

第六章 宗教信仰

大批回民以实边。这部分回民先后大批地移居青海，不仅壮大了青海回族，而且使伊斯兰教在北从大通河流域东经湟水谷地，南至黄河积石山流段的整个河湟地区有了进一步的发展。清代中、后期，统治阶级的民族压迫，尤其是对信仰伊斯兰教的回族、撒拉族人民的高压政策，激起回族、撒拉族人民多次掀起不屈不挠的反抗斗争；起义失败后，西北回民成千上万地被屠杀的同时，引起大范围的逃难流徙，青海回族居住地区处西北偏僻地带，陕、甘等地起义回民，或因失败避难，或因继续进行抵抗，陆续来到青海，在客观上使伊斯兰教在一些偏僻地域得以传播和发展。

此外，民间的宗教传播活动也是比较活跃的。早在清初，转道新疆的一些伊斯兰教贤人率领信徒仍继续越过祁连山来到青海从事宗教宣传活动，另外，河湟地区去麦加朝觐时接受了阿拉伯国家流行的各种不同学理、教派思想的学经者，归来后，讲经传道，于是不同教派和门宦也应运而生，特别是清代以来，各种教派、门宦的形成、传播和发展活动显得异常活跃，如华寺门宦创始人马来迟在河州、循化、化隆、贵德、同仁、西宁等地先后传教10年之久，教徒最多时达20多万。同时在青海传教的还有哲赫林耶门宦的创始人马明心、鲜门门宦创始人鲜美珍、穆夫提门宦创始人马守祯及其他门宦的创始人和继承者等。清末以来，伊赫瓦尼教派传入青海，并得到当时主政者马麒、马步芳的大力支持和推崇，很快发展为在河湟地区乃至西北和全国有很大影响和势力的一大教派。

第二节　教派门宦

青海回族中的伊斯兰教教派，有格底目、伊赫瓦尼、赛莱菲耶、西道堂等教派和虎夫耶、哲赫林耶、嘎底林耶、库布林耶四大门宦，各门宦下又有许多小支派。就门宦各分支而言，显得十分复杂，但从总体上说，各派基本上属于伊斯兰教逊尼派。什叶派曾在青海地区有过传入，其影响仍能从回族的某些宗教生活中找到。青海的各教派门宦之间的差别不是根本信仰方面的差异，主要是在宗教仪式方面或宗教修持方面的差别，以致在细枝末节上存在的分歧。在宗教信仰方面，各门宦除保留了伊斯兰教的基本信条外，还敬礼教主和道祖、教主拱北，主张在教乘功课之外，还进行道乘方面的修持；在宗教制度方面，各门宦都不同程度地重视各种修道功课（如坐静）、神秘主义的祈祷仪式和节日（包括教主和教主家族重要成员的忌日）等；在宗教组织形式方面，各门宦普遍重视道统（谱系和传说）的继承，教主直接委任自己的代理人，在本门宦内进行管辖、委派或撤换所属各寺坊的阿訇等。

青海回族习惯上按各教派形成的时间顺序分别称为老教、新教和不同的门宦。这些教派中，格底目形成传布的时间最早，其他各派都是清代康熙以后陆续传播的。

一、格底目

格底目，阿拉伯语音译，为"老教"、"古行"、"遵古派"之意，因固守唐宋以来穆斯林世代相承之教义思想、礼仪制度，故名。此教派坚奉逊尼派教义，以《古兰经》和圣训为其宗教思想基础，严格遵守"六大信仰"、"教门原根八件"、"天命五功"和传统礼制；对其他教派、教法学派均表示尊重，持宽容态度，把苏菲的道承修持看作副功，不崇拜圣徒、圣墓，但也不断然反对。此教派在青海主要分布在民和回族土族自治县转导乡、马营镇、塘尔垣乡、新民乡、巴州乡、西沟乡、东沟乡、大庄乡、塔城乡等，化隆回族自治县甘都镇、初麻乡、石大仓乡、巴燕镇、黑城乡、二塘乡等，循化撒拉族自治县白庄乡、孟达乡、

第六章 宗教信仰

积石镇、街子乡、查汗都斯乡等,大通回族土族自治县桥头镇、塔尔乡、新城乡、极乐乡、新庄乡、石山乡、后子河乡、岗冲乡、药草乡等,乐都县碾伯镇、老鸦城、白崖子村、汉庄,祁连县八宝乡、峨堡乡的峨堡村,尖扎县康杨镇及西宁等地。信教群众约有11万人,①全省有该派清真寺约400座。

二、伊赫瓦尼

伊赫瓦尼,阿拉伯语音译,意为"兄弟"。产生于清末民初之际,由甘肃省东乡人马万福所创立,因马万福生长于果园村,故世人多称马果园、果园哈知;其他教派多以"新行"或"新兴派"相称。该派在创立之初曾受到甘边宁海镇守使马麒和青海省主席马步芳的大力支持,使得该派在青海传播广泛,发展迅速,信教群众众多。该派在教义上信守逊尼派的教义,教法上遵奉哈乃菲学派的学说;主张严格按照《古兰经》和圣训行教,改革一切与经训相悖的礼仪,反对苏菲派对圣徒、圣墓的崇拜。其主要礼仪制度规范有十条,即"果园十条"。该派在青海主要分布在大通回族土族自治县桥头镇、桦林乡、塔尔乡、新城乡、斜沟乡、极乐乡、城关镇、新庄乡、石山乡、后子河乡、长宁乡等,民和回族土族自治县转导乡、马营镇、新民乡、巴州乡、塘尔垣乡、西沟乡、峡门乡、川口镇、马场垣乡、核桃庄乡、满坪乡等,化隆回族自治县甘都镇、群科镇、扎巴镇、黑城乡、沙连堡乡、德恒隆乡、阿什努乡、加合乡等,循化撒拉族县白庄乡、清水乡、积石镇、查汗都斯乡及西宁等地。平安县、湟中县、互助土族自治县、尖扎县、贵德县、兴海县、乐都县等地的伊赫瓦尼

---

① 信教群众的人数、清真寺的数据等根据1996年全省宗教大调研和2004年撰者同青海省宗教局宗教二处所作的门宦教派调研数据而得。

派信教群众占穆斯林群众的多数或相当数量。目前全省有信教群众61万，全省有该派清真寺约800座。

三、赛莱菲耶

马果园去世后，伊赫瓦尼分为苏、白两派。白派即甘肃广河白庄阿訇马得宝，在朝觐中于沙特另接受瓦哈比派学理，提出有别于伊赫瓦尼的主张，形成赛莱菲耶派。赛莱菲耶，阿拉伯语音译，意为"尊崇前贤者"，受沙特瓦哈比派的主张影响而形成。又因礼拜时抬三次手，故又有"三抬"之称。该派主张严格按照《古兰经》和圣训规定行教，教义上属逊尼派，遵行哈乃菲教法学派；只承认伊斯兰教早期"前三辈"奉行的教义、教律，仍奉行伊赫瓦尼关于不崇信门宦和教主，不崇拜拱北等主张。20世纪70年代后，日益增多的甘宁青穆斯林朝觐者受盛行于沙特的瓦哈比派影响，皈信赛莱菲耶之人不断增加，逐渐形成一独立派别。近十多年来在青海发展较快，其信徒主要分布在西宁市城东区，湟中县大才乡、汉东乡、鲁沙尔镇，民和回族土族自治县塘尔垣乡，平安县沙沟乡、古城乡和化隆回族自治县群科镇等地，信众约有7 000人，清真寺4座。

四、西道堂

西道堂由甘肃省临潭人马启西创于清末，遵行《古兰经》和圣训，注重用汉语文宣讲伊斯兰教，推崇刘智（介廉）《天方典礼》、《天方性理》、《五功释义》等著述学说，重视宗教教育和文化教育。西道堂集体经营农商牧副经济，兴办新式学校，致力培养人才；以其经济活动遍布于甘青川康藏。清光绪二十七年（1901年）马启西之弟马启晋来循化、化隆、民和、湟中、大通一带传布道堂教理，部分回族信从，民和马营40户回族一次迁入临潭加入总堂，现信众约200人。

五、四大门宦

1. 虎夫耶

虎夫耶,阿拉伯语音译,原意为"隐藏的"、"悄声的",因该派主张低声念诵赞词,故名。教义上属逊尼派,教法上属哈乃菲学派。以《古兰经》和圣训为信仰的根本,遵行天命五功,重视隐修和默念"迪克尔"①。教内分为三级:最高一级是"穆勒什德",称太爷或教主,被认为是得道者、导师;次一级是"海里凡",即"穆勒什德"的接班人,被认为是办教门的人;再次一级是上两者的忠实信徒,称为"穆里德",即追随者,被认为是学习教门的人。教主被认为生前能显示多种"奇迹",是引领教徒走上正道的导师,逝世后尊信者为其修建拱北,进行祷念。17世纪分别从新疆和阿拉伯地区传入甘、宁、青等地(从新疆传入者较多),经过近300多年的传播和发展,逐渐形成了许多支系门宦,主要有:华寺门宦、毕家场门宦、鲜门门宦、穆夫提门宦、临洮门宦、大湾门宦、刘门门宦、明德堂、胡门门宦、北庄门宦、洪门门宦、凉州庄门宦、碱沟井门宦、丁门门宦、法门门宦等,各门宦之间互不隶属,各有其传授人,独立传教和行教。传入青海的主要有华寺、穆夫提、大湾、刘门等。鲜门是在青海创立后传到外省的;费海勒派(雄伯堂)为解放后开始传播,近年来有所发展的一个支派。

2. 哲赫林耶

哲赫林耶,阿拉伯语音译,原意为"公开的"、"高声的",

---

① 迪克尔:苏菲派赞颂安拉的宗教祈祷词和功修仪式,亦译"则克勒"、"寂克尔"、"齐克尔",原意为"怀念"、"纪念"、"赞颂",即时刻纪念、赞颂安拉。

引申为"高声诵念迪克尔的",故有"高念派"之称,与虎夫耶(即低念派)相对。该派遵奉逊尼派教义和哈乃菲教法。教主的产生,初期采用传贤制,后为世袭制所取代,有严密的教权组织。由于历史的原因,形成了较为强烈的"为主殉教"的观念。该派在马明心创教初期的清乾隆年间,曾在青海循化地区传布教理,发展教徒,后因与华寺门宦发生教争,官府处理不当激化而引发苏四十三起义。起义失败后,该派逐渐在循化失传,后又在民和县的部分地区得到传播。哲赫林耶分为板桥、南川、北山、沙沟四个门宦和分支,现主要传布于宁夏,在青海分为上头门宦和沙沟门宦两支。

3. 嘎底林耶

嘎底林耶,阿拉伯语音译,源于其创始人阿卜杜勒·卡迪尔·吉拉尼名字中的"卡迪尔"一词。清康熙初年,由据称是穆罕默德29世后裔的和卓·阿卜杜拉传入甘、宁、青地区,后分化为三派:祁门、鲜门(后改宗虎夫耶)、马门(云南马所传),后又演化出若干分支,各行其是,互不隶属。该派在教义上属逊尼派,教法上属哈乃菲派,在长期发展过程中受到中国传统文化的影响较深,与其他苏菲派有明显区别。其支系有:大拱北、后子河、韭菜坪、香源堂、齐门、阿门、灵明堂、明月堂、文泉堂、通贵、崖头、高赵家等门宦。在青海主要有后子河、崖头、灵明堂、昭辉堂等。

4. 库布林耶

库布林耶,阿拉伯语音译,原意为"大能者"。该教派以《古兰经》和圣训为信仰之本,遵行五功和静修参悟修持。其在青海的信徒较少,主要分布在大通回族土族自治县城关镇、新庄乡、药草乡、良教乡、极乐乡、桥头镇、桦林乡,门源回族自治县浩门镇、大滩乡、青石嘴镇，化隆回族自治县巴燕镇、甘都镇，西宁市城东区，约有2 800人。

第三节　清真寺和拱北

一、清真寺

清真寺历来是穆斯林宗教生活的中心，穆斯林群众总是围寺而居，各地清真寺一般也都具有地处穆斯林聚居区中心的特点，是社会生活中的关键部位。同时，清真寺又具有很多方面的功能：清真寺是回族穆斯林主要的宗教活动场所，阿语称"麦斯志德"，意为"礼拜的场所"。但中国历史上对伊斯兰教的"麦斯志德"则有过不同的称谓，唐代称为"礼堂"，宋代称"礼拜堂"，元代称"礼拜寺"等，明中叶以来则通称为"清真寺"。阿訇平时还要在清真寺给满拉讲学，给教众讲"瓦尔兹（戒劝）"，主持婚丧嫁娶、屠宰食用禽畜等有关事务，而这些事务的社会性很强，是穆斯林整个社会结构中不可缺少的部分；清真寺也是举办宗教教育、传播宗教常识、培养宗教职业者的讲坛和经堂；回族穆斯林每日五次礼拜，每星期五的主麻聚礼以及一年一度的开斋节、古尔邦节会礼等都要在这里举行。

回族的清真寺有一套制度。最早在教坊制度方面，实行的是"三掌教"制，即有一位掌教，专门负责宣传教义、领拜说教、劝导教民；有一位阿訇辅佐掌教执行教务，专司教学；还有一位乡老，主管收学粮以及干"尔麦里"等宗教活动的事务工作；每个清真寺还有一位寺师傅，在清真寺沐浴堂烧水，斋月敲梆子等，为众人服务。现在，西北所有清真寺均互不隶属，每个清真寺都有一个阿訇，管事做主，招收学生，开学讲经，处理本坊的宗教事务；大一点的清真寺则成立了民主管理委员会（简称寺管会），大事由寺管会讨论决定。

新中国成立初期，青海省有清真寺714座；到1958年，增加到932座；至2004年底，有1 382座。其中西宁市232座，海东行署919座，海北州99座，海西州29座，海南州72座，黄南州30座，玉树州1座。古老、著名的清真寺有百座以上，被列入中国伊斯兰教全国重点清真寺的有32座。其中，比较有代表性的清真寺有西宁东关清真大寺、洪水泉清真寺、扎巴清真寺、塔尔清真寺、鲁沙尔清真寺、康家清真寺等。

西宁东关清真大寺 也称"东关大寺"、"西宁大寺"，是青海同时也是青藏高原最大的清真寺，亦是西北四大著名清真寺之一，西北地区伊斯兰文化中心之一。该寺位于西宁市东关大街中段南侧，至迟建于明洪武年间（亦说始建于宋代）。其建筑既有中国古典建筑特色，又有阿拉伯建筑风格，还有现代建筑特色，规制宏丽独特，雄伟壮丽，肃穆典雅。藏经室有珍贵《古兰经》版本和贵宾赠送的礼品，现存民国时期汉族名人撰书之碑记两通，复制有蒋介石、林森、于右任、白崇禧所题匾额楹联等。其经堂教育在清顺治年间（1644~1661年）就已达到相当规模，在国内有一定影响。1985年被列为全国重点清真寺。1986年被列为青海省文物保护单位，现已成为中国礼拜面积最大，参加礼拜人数最多，且历史最悠久的古清真寺之一，并以十数万穆斯林参加盛大会礼共度传统佳节而为全省百万穆斯林景仰之地。

洪水泉清真寺 位于平安县城西南30公里的洪水泉回族乡（原属湟中县）。该寺始建于明成祖永乐八年（1410年），以设计奇巧、建造独特著称，木雕、砖雕工艺精湛，是青海省历史悠久、保存完好的古老寺院之一。四合院式格局，依深山地势布局，由

第六章 宗教信仰

大殿、宣礼楼、学房、水塘、照壁、寺门组成。整个寺院建筑装饰基调为木本色，未使用油漆彩绘，以淡黄褐色木质配衬淡蓝色砖雕，充以多姿之花卉图案内容，精丽而朴素，奇巧而端凝。其设计、结构、工艺精巧特殊，在中国伊斯兰教寺院建筑中独树一帜，为省级重点文物保护单位，1985年被列为全国重点清真寺。

平安县洪水泉清真寺

平安县洪水泉清真寺大殿

扎巴清真寺 位于化隆回族自治县扎巴镇。始建于清嘉庆十年（1805年），一说建于乾隆五十二年（1787年）。礼拜大殿为中国古典庙宇式建筑，砖木结构，可容纳千人礼拜。四层宣礼楼为中国古典式建筑，雕梁画栋，设计精巧。寺内山墙、照壁为花卉砖雕，典雅大方。该寺经堂教育曾经很兴盛，设有小学、中学和女学三部，麦加人赛义德·艾布冬拉黑、伊拉克人布华勒曾

平安县洪水泉清真寺宣礼楼

-285-

来讲学。1985年定为省级文物保护单位，并被列为全国重点清真寺。

塔尔清真寺 位于大通回族土族自治县塔尔乡塔尔湾村，始建于清乾隆二十年（1755年），1923年扩建，1981年改建，能容纳千人礼拜。该寺在大通县影响较大，伊赫瓦尼派创始人马果园的长子马遇真阿訇曾在该寺任教长。1985年被列为全国重点清真寺。

鲁沙尔清真寺 位于湟中县鲁沙尔镇，建于清同治四年（1865年），1981年、2005年先后修缮和扩建。礼拜大殿为砖木结构仿古建筑，前檐中四根大柱依次嵌镶描金"万古长然"四字。寺内有马麒兄弟和国民党元老于右任等所赠匾额，1952年中央慰问团赠送的"各民族大团结万岁"题词牌匾。1985年被列为全国重点清真寺。

康家清真寺 位于黄南藏族自治州尖扎县康杨镇康家村，相传始建于明永乐年间（1403~1424年），1981年后扩建，是青海省农业区和牧业区交接地带建筑规模较大、历史较悠久的清真寺之一。礼拜殿为砖木结构宫殿式建筑，殿内天花板中间悬挂一顶用细木条嵌成的"天落伞"，称"万民伞"，殿脊装有经筒。1990年被列为全国重点清真寺。

除此之外，尚有一些历史悠久，文物价值较高，在省内有一定影响的清真寺，如：

黄吾具清真寺 位于化隆回族县德恒隆乡黄吾具村，该寺为花寺太爷马来迟阿訇来卡力岗地区讲经时所修的第一座清真寺，始建于清乾隆十四年（1749年），礼拜大殿为砖木结构宫殿式建筑。寺内藏有马来迟用过的"黑木呼图拜"手杖一根。为卡力岗地区穆斯林群众宗教活动中心，现是德恒隆乡10个村近5 000穆斯

第六章 宗教信仰

林群众会礼之地。

凉坪清真寺 原名米拉沟大寺，位于民和回族土族自治县西沟乡马家河村。据传建于明代，1982年重建礼拜殿，由前卷棚、大殿、后殿三部分组成，为仿古建筑，绿色筒瓦，飞檐画栋。清康熙年间，虎夫耶华寺门宦创始人马来迟曾在该寺念经多年；光绪二十一年（1895年）民和回族反清起义首领冶主麻（人称瓦窑阿訇）曾在该寺任过教长。

西街清真大寺 位于循化撒拉族自治县县城西街，建于清雍正三年（1725年），"文化大革命"中遭到破坏，1986年重建。礼拜殿为砖木结构仿古建筑，殿顶用绿色筒瓦覆盖，殿脊装有宝瓶、宝剑、新月等饰物，殿内梁架为斗拱式，左右两壁及廊檐两旁壁绘有青绿彩画和阿拉伯文图案。该寺为积石镇回族四庄海乙寺，是四庄伊斯兰教文化活动中心。

二、拱北

"拱北，中国伊斯兰教先贤陵墓建筑称谓。阿拉伯语音译，原意为拱形建筑物或圆拱形墓亭，流行于阿拉伯、波斯及中亚地区的伊斯兰教建筑形式，后专指苏菲派在其谢赫、圣裔、先贤坟墓上建造的圆拱形建筑物，供人瞻仰拜谒。中亚、波斯及新疆地区称'麻扎'，意为先贤陵墓，圣徒陵墓。在我国内地主要指苏菲派的传教师、各门宦的始祖、道祖、先贤等陵墓建筑。……我国内地穆斯林把这类坟墓称为'拱北'，以区别于一般坟墓，以示对先贤、圣徒的尊崇。各门宦在其创始人、道祖的坟墓上建造拱北，始于清代乾隆、嘉庆年间。其建筑形式已于明清时的中国传统建筑相融合，除墓庐多用阿拉伯建筑圆拱墓盖形式外，附设的礼拜殿、坐静室、诵经堂和居室等建筑多为中国庭院式建筑形式。现代以来，拱北多建有六角形（或八角形）重檐塔楼，雕梁画栋，底层墙壁为砖雕图案，镌刻有《古兰经》文和植物花卉。拱北不但是教众纪念先贤等的拜谒之地，也是传教、管理教坊、行教及举行重大宗教活动的中心。"[1]拱北的修建，是门宦的主要宗教特征之一，从历史上看，可以说没有一个门宦是不修建拱北的。四大门宦及其分支在青海都有传播和发展，在青海也都建有拱北，主要分布在西宁、大通、民和、化隆、循化、湟中、平安、门源、祁连等地区，共有大小拱北83处（因循化地区很难统计是回族还是撒拉族穆斯林信仰，故此处的数字为全省伊斯兰教拱北的数字），其中嘎底林耶35处，虎夫耶27处，哲赫林耶3处，库布林耶3处，其他（指无名无派）15处，其中影响较大并具有一定建筑规模的40处。

按青海省拱北的特点，可分为以下三种类型：

1. 阿拉伯传教士的拱北

这类拱北约有13处，主要有西宁市凤凰山拱北即南山拱北，祁连县八宝乡上庄村鱼儿山拱北，湟中县大才扎子拱北、拦隆口乡端巴营截山拱北、上五庄乡拉尔宁拱北，民和回族土族自治县大庄乡塘格拱北等。

2. 门宦道祖、教主或老人家的拱北

这类拱北一般都建有高大墓殿，有些建有附属清真寺，拱北内还设有常住宗教人员和管理人员；其信徒人数较多，分布较广，涉及邻省、区；每年都要进行几次规模较大的"尔麦里"活动；全省约有28座。其中，西宁市的鲜门拱北、大通回族土族自治县的后子河拱北、民和回族土族自治县的清静堂拱北和乌二拱

---

[1] 中国伊斯兰教百科全书编委会编：《中国伊斯兰教百科全书》，四川辞书出版社1994年版，第164页。

第六章 宗教信仰

北、化隆回族土族自治县的宁静堂拱北和隆泉拱北，历史悠久，规模宏大。

3. 虎夫耶门宦"海里凡"（继承者、代理人）、嘎底林耶门宦出家人及各门宦知名人士的拱北

这类拱北有的只建有几间简陋的平房和坟拱，有的只有围墙，没有建筑物，大多数无人看护。在这类拱北上，一般不进行有组织的大型"尔麦里"活动，只有零散的信徒去上坟点香、做"都哇"。

第四节 河湟流域的圣裔遗踪

一、古土布·览巴尼

古土布·览巴尼·尔布都莱海麻尼是天方圣裔之孙先贤胡赛尼之后裔，二十世圣裔，系今伊拉克巴格达人。元初，在成吉思汗征服撒马尔罕等中亚地区后，由伊拉克来到中国，于"至元十年正月到中国滇南"，住了十余年。继又率从者来到西宁等地从事讲经等活动，"复命归真"后，当时坐镇西宁的元西宁王速来蛮特地为其在西宁凤凰山修建"拱北"，并立碑以志纪念。

从古土布·览巴尼·尔布都莱海麻尼从伊拉克来到云南，而后再来到西宁，可以知道云南是由水上香料之路在我国传播伊斯兰教较早较广泛的地区。而圣裔之所以由云南专程来到西宁，说明西宁也已经有穆斯林居民，并且是伊斯兰教已经传播的地区。伊斯兰教自唐宋时期传播到青海，至迟在元代已经有了公开并集体进行礼拜等宗教活动的正规场所——拱北和清真寺，这表明当地穆斯林居民人口已达到了一定规模。而西宁王速来蛮修建拱北，一方面说明元朝廷对伊斯兰教及其贤人的尊崇；另一方面也说明

无论从古土布·览巴尼·尔布都莱海麻尼的学识还是伊斯兰教在当时的社会影响都是非比寻常的。

二、赫达耶通拉希

赫达耶通拉希，二十五世圣裔，即新疆白山派阿帕克和卓、华哲·阿法格·赫达耶通拉希，曾三度来到青海宣教，广泛传授了乃格什班顶耶学理和虎夫耶的修持仪式。第一次是在明天启二年（1622年）至崇祯十一年（1638年）间，这十六年间既没有传教，也没有发展门徒；第二次是在清康熙十二年（1673年）从西藏到达西宁，在此期间，他以圣裔的声望和赫达耶通拉希的道号传授乃格什班顶耶学理，穆斯林求教者颇多；第三次是在清康熙三十一年（1692年）后，行色匆匆，时间不长①。中国虎夫耶门宦主要为其所创，对其他某些门宦，如嘎底林耶大拱北门宦的形成亦有影响。"已有的史料证明，他在甘青地区直接传授了九人，其中在西宁传授了七人。"②赫达耶通拉希在甘青地区传授的这些人中，"都因此获得了较高的社会地位，受到甘青地区众多穆斯林的尊敬"③。安西太爷后来创立了大湾门宦。穆夫提、毕家场、临洮、鲜门、大湾等门宦均在青海有传播，在穆斯林中的影响较大。

---

① 以上内容见马通：《中国伊斯兰教派门宦溯源》，宁夏人民出版社1986年版，第61~70页。

② 马通：《中国伊斯兰教派门宦溯源》，宁夏人民出版社1986年版，第49页。

③ 马通：《中国伊斯兰教派门宦溯源》，宁夏人民出版社1986年版，第49~50页。

第七章 风俗习惯

　　中国回回民族在长期的形成发展过程中,伊斯兰教的信仰教义、宗教功修、宗教伦理和教法规定等,回族恪守不渝,久而久之,这些教义等就逐渐演变为民族风俗习惯而沿袭下来,并对回族的世界观、人生观以及心理素质、行为规范都起着潜移默化的影响,并经过世代相传而形成为回族独特的民族风俗习惯。同时,伊斯兰教决定了回族风俗习惯的形成,又对回族风俗习惯起着重要的稳固作用。

　　青海回族的风俗习惯,作为这个民族的传承文化,不但有着整体民族的共同性而且带有浓厚的区域特色。这种区域特色,虽无"十里不同风,百里不同俗"那样丰富多彩,但毕竟在维护回族民俗内部特征一致性的前提下,呈现出区域特征的多样性。从宏观角度上讲,青海回族民俗的形成和整个回族一样,因受其经济生活、社会结构、心理素质、宗教信仰、艺术、语言等各方面制约,而形成了回族民俗的特点;从微观方面讲,青海回族民俗的形成,还受到了不同于内地回族的许多外部条件(诸如自然地理、气候、民族杂居交往等)的制约。考察青海回族的历史,明清两代是青海回族发展的重要时期,在此期间,一批又一批的南京、北京、安徽、山西、陕西等内地各省的回族同胞,通过移民实边、逃荒避难、赴青经商等各种渠道迁居青海,落户全省各地,使青海回族人口不断增加,再加上为数不少的蒙古、汉、藏等兄弟民族改奉伊斯兰教,他们自然而然地融入青海回回民族的行列,增加了这个民族成员的多元性与复杂性。民俗是民众生活的规范,它渗透在作为社会群体一部分人的一举一动和一言一行之中;随着历代大批回族移民的迁徙落籍,把他们原有的各种习俗带到了青海,一些不适应高原气候和物产实际的服饰习俗、饮食习俗、居住习俗、生产习俗等被迅速淘汰,而当地回族中已形成并传承下来的各种习俗则被自然地接受,同时他们所带来的一些反映内地回族先进文化的崇儒勤学、商业、家教、家风、人生礼仪等民俗,也被当地回族所接受,渐渐与当地回族所固有的一套相类似的伊斯兰古风融为一体,不断充实,不断完善,被一代又一代的后来者世代传承下来。

第一节 节 庆

与世界各民族的节日大都来源于宗教一样,回族的节日也源于所信仰的宗教——伊斯兰教。回族主要有三大节日,即开斋节、古尔邦节和圣纪节。

开斋节 阿拉伯语称"尔德·菲图尔",青海回族也习惯称"尔德节"或"小尔德节"。这个节日是穆斯林斋戒期满,开斋的日子。斋戒是穆斯林"念、礼、斋、课、朝"五功之一,每年希吉拉历九月为斋月,斋期以见新月为始,见下月的新月为终,在

第七章 风俗习惯

此期间,除老弱病残者、孕妇及小孩外,到规定年龄的男女(男12岁,女9岁),从破晓到日落前,不得进食,故称"闭斋"、"封斋"或"把斋"。穆斯林认为,守斋(闭斋)一个月,能培养坚强的意志、廉洁的操行、守法的精神和吃苦的韧性,尝试饥渴,易于养成宽厚仁慈及互助互爱的品德。斋月最后一天看到新月(月牙)即斋戒期满,次日即为开斋节。男女老少都要沐浴更衣,换上节日服装,男人们聚集到清真寺或河滩、田野里,参加开斋节会礼。会礼后都去已故亲人墓地上坟,并请阿訇到家中念"亥亭"。然后互相祝福,给"家伍"、亲友或左邻右舍的老人们"开斋",祝安、问好。妇女们早已将屋内院外打扫得干干净净,并炸油香、摆馓子,沏茶备菜,喜候参加会礼的亲戚和阿訇的到来,家家户户都充满着节日的喜庆气氛。节日期间,人们走亲访友,问候四邻,相互道贺,并喜欢将自家精做的油香、馓子、花花、熬肉等食品及其他礼品赠送给亲戚和四邻。

古尔邦节 阿语为"古尔巴尼",意为献牲,所以又称"宰牲节",青海回族也称"大尔德节"。这一节日在开斋节70天后,希吉拉历十二月十日举行。这天,男人们参加尔德会礼,期间还要戒半日空斋(即早上起来不吃饭,会礼结束后开斋)。会礼结束后请阿訇到家宰牲,邀请接待客人。作为一个穆斯林,在他的一生中必须要献牲一次(一人一只羊,或七人一头牛,或七人一峰骆驼),所宰牲肉分为三份,一份留给自己食用,一份分送亲戚邻居,一份舍散穷人。

圣纪节 希吉拉历三月二十日,是圣人穆罕默德的生日,同时也是他的忌日。为纪念这个日子,青海回族中除伊赫瓦尼、赛莱菲耶教派外,都要举行一年一度的隆重的纪念活动。一般在清真寺举行，活动为三天，第一天上午举行启经仪式，阿訇诵念《古兰经》，下午念《卯路提》；第二天上午念"大赞"，下午念《卯路提》；第三天念《冥沙日》，举行完经仪式。期间，穆斯林按自己的经济条件自愿送钱、米、面、茯茶、牛、羊等到清真寺，由寺中学董组织专人统一宰牛羊、炸油香、做饭，供一切来寺听经、祝贺的人们食用。

第二节　婚　俗

　　回族婚俗最大程度地保留了伊斯兰教的基本特征，伊斯兰教许多教法规定都已转化为回族的风俗习惯，因而在婚俗上也就基本遵循了国家婚姻法和伊斯兰教婚姻法的规定；同时又吸收了汉族及其他民族的一些婚姻礼俗，历经长期的发展和演变，已形成了独具民族特色和具有完整礼仪的传统习俗。

　　同全国回族一样，青海回族普遍实行族内通婚制。若要娶(嫁)非穆斯林，对方须改信伊斯兰教，随回族习俗，民间称之为"随了"。历史上，回族认为婚姻为人道之始，议婚之际，大都先访门庭，次查家教。养男者，求其淑贞，养女者，择配佳偶。请媒之聘，选吉迎请。青海回族的婚姻从提亲、订婚到结婚的程序大致如下：

　　下茶　男家看中某家姑娘，就请亲友中一位长辈或德高望重、能言者，带礼物去女方家提亲，民间称"下茶"，也叫"问包"。女家若留下茶包，即表示同意亲事。

　　送定茶　女家同意后，双方共同协商选定媒人（双方共同推举一个媒人，或各家各选一个媒人），女家一般还要选取一位自

第七章 风俗习惯

家的舅舅或大伯为媒人，俗称"点大媒"、"择大媒"；经双方协商，言定吉日（一般在"主麻日"）准备订婚；订婚礼叫"下定茶"或"送定茶"。订婚时男方要给女方送礼物，所送礼物沿袭当地习俗，各地不一。

送礼　订婚后双方协商选定具体日期送彩礼，俗称"送礼"。男方所送礼物有茯茶、肉方子（半只羊）、衣料、首饰、化妆品和"干礼"（现金）等，各地多寡不一，一般视男方的财力和女方要求而定。女方回送茯茶及专为女婿置备的从鞋袜到全套衣物的"回盘"。

遵婚　送彩礼后，双方商定娶亲日期。在娶亲的前一天，男女双方家搭起篷布，准备婚宴，先念"亥亭"；这一天，女方家众亲友前来搭礼（民间称"添礼"）贺喜，谓之"遵婚"。"送亲的"、"娶亲的"①、"压轿的"（又叫"压箱的"）、陪客（候相）一干人等也在此时选定（送亲、娶亲、陪客等必须是已婚者）。

支茶　男女家在婚礼前一天晚上，各自准备茶点，请来儿女的阿舅、舅母、叔伯、婶子、哥哥、嫂子及兄弟姐妹，通过劝勉教诫向新人传授有关教门、人生、伦理道德、为人处世等知识，教育新娘到婆家后孝敬公婆、尊老爱幼、勤快老实等做人之道。黄昏之前，男方家要由媒人把盖头、一套衣服（俗称"发裹"，有的地区称"伏衣"）送到女方家，以备次日穿用。

娶亲　即举行婚礼，一般选在"主麻日"进行。婚礼清晨，

---

① "送亲的"和"娶亲的"分别为娘家和婆家从各自女眷中选派的与新娘平辈且稍年长的已婚妇女，类似于其他民族专门陪伴新娘的女傧相；其中女方选派者为"送亲的"，必须熟悉一应礼数且行事干练，在整个婚礼期间陪伴新娘，负有教导、监护新娘的责任。

新郎、陪客和伯父、叔叔、阿舅、兄弟、"娶亲的"等若干人组成娶亲队伍，在媒人的率领下，用大盘子端着红枣、核桃、大米、羊肉等前去女家举行婚礼仪式——念"尼卡海"。主客按长幼坐在大炕上或客厅，阿訇端坐正中，新郎和陪客坐阿訇对面，新娘坐另一屋；首先，阿訇对新郎考问有关伊斯兰教信仰（"乙麻尼"）、信仰箴言（"克利买"，即清真言）等宗教常识，接着阿訇询问一对新人的经名，向他们及双方父母询问是否愿意这门亲事，在得到肯定的回答后，阿訇宣布这一婚姻合乎教法，并当众商定男方给女方的"买海勒钱"（阿拉伯语，意为聘礼，其数量多少往往根据男方财力而定；不必当场交付，但日后必须亲手交付给妻子，除非女方自愿许免）。然后阿訇念诵经文证婚，念毕作"都哇"（祈祷）后，将盛在盘子里的红枣、核桃等先请阿訇等各自取拿，再撒向屋（院）里，小孩和青年人争相抢拾，青年人拿掉新郎的帽子或鞋子围住新郎讨喜钱。随后女家设席或双碗（米饭、熬肉）招待娶亲者。

"娶亲的"来到新娘所在屋子，拿着由婆家带来的梳子，象征性的梳三下新娘的头发后插上头花。"送亲的"向"娶亲的"讨要"眼泪包包"（放入一元、五元不等的红包），分送给陪着新娘的小姐妹们。然后由其兄长或舅舅抱上小汽车（以前是抱上轿子或马）。女方家伍和亲戚、兄弟、"送亲的"（大多是新娘的姐姐或嫂子）、"压轿"的小孩组成送亲队伍，乘车（轿或马）护送新娘去男家。有的地方新娘临出门时，把一碗牛奶洒在马蹄及其周围，叫做"白奶送"；新娘到男家门口，同样在新娘骑的马蹄及周围泼洒牛奶，叫做"白奶接"。过去在门源、大通等地还举行"叼帽子"的骑马比赛，当轿车行走到离婆家村庄一二里地

第七章 风俗习惯

时,村子里早已选好的几名精干小伙子骑着快马,在男方迎亲人的率领下前来迎候,双方互道"赛俩目"后,女方送亲人中派出几名小伙子(一般为新娘的弟兄),商定好参赛的人数和有关竞赛的规矩等事宜后,男方骑手紧戴帽子,飞马急驰村庄,女方的骑手扬马紧追,要力争叨取男方骑手头上的帽子,全村老少出庄观看,场面热烈。快到男方家门口时,放鞭炮迎接,新娘下轿和卸嫁妆时,专门压轿的小孩和压箱的小伙子们在与迎亲者的友好争竞中,会得到婆家事先准备好的数十元至数百元不等的红包,俗称"压轿钱"、"压箱钱"、"安妆钱",婆家一般以双碗款待送亲人。

新娘入洞房后,头盖红纱巾(有的戴盖头)上炕或床面壁而坐;傍晚,街坊或本村的年轻人纷纷前来"闹床"。门源、化隆、民和等地唱宴席曲的歌手们,唱着《宴席曲》向主人表示祝贺,边唱边舞,喜庆非凡。至夜幕降下时,新郎的姐姐或嫂子与娶亲人一起前来洞房"铺床",摆上专门准备的奶茶和点心,将红枣、核桃放于床或炕的四周毡下面,又放数枚于新娘怀里,祝愿儿女满堂;还要吃铺床面,一般是长面。第二天清晨,新郎、新娘早起,洗"乌斯里"(洗大净),梳妆打扮;新郎由陪客陪同,前去女家向岳父母及长辈说"赛俩目"请安问候,请丈母娘及娘家众女客去男家吃席,新娘娘家则专为新女婿准备宴席接待。席终时端上饺子,在给新郎包的饺子中,有一个是用盐或辣调料作馅,此即为新郎于婚礼次日去新娘娘家"吃扁食"(回族习惯称饺子为扁食)的由来。于是,娘家人看新女婿吃到那个特制饺子时的洋相;再拿掉新郎上炕脱下的鞋要新郎"赎回";还将新郎丈母娘藏于隐蔽处,使新女婿难以找见而无法当面邀请其娘家女眷赴宴，直待新女婿甘愿以"红包"央求，女眷们才嘻笑地"放出"丈母娘；至此，新女婿去新媳妇娘家"吃扁食"在富有情趣的嬉闹中结束。同时，在婆家，

回族新娘

新娘则在"娶亲"、"送亲"人的陪伴向公婆及所有婆家长辈一一说"赛俩目"问安，娶亲的一一介绍受拜者的身份和班辈，谓之"认大小"，受拜者将红纸包好的钱（有的地方叫"封筒儿"）送给新娘或给新娘搭红，叫做"拜佐钱"。

摆针线 当新媳妇的母亲以丈母娘身份率带娘家多达百人的众女眷应邀来婆家吃喜宴之际，于非正宴的早饭后（一般为午后），在大庭广众前，由丈母娘主持，将精心置备的陪嫁衣服、绣花鞋袜、绣花枕头等一一陈列于庭院，供人观赏，显示新娘的针线功夫和刺绣技艺；同时，还向公婆、婆家长辈分别赠送衣服、鞋袜、枕头等礼物，叫"抬针线"，这一天的丈母娘是最风光最受尊敬的贵宾。

有道是"宴席三天没大小"，此时，不必拘泥于平时的礼节和长、晚辈之间的规矩，客人们要抓住公婆、新郎的兄长及其伯伯叔叔中的一二位，抹一脸锅底黑灰或各色颜料，涂的五颜六色，戴上萝卜圈做成的眼镜，耳垂红辣椒，头扣破草帽，翻穿破

第七章 风俗习惯

皮袄、胸挂铃铛等,令其倒骑毛驴(或牛),满村巷游转,为喜事助兴。大户人家或有行业中人(如皮毛行),凭人多势众,将婆家一方某男性长辈捉执,任由装扮,如同戏班化妆,面涂重彩,施以金粉,头戴盔帽,背拖狐尾,俨然京戏《黄天荡》中之金兀术。这是婚宴系列嬉闹中最热闹的一幕,喜庆气氛也由此推向高潮。

下厨房 第三天傍晚,婆婆领着新媳妇到厨房门背后,用牛奶洗手,在婆婆的衣服大襟上擦干手,洗毕后擀长面,叫"下厨房";婆家的姑姐、小媳妇等在新娘进厨房的路上或门口放一把筷子、放倒的扫把、一桶水等,看新娘是否勤快、有眼色,增加些小插曲。

回门 第四天,新郎、新娘及婆家亲戚,回拜丈人、丈母娘及亲友,有些地方还要给新娘父母拿块布料,叫"谢娘布",娘家设席招待婆家人。

拆篷 即拆除搭在庭院里的篷布,答谢帮忙的人。至此,全部婚礼圆满结束。完婚后,男女两家都要酬谢媒人,通常赠以绣花枕头、衬衣、羊方子等,表示道谢。

随着时代的发展、变化,以上习俗有些已简化,有些程序合并举行,很多人家将喜宴安排在餐厅饭店举行。

青海回族中还存在着倒插门婚、换门亲、上门婚等婚姻形式。

第三节 丧葬习俗

伊斯兰教对回族丧葬习俗影响最大,可以说回族丧葬与其宗教信仰基本一致。伊斯兰教有关丧葬的规定包括:静、速、严、简、禁、宽等内容，"静"是指为生命垂危的病人安置一个宁静的环境，避免因嘈杂、哭喊而增加病人的痛苦；"速"是指速葬，教法规定要在三日之内尽快埋葬亡人，一般当日亡，当日葬，傍晚后亡，可于第二天晌礼后埋葬，使之入土为安；"严"是指在为亡人举行葬礼（俗称"者那则"）时，要严格遵守教法的有关规定，如用清洁的水为亡人洗周身（俗称"着水"）、用白布（俗称"卡凡"）包裹好亡人、举行葬礼时遗体置于众人面前等；"简"是指丧事从简，亡人简葬，即亡人只用三丈六尺白布包裹掩埋，没有陪葬品，既不大办丧事，也不大举祭祀；"禁"是指坚决禁止送葬时看风水、择吉日、给亡人或向前来送葬的人鞠躬叩头、哭嚎亡人、披麻戴孝等；"宽"是指教法有关丧葬的规定，适合于正常情况下，但在条件不具备时，也可酌情处理，如在海上航行时亡故的人，在依照教规的程序办理后，可投入海中，实行水葬；在荒漠无水的情况下为亡人"着水"时，也可以土代水净身，当然必须是干净的土，方法与活人的土净法相同。习惯以"口唤"、"归真"、"无常"或"埋体"等称之，不说"死亡"。葬前停置亡人于堂屋，供亲友前来吊唁，不设灵堂，不设灵位、祭品。

当人在临终之时，有些传统的礼仪习俗便开始进行了，这包括留口唤、念清真言、作临终讨白等。

留口唤 口唤，阿拉伯语，"准许"、"允诺"，在此指"遗言"。当老人病危时，家属和亲友都守在他的身边以便照料，此时，禁止大声哭叫，也不允许任何人喧哗，以免扰乱病危者的心智；有的病危者预感到自己将不久于人世，便向家属及亲友交待"口唤"，或由家属提醒、问明他是否欠有债务，是否有不放心之

第七章 风俗习惯

事,对遗产如何处理,对亲友和家属有何嘱托等,这就是要口唤的基本内容。

提念"克利买" 伊斯兰教认为,只有专心信仰真主、念着"克利买",即清真言,归回到后世的人才能够进入乐园。病人即将咽气,神志昏迷时,守在旁边的人有义务帮助病人面朝西方,提醒病人念克利买"万物非主,唯有真主,穆罕默德,真主钦差"和作证词"我作证,万物非主,唯有真主;我又作证,穆罕默是真主的板德(仆人),真主的钦差。"

咽气后,要为亡人瞑目、合口、顺手脚、理发须,然后脱去亡人的衣服,将亡人头北脚南面向西停放,用清洁的布单覆盖起来,避免其肢体外露,青海回族家庭都很重视对临危病人的守护。

做讨白 "讨白"阿拉伯语的音译,意为"忏悔"、"悔罪";人在病危时举行的赎罪悔罪仪式,一般只为成年人和老年人做。

抓水 又称作"着水",净洗亡人遗体之意,亡人入葬前必遵的一项仪式。着水时,将亡人头北脚南仰置于水床上,面稍向西,由执抓水礼的人(一般是男性由阿訇或清廉长者,女性由阿訇奶奶或族内年长妇女)持香绕亡人三遍或七遍,用汤瓶浇水洗之,同洗大净一致;着水用的水,原来一般是事先煮好的皂角水,无皂角时,清水也可以,但一定是未经任何秽物污染的净水。除着水者(一般为3人)外,其余人不得入内。

穿卡凡 俗称穿"穿布",即三丈六尺白棉布。穆斯林亡故,不穿寿衣,而按男女分别裹以不同数量的白布,称为穿"卡凡"或穿"穿布"。裹穿前一般蘸洒以麝香、冰片和花椒等泡制的水,以防遗体过早腐烂和蛇虫啃咬。无论男女老少,无论贫富贵贱,每一个亡故的回族人都必须用白布作殓服。男子的"卡凡"分为四件：大卧单、小卧单、格米素、缠头；妇女多一裹胸，缠头改为盖头（长三尺左右）。穿"卡凡"的过程要按部就班，依次进行：先铺好大卧单，然后再铺小卧单，小卧单之上再铺上里衣；将洗净擦干的亡人抬到上面，先右后左依次包好（女子先裹胸），最后男子戴上缠头，女子戴上盖头，并将腰、足部用布带扎紧。在给亡人举行洗礼或穿礼的过程中，除亲生子女及执洗、穿礼的人以外，禁止他人窥看，尤其是不能让异性看见；否则会被看作是破坏了亡人的"乌斯礼"（大净），要重新举行洗礼和穿礼。

盖面　给亡人穿好卡凡后，亲眷、邻里等可以揭开亡人的苫单，瞻仰遗容，表示悼别之意。之后，由阿訇、长者举行赎罪仪式——转"菲迪耶"。所转之物以教派不同而异：老教各派以《古兰经》转，新教各派以钱物转。

站乃玛孜　转完菲迪耶以后，用者那札（阿拉伯语，意为埋体匣子）抬着，由男性亲友抬送到清真寺举行葬礼，俗称"站乃玛孜"或"站者那孜"；置放埋体时，亡人须面向克尔白方向；因亡人有男女老少产妇之别，故祈祷词因之而异。回族穆斯林相信：在举行站礼时有一人拜主就可以解脱生者的责任，能有四十人为亡人祈祷，真主便会饶恕亡人的过失。因此，参加站礼的人越多越好，无论是阿訇、乡老，还是亡人的家属、朋友或邻里，只要他们事先进行过大小净，就都有资格参加；举行殡礼时，阿訇站在埋体旁，参加者随同阿訇依次站立，举意、抬头、诵读《古兰经》。

送埋体　亡人遗体阿拉伯语称之为"埋体"，送亡人称"送埋体"。村里（街坊）一人亡故，远亲近邻闻讯都要到亡人家吊唁

第七章 风俗习惯

慰问,男性都要主动送埋体,青年人要主动抬者那札,殷勤替换,行走如飞;送埋体的人的多寡,可以明显反映亡者(及其家庭、亲属)的为人与威信,为人忠厚老实、德高望重的亡人,抬送者众多且争先恐后。

下葬 过去有族坟的人家,就在自家坟园按辈份排列坟位打坟;无族坟者,就在公墓选一块土头好、无水冲、塌陷等隐患的地方,刨土打坟。坟的打法是,先顺南北方向挖一个约2米深、1米宽的长方形坑,然后朝西方向掘一偏洞(以亡人能仰卧为准)即可。亡人抬到墓地即将亡人以头南脚北、仰卧面朝西放入坟穴偏洞,当用备好的土坯垒砌好偏洞口并将三锨土下坟后,阿訇开始念诵《古兰经》,念完之后大家一起做"都哇"祈祷。坟堆呈长方马背形,禁止以水泥或白灰等物加以修饰。最后亡人亲属向所有前来送葬的人散乜提(施舍),过去有散茶叶、青盐的,现在一般舍散现金,数量视财力与心愿而定。

念亥亭与走坟 对亡人的纪念祈祷主要有以下两种方式:一种是念亥亭,分三天、头七、二七、三七、四七、月斋、百天、周年等亥亭;其中三天亥亭较为隆重,一般要宰牛宰羊,每一次念亥亭都要散乜提。一种是上坟,坚持数日甚至更长时间;对亡故的至亲长辈如父母等,每年忌日由儿孙上坟并念亥亭;凡开斋节和宰牲节,后人们都要给先人上坟。

同全国回族一样,青海回族也严格实行土葬,禁忌火葬,主张"厚养薄葬"。当老人在世时,晚辈们要做到"敬事而顺,竭诚而养";当老人归真以后,要量力而葬,一切从俭,殓不重衣,殡不以木。送葬时,不用鼓乐和仪仗,不放鞭炮,不焚纸箔,不扔纸钱,也从不讲究任何排场。

第四节 服 饰

一、伊斯兰教对回族服饰文化的影响

回族服饰文化是与回族这一多元共同体相伴而生的。在回族服饰文化形成、发展与传承的过程中，在其文化特征的构成要素中，伊斯兰教的主导地位和核心作用都是十分鲜明的。

第一，限定了回族服饰以蔽体实用为主的功能取向。伊斯兰教认为，人穿衣服的目的无非是蔽体（尤其是阴部）、御寒和装饰，而遮蔽"羞体"是首要目的。因为蔽体是人类文明和区别于其他动物的标志，伊斯兰教把男子肚脐以下、膝盖以上部分，妇女除手掌以外，颈以下至两脚以上都视为"羞体"，强调必须用服饰将其严密地包裹遮蔽起来，并以遮盖全身为美，反对裸露羞体的行为，尤其是女性。在阿拉伯国家，穆斯林妇女都用长袍遮身，用面纱遮面，严格恪守着《古兰经》的要求。我国回族妇女虽已弃用面纱，但还是用盖头把头发、耳朵、脖颈都遮盖起来，既遵守了教义的规定，又形成了独具特色的民族服饰。

在服饰的实用性方面，伊斯兰教的制约作用也十分明显，回族男子的无檐小帽即顶帽就是典型的代表。伊斯兰教的"五功"之一——拜功，要求礼拜者的头部不能暴露，必须遮严，磕头时前额和鼻尖要着地，根据此要求，不戴帽子礼拜不符合教义，戴有檐的帽子前额和鼻尖又无法着地，只有无檐小帽才能兼顾两方面的要求，缠头巾"太斯达勒"①也具有此功能。

---

① "太斯达勒"：又叫缠巾、冠巾、缠头，波斯语，冠缠之意。它的用法是用一丈左右的白布或淡黄色棉布缠在头上，巾尾垂于脑后。

第七章 风俗习惯

第二，限定了回族服饰形制与原料简洁质朴、忌奢华浮靡的民族风格。伊斯兰教在服饰方面的基本原则是顺应自然，讲究简朴、洁净、美观，不追求式样的奇特、色彩的艳丽和材料的豪华。因此，允许妇女穿戴和使用一切能装饰和美化她们的东西，允许妇女佩戴首饰，穿戴所有与她们的气质相合的服饰；

回族服饰

男人们不能佩戴黄金饰物，因为这属于奢侈，而伊斯兰教是反对奢侈、腐化的。正是因为伊斯兰教的上述原则与理念，影响和决定了回族以小白帽、青夹夹（坎肩）、盖头及长衣长裤为主的简洁质朴的服饰风格与特点，小小的白帽、朴实无华的盖头更成为民族外在特征的鲜明标志。

第三，限定了回族服饰以白、黑、绿为主的色彩崇尚。回族崇白尚黑，偏爱绿色，在回族服饰中，这三种颜色使用最多、最普遍。这一特点也源自古代中亚、西亚地区诸民族的传统习俗，源自伊斯兰教的色彩观和审美观：白色素雅、纯净、圣洁；黑色深沉、庄重、神秘；"绿乃天授，山原草木之原色"，它代表着生命、和平与神圣。所以回族人的帽子、盖头、衬衣甚至裤子、

－305－

袜子都喜欢用白布制作,人"无常(去世)"后"埋体(尸体)"也都用白布缠裹,意为"清白一身而来,清白一身而去",绝对不能用色布或绸缎等缠裹。黑色的应用也不少,男子的黑色坎肩,妇女的黑色上衣、长袍,中年妇女的黑色盖头等;青年妇女的绿色盖头、服装则是崇尚绿色的反映。

二、青海回族的服饰特点

青海回族严格遵守上述伊斯兰教对服饰方面的规定,可以说青海回族的服饰文化受伊斯兰教的影响是全方位的、持久的和深刻的,因而较之同一地区的其他民族,回族的着装是传统和保守的。

过去,青海回族男子一般喜穿圆领大襟或对襟衣服,下着大裆裤,但由于季节不同,衣料和款式亦不尽一致;夏装男子大多为"白汗褟青夹夹大裆裤",即内穿白布圆领大襟或对襟衬衣,外套黑布坎肩,春秋两季多穿黑色夹袄、夹裤;冬季男子一般穿黑色对襟絮羊毛或棉花的棉主腰儿(棉袄)或皮袄,下着大裆棉裤,一般腰系大包腰带。皮袄有大领子皮袄、白板皮袄之分,白板皮袄无布面,大襟式,腰系布带;大领皮袄分筒子、大羊皮皮袄、皮褂(俗称"皮卡衣")等,均搭布面。有些在家闲居的老人,常穿套裤(无腰部,只有长及膝盖以上的两条棉裤腿)。妇女多习惯穿旗袍式称"绑身儿"的外衣,居家则穿素花大襟或对襟上衣,中老年妇女喜欢深色,姑娘们则穿红着绿,并在衣袖和裤边绣上不同颜色的花边,起到美观和保护衣边的作用。

袜子为老式布袜,一般用黑布作面,白布为里,分单、夹、棉三种,老年人夏天多穿白布高筒袜,富有人家喜欢以黑缎子为料,做成缎袜,秋冬季则穿皮袜。妇女喜欢在袜底、袜溜根上绣以各式各样的花卉,制作嫁妆,抬送针线时尤其讲究绣花。回族妇女的针线活和绣花技艺堪称一绝,所以制作的绣花袜子非常之

第七章 风俗习惯

精美,可以说每一双袜子就是一件艺术品。

男子先前多穿一种用量裁的整张牛革缝制的粗加工皮鞋——络提,20世纪50年代后逐渐改穿布底圆口鞋、布底单梁头布鞋、布底双梁头布鞋、方口皮底皮面鞋、平底高勒双耳鞋等,冬天脚穿"棉鸡窝"(用布料缝制)或"毡窝儿"(用毡料制成)。

阿訇、满拉和经常礼拜的中老年人常穿"中拜"①,礼拜时头戴"太斯达尔"或"顶帽"。妇女一般都戴"盖头",颜色有黑、白、绿三种,不同年龄戴不同颜色的"盖头",未婚女子和少妇戴绿色"盖头",中年妇女戴黑色"盖头",老年妇女则多戴白色"盖头",在盖头下面还要戴丝线帽以拢住头发。20世纪中后期以来,甘宁青地区青壮年妇女普遍戴顶沿挺起的白帽,或高或低,别具一派利落俏丽之姿。

随着改革开放,青海回族的着装也发生了很大的变化,除了标志性的顶帽和盖头或各式纱巾外,基本与汉族等无异,但相对比较朴素和保守。

第五节　饮食习俗

饮食习俗是民俗的重要组成部分,回族的饮食习俗主要来自于伊斯兰教的规定。青海回族由于生产方式和居住环境、气候条件的关系,饮食一般以小麦、青稞、豆类等面食为主,以各种蔬菜和牛肉、羊肉等为副食。

青海回族以善烹调、精做面食而著称,形成以牛羊肉为主的

---

① 阿拉伯式长袍,系一种对襟大衣,直领,胸前开扣,颜色多为黑、白、灰三种。

爆、炸、蒸、烧、烤、发等制作工艺为主的饮食习惯，尤其是各种"清真小吃"以其独具的风味而深受人们赞赏和喜爱，如羊肉面片、牛肉拉面、清真烧鸡、羊肉手抓、发羊筋、糊羊肉、水煮牛肉、夹沙肉、丸子里脊等，构成当地清真饮食的一大特色，还有凉粉、酿皮、醪糟、甜醅、糖饺、油炸糕、牛羊杂碎等小吃。

主食馍馍的制作方法有蒸、烧、焜、烙、炸五种。蒸制的有馒头、花卷、"砖包城"（亦叫"金银卷"，用白面和杂面相间蒸制而成），烙、焜、烧制的有锅盔、饼子、焜锅馍、油饼、面大豆等，炸制的有油香、馓子、蜜馓、"花花"、"三刀"子。油炸食品一般招待客人和喜庆日子食用。烙、炸、蒸、煮综合制作的馅面类有"疙瘩"、"韭合儿"、荤素包子、糖包子、水晶包子、饺子、油炸糕、锅贴等。面食有擀面、拉面、散面、炒面四类。擀面分白面（小麦面）和杂面（青稞面）两种，其中用白面制作的有长面、烩面、凉面、碎面、旗花面、寸寸、雀舌头、酸汤面等；用杂面作的有"旗花儿"、"寸寸子"、"杂面丁丁"、"破布衫"等。拉面有拉条、卤面、搓鱼儿、耳朵面等。此外，面食还有散饭（用豌豆面做的）、"油搅团"（用清油、豌豆面加调料制作而成）。

各种风味小吃有凉面、酿皮、甜醅、醪糟、凉粉、麦仁饭、粽子、粘糕、糖油糕、手抓羊肉、熬肉、羊肉泡馍、卤面、炒面片等。20世纪中期，西宁回族厨师首创干拌、炮仗面，风靡一时，至今仍是很受欢迎的面食。加工煮熟的牛羊肉、杂碎和烤羊肉串色味尤佳，别有风味。

每逢节日和喜庆日子，回族家家户户炸油香、馓子、油果、蜜馓、蜜果、"花花"等，制作"哈里瓦"（阿拉伯语，意为点心）。馓子形似簸箕，粗细如筷子，色呈金黄，香脆酥软；馓子

第七章 风俗习惯

有两种：一种扯馓（在面中加入花椒水、鸡蛋、菜子油等经过揉、压等程序把面调好，然后像拉面一样拉开后再盘而成），一种搓馓（把调好的面分成大小均匀的面团，然后把面团捏成环状，最后以手掌心搓成粗细均匀的馓子，要求不能断开）。油果有"三刀"、"四刀"、"五刀"等多种。蜜果是用加蜂蜜的面揉搓捏成油炸果，以其形状不同，分为"翻跟头"、"油骨嘟"（也叫鸡素子）、牡丹、牛眼睛等。"花花"是用黑白相间（面的调制基本同馓子，在面中加以白糖和红糖而制作成白面和黑面）的面精心拼制，有各种图案，也叫干果果。以其加工的图案形状不同，分为"石头"、"倒柳树"、"龙"、"菊花"等，人手多的人家还用各种食用颜料调面，捏拼成"刀豆"、"佛手"、"石榴"各类蔬果形状，多达几十种。其图案丰富多彩，有惟妙惟肖的鱼纹和葵纹，有简明的花草纹，也有阿拉伯几何图案和波斯菊纹。蜜果、"花花"的制作之精美，图案、式样之丰富，堪称一绝，令人赞叹不已。

在节日、喜庆日子或招待客人时，回族用油炸食品和糖、肉包、手抓羊肉、麦仁饭、粥饭（大米、羊肉末和羊肉汤熬成）、"双碗"或"八盘"款待。"双碗"，即一碗米饭、一碗烩菜。烩菜是以煮熟的小块牛羊肉、洋芋（煮熟后剥掉皮切成块）、凉粉（西宁地区凉粉在制作过程中放入红色食用颜料，而制作出红、白两色凉粉）、肉丸、豆腐、蛋块（鸡蛋摊成薄饼切成菱形状，或加入黑木耳等蒸熟后切菱形状）、红白萝卜等用肉汤熬制而成，五颜六色，可口不腻，营养丰富，人人喜爱。"八盘"有"海八盘"、"肉八盘"两种，过去，城镇回族招待客人时大多用"四盘"、"八盘"（八样热菜）来招待，农村则多用"双碗"、"四盘"招待。现在，农村也大多用"八盘"招待客人了。其中有青海地方特色的"羊筋"（或"牛筋"，有两种做法:一种是扣碗羊筋，一种是炒羊筋)、酥合丸（用蒸熟的糯米做皮，以核桃仁、芝麻、果脯、红糖等做馅的一种甜食）。

回族讲究饮茶，成为他们日常生活中不可缺少的部分。青海回族所饮之茶有五种：清茶、奶茶、热窝茶、麦茶和盖碗茶。清茶是以茯茶、盐熬制而成，回族群众经常饮用；奶茶为茯茶烧好后兑上牛奶煮开而成；在熬好的清茶中放入花椒、姜片、草果、荆芥和红白糖等，叫热窝茶；麦茶，即将小麦炒熟碾碎为茶，这是农村回族的一种饮料。回族最讲究的是"盖碗茶"，通常把这种饮茶方式叫做"刮碗子"，碗子由盖子、茶碗和掌盘配套而成，精巧雅致；饮茶时，一般在盖碗里泡上春尖茶（或陕青茶等）、冰糖、桂圆等，称做"三泡台碗子"；沏茶时用"牡丹花"开水（即滚烫开水）。回族家中，不论平时或节日，凡是登门来访者，或招待客人，大多以盖碗冰糖茶相待；还有八宝盖碗茶，"八宝"指茯茶或花茶、糖、大枣、葡萄干、果干、芝麻、核桃肉、桂圆肉，也有加入柿饼、枸杞的。20世纪80年代以来，随着餐饮业的发展，"三泡台"和"八宝盖碗茶"已形成规模加工生产，供应于各大餐厅，普及于城乡茶园。

第六节　禁忌与讲究

回族族教一体的心理感情，使得回族的一些禁忌直接从伊斯兰教而来，伊斯兰教中的许多禁忌也就成为回族的禁忌，而禁忌习俗的保留与维持使回族一直保持了本民族的特色进而体现民族情感与民族内聚力，以及强烈的民族意识与共同的心理素质。青海回族同全国回族一样，其禁忌主要有：

第七章 风俗习惯

（一）饮食禁忌

回族在饮食方面的禁忌主要有：

1. 禁食自死物。伊斯兰教将动物分为两类：一类是可食的，如牛羊类；一类是不可食的，如猪类。这里所说的自死动物是指前者，因为后者无论是自死或经宰杀均不可食。其肉可食的畜禽如未经依法宰杀而自死，均不可食。伊斯兰教提倡可食的畜禽须经依法宰杀，其肉方是洁净的合法的，所谓依法宰杀，就是具备下列三个宰杀条件：一是宰杀者须是穆斯林，多神教徒宰杀的不可食；二是宰杀的部位必须在动物脖颈，同时切断食管、气管和血管；三是宰杀时诵念"以安拉名义而宰杀"。如果遇到特殊情况宰杀者难以接触应该宰杀的部位，而在别的部位宰了，并流出了血液，其肉亦可食；或宰杀者因为紧急或慌张忘记念"以安拉的名义"，其肉亦可食。在所有的自死物中，鱼类是例外的，《古兰经》说："海里的动物和食物，对于你们是合法的。"（7:96）海里的动物，不论从水中捕出是活的，死的，或死后浮出水面的，或未浮出水面的都不属于禁食之物，一切鱼类包括鲸均不属于禁食之物，不论捕猎者是穆斯林还是非穆斯林。

2. 禁食血液。无论是可食的动物还是不可食的动物的血液均不可食。

3. 禁食猪肉。在回族诸多的禁食动物中，唯禁猪最严。认为猪是兽类中最污浊的一种，如刘智说："豕，畜类中污浊之尤者也，其性贪，其气浊，其心迷，其食秽，其肉无补而多害。乐人卑污，有锯牙，好所以攫。啗生肉，愈壮愈惰，老者能附邪魑为祟，乃最不可食之物也。"①一般回族以狠孜勒（阿拉伯语猪）、

---

① ［清］刘智著，张嘉宾、都永浩整理：《天方典礼·民常篇》，天津古籍出版社1988年版。

黑货、黑牲口等来称之。

4.禁食猛禽、猛兽和不反刍的畜类。除了禁食猪肉外，还禁食暴目者、锯牙者、环喙者、钩爪者、啗生肉者、杀生鸟者、同类相食者、恶者、贪者、暴者、吝者、妖者、性贼者、污浊者、秽食者、乱群者、似人者、不反刍者等，如虎、狼、狮、豹、猴、狐、熊、鼠、驴、骡、象、雕、鹰、鸦、猫头鹰等。

5.严禁饮酒，禁止吸烟，严禁赌博，严禁服用一切麻醉品和毒品。《古兰经》中提到的酒有两种：一种是尘世的酒，一种是天堂的酒。关于尘世的酒及戒酒的原因，《古兰经》里指出："你们也从枣树和葡萄树的果子得到醇酒和美好的营养，在这当中对于领悟的人确有一些迹象。"（16:67）"对于人们，它们（酒、赌博）当中有大的罪恶，但也有一些益处，它俩的罪比益大"（2:219）；"酒，赌博，偶像和神签都是可憎的，是撒旦的玩艺，避开这些你们就成功"（5:90）；"撒旦只求以酒和赌博在你们之间投入仇和恨，并阻碍你们纪念安拉和礼拜，你们难道还不要禁绝吗"（5:91）；"有信仰的人啊，你们不要醉着时做礼拜，直到你们能够完全理解你们所说的话时"（4:43）。此外，在闭斋者面前、老人面前、清真寺里、礼拜者前尤其不能吸烟、喝酒。

（二）服饰禁忌

回族服饰与汉族大同小异，但也有一些禁忌：严禁男人佩戴黄金饰物，禁止男性穿戴华丽服饰；反对为了显示自己富有以豪奢服装表示高于别人，以穿着名贵来显示自己的高贵，招摇过市，傲慢待人。严禁妇女显露美姿，妇女可以穿戴和使用一切能装饰和美化她们的东西，穿戴所有与她们的气质相适应的服饰，但不能显露给丈夫和至亲以外的男子，禁止妇女袒胸露臂。严禁改变人类原造的矫饰行为，仅仅为了美或虚伪的矫饰，而不是为了治病治残改变自己身体原造的一切做法，如纹身、锉牙、修拔眉毛、整容、变性等；忌讳穆斯林穿外教服装，就是说不是出于自己的喜爱，而是出于某种宗教目的，模仿或羡慕其他宗教信徒的服饰是被禁止的；禁止男子模仿妇女，妇女模仿男子，包括说话、举动、走路、服装等方面的男扮女、女扮男等。

(三) 卫生与性生活禁忌

禁止用右手处理污秽事务，大小净、穿衣、吃饭、喝水、付出或接受东西时用右手，而大小便、脱鞋等处理污秽事务时用左手；禁止吃生葱、生蒜后做礼拜，禁止在礼拜时吐痰、打哈欠、吃东西；禁止在公共场所大小便，禁止在水中大小便，凡是有便迹的水，不能用做大小净；禁止和月经期妇女或产妇发生性关系；禁止通奸，伊斯兰教严加禁止私通，并对通向这一事物的一切渠道加以杜绝，例如卖淫、挑逗、诱惑等非婚姻式的性行为及与之有关的言论和"接近"私通的一切媒介；严禁性反常，反对同性恋等。

(四) 婚姻禁忌

严禁与有相近血缘、亲缘、婚缘和乳缘的人结婚；禁止与外教人结婚。宗教信仰一致是穆斯林婚姻的先决条件，故而在青海回族中，如要同不信仰伊斯兰教的人结婚，必须要对方先"随了"，即先信仰伊斯兰教，然后才能成婚；严禁娶有夫之妇，禁止视离婚为儿戏；反对禁欲，反对绝欲，反对终身不结婚的"独身主义者"，不主张纵欲，提倡节欲。

(五) 丧葬禁忌

禁止喧嚣，回族去世后，应使他处在清洁安静的环境中，在待葬和葬礼期间禁止喧哗、宴客、送花圈幛联、放鞭炮、敲锣打鼓或其他乐器；禁止嚎啕大哭，伊斯兰教认为人的生、老、病、死皆由安拉前定，"无常"是其归宿，不必悲伤过度而嚎啕大哭；禁止设灵位、祭台，回族对亡人不设灵位、祭坛，不悬挂遗像、不上香、不燃烛、不供祭品，对待亡人，居家或上坟，仅念诵经文，施舍财物而已。禁止自杀，因伊斯兰教规定人的生死是由安拉前定，所以一个人不能自己结束自己的生命，对自杀身亡的不行殡礼。

（六）商业禁忌

严禁重利盘剥，《古兰经》明确规定："安拉准许买卖，禁止吃重利。"（2：275）"信道的人们啊！你们不要吃重复加倍的利息，你们当敬畏安拉，以便你们得救。"（3：130）禁止在商品中掺假，以次充好；禁止囤积财富，垄断市场；禁止缺斤少两；禁止发誓推销商品；禁止购买偷窃、抢夺来的东西；严禁出售违禁物品；严禁窖藏金银，禁止货币闲置；禁止经商中使用欺骗手段等。

（七）人际交往禁忌

严禁作伪证；禁止说谎；禁止诬蔑；禁止谗言；禁止诽谤；禁止讥笑并以浑名相称；禁止恶意猜测；禁止侦探他人隐私；禁止嫉妒；禁止妄言嬉行；禁止背后非议。

（八）社会生活禁忌

严禁赌博；严禁求签；严禁占卜看相；严禁妖术；严禁佩戴护身符。在社会行为方面回族不算命，不揣骨相面，不信风水阴宅，不求仙方神药，不搞驱鬼治病等；回族禁止偶像崇拜。

青海回族有以上各方面的禁忌，故而在日常生活中就有许多讲究，如回族妇女在做饭之前，必先洗手，而且必须是流动的水，口念"并斯命亮"（阿拉伯语，奉普慈特慈的真主之命），才开始做饭，进餐时同样。在炸油香前，制作者得洗大小净，炸

第七章 风俗习惯

前要念太思米,如在经期,则不能捞油香;炸好后,要面子向上放,而且要说"油香",忌说"油饼"。盛饭菜、舀水、倒水等忌反手;宴席中晚辈不能坐在长辈或老人应坐的位子上;脸盆、脚盆、面盆是严格区别开来的,手巾、脚巾、抹布也不能混用。宰牛羊驼时须用绳子捆其两条前腿和一条后腿,摆成头南尾北面西的姿势,宰牲者也要面西,宰完后禁止用开水烫皮烫毛,而且讲究说"宰",忌说"杀"。吃油香、馒头、锅盔等食品时,忌整个咬着吃,要掰开了吃;忌说"死",而要说"无常"、"殁了"、"亡故"、"归真"、"口唤了",等等。在表示从事某项活动的心愿,并请求真主接受或回赐时要用"举意"或称"立意",而忌用"许愿";在"尔麦力"、"圣纪"等活动中或给祖先上坟时的宗教仪式中用"点香"而忌说"烧香";忌成年穆斯林不洗"阿不代斯"(大净)入清真寺或上坟。忌已婚妇女披头散发,外露羞体;忌讳年轻人在老人面前指手画脚;忌讳在人前放屁、擤鼻涕、挖鼻孔;忌(男子)留长头发、长指甲。上茶、端饭要用双手;严禁抛洒饭菜、馍馍渣,洒在桌子上的饭菜要吃掉,对儿童尤其严格,从而培养他们从小养成珍惜粮食的好习惯,等等。

(九)居住讲究

青海回族民居的民族特色主要表现在其装饰和陈设方面。只要你进入回族家里,就会感到回族在住宅的陈设、布局、装饰等方面的民族特色。传统的回族家庭,进门正面的案桌上,正中有"炉瓶三设",即香炉、香瓶、香盒,香瓶内插有香筷、香铲。有的在正中放经匣,装《古兰经》等经典。回族家庭的室内不置人物或动物画,一般以山水风景、花卉、几何图形、植物画代之,多挂阿拉伯文中堂字画。一般回族家庭多在清晨、傍晚点燃苏合香、葩兰香,使房间保持空气清新。庭院总是打扫得干干净净,还在院内种上葡萄、牡丹、芍药、玫瑰、月季、石榴、丁香、凤仙花等,在房前屋后种植各类果树,使环境更为优雅,也展示了回族人民的生活情趣。在回族家庭中,最有特色的装饰是用阿拉伯文或波斯文写成的匾额和条幅等,即通常所说的"都哇"(意为祈祷)。"都哇"的内容以"太思米"和"清真言"等为主。